Die Außerirdische Verbindung

Warum die Beweise einer Zivilisation auf dem
Mars der Menschheit vorenthalten werden

M J Craig

*Übersetzt aus dem Englischen
von J Tiedemann*

- Überarbeitete und aktualisierte Ausgabe
- Mit neuen Bildern
des Curiosity Rover der NASA

Herausgegeben von SecretMars.com
Chippenham, Wiltshire, England

Geheimer Mars: Die außerirdische Verbindung

Copyright © 2013, 2017 von M. J. Craig

Alle Rechte vorbehalten. Das Werk, einschließlich seiner Teile, ist urheberrechtlich geschützt. Jede Verwertung ist ohne Zustimmung des Verlages und des Autors unzulässig. Dies gilt insbesondere für die elektronische oder sonstige Vervielfältigung, Übersetzung, Verbreitung und öffentliche Zugänglichmachung.

ISBN 978-0-9926053-8-4

Die vorliegende deutsche Taschenbuchausgabe wurde 2017 durch SecretMars.com veröffentlicht.

Erste Taschenbuchausgabe (Englisch, 2013) und zweite Ausgabe (Englisch, 2017) herausgegeben im Vereinigten Königreich: *Secret Mars: The Alien Connection*, durch SecretMars.com, Chippenham, Wiltshire, England.

Weitere Informationen unter:

www.secretmars.com

Bildnachweise:

Die Bilder von Planeten welche in diesem Buch vorgestellt werden stammen von den öffentlich zugänglichen wissenschaftlichen Daten seitens der NASA/JPL und der Europäischen Raumfahrtbehörde ESA. Die Bilder der MOC (Mars Orbiting Camera) und des Mars Global Surveyor wurden dankenswerterweise von Malin Space Science Systems (www.msss.com) bereitgestellt. Die Aufbereitung aller Bilder für die Präsentation in diesem Buch wurde vom Autor ausgeführt, sofern nicht anders vermerkt.

Buchgestaltung:

M. J. Craig; zusammengesetzte Bilder: NASA/JPL, ESA und Partner.

Inhaltsverzeichnis

INHALTSVERZEICHNIS 3

VORWORT 6

ANMERKUNGEN ZUR ZWEITEN AUSGABE 14

DANKSAGUNG 16

    Bildquellen...16
    Die Entdecker der Bilder..17

KÖNNEN DIE NASA-BILDER VOM MARS ALS BEWEIS BENUTZT WERDEN? 18

EINLEITUNG 22

KAPITEL 1: VERSCHLEIERUNG 30

    Die vermiedene Suche nach Leben auf dem Mars 33
    Das MSL Curiosity: nicht 'curious' (neugierig) genug? 38
    Curiosity wird bestätigen, dass Leben auf dem Mars ist........41
    Bringt eine Webcam zum Mars!..42
    Geologen dominieren die Erforschung des Mars 43
    Das Marsgesicht 45
    Der Brookings Report 56
    Gibt es eine Mars-Verschwörung? 58

KAPITEL 2: WASSER AUF DEM MARS......................................63

    Brachte der Mars komplexe Lebensformen hervor?..............65
    Die NASA vermeidet es, Wasser zu entdecken 68
    Flüssiges Wasser auf dem Mars 71
    Gibt es Seen mit Wasser auf dem Mars? 77
    Der kuriose Fall des Planetaren Schutzprotokolls 95
    Will die NASA Astronauten zum Mars bringen bevor sie Leben findet? 106

KAPITEL 3: ZEICHEN VON LEBEN AUF DEM MARS 109

    Existieren Mars-Bäume? 109
    Werden die NASA-Bilder zensiert?.....................................117
    Mars-Vegetation und pflanzliches Leben 120

Beweise für Mars-Fossilien...128
Mars Artefakt oder Beweis für biologisches Leben?............147
Beweise für Leben auf dem Mars: real oder Fantasie?........156

KAPITEL 4: ZEICHEN EINER ZIVILISATION 164

AUF DEM MARS 164

Künstliche Objekte im Gusev Krater (Spirit)........................164
Künstliche Objekte im Gale Krater (Curiosity).....................170
Mars-Technologie, Raumschiff-Trümmer, oder Geologie? ..184
Großangelegte künstliche Mars-Konstruktionen 193
Was geschah mit den Marsianern?.......................................200
Wohin verschwanden die Marsianer?..................................201
Wo lebten die Marsianer?...202
Satelliten-Archäologie auf dem Mars....................................204
Geometrie der Mars-Archäologie 206
Wie fortgeschritten war die Mars-Zivilisation?...................208
Künstliche Objekte in Cydonia...219
Cydonia Objekt A: "Das Marsgesicht"...................................221
Weitere, möglicherweise künstliche Strukturen in Cydonia 226
Cydonia Objekt B: "Die Festung"...228
Cydonia Objekt C: "Die Fünf"..230
Cydonia Objekt D: "Die D&M Pyramide"..............................233
Cydonia Objekt E: "Das Hexagon"..236
Cydonia Objekt F: "Die H-Struktur".......................................237
Zusammenfassung der Beweise: Zeichen einer intelligenten Mars-Zivilisation 239
NASA Website um anormale Objekte zu erklären..............242
Wann hatte der Mars eine atembare Atmosphäre?............242

KAPITEL 5: DIE AUSSERIRDISCHE VERBINDUNG...........245

Die Kolonisierung von bewohnbaren Welten 245
Wissenschaft und außerirdischer Besuch 247
Phobos: Ein natürlicher Mars-Mond oder ein künstlicher Satellit?...251
Werden Raumfahrtmissionen sabotiert?.............................256
Vorzeitliches intelligentes Leben im Sonnensystem 257
Der mysteriöse Mond Iapetus..258

Unser geheimnisvoller Mond 261
Die NASA verfälscht offizielle Mond-Fotos..........................264
Eine geheime Basis auf dem Mond 266
Künstliche Objekte auf dem Mond...268
Die außerirdische Realität: Zeit der Offenlegung 273
Astronauten und UFO's 275
Kontrollieren geheime Behörden die Angelegenheiten von Außerirdischen und UFO's?..277

KAPITEL 6: FAZIT **295**

Abschließende Gedanken...298
Zusammenfassung...299
Epilog...302

ÜBER DEN AUTOR **304**

REFERENZEN, ANMERKUNGEN, & INFORMATION **305**

Forschung...305
Website Links 306
Anmerkungen..307

INDIZES..**316**

Wie der Bild-Index benutzt wird 316
Bild-Index 1: Geheimer Mars Bildquellen..............................317
Bild-Index 2: Weitere Bilder 324
Buch-Index...326

Dieses Buch ist all jenen auf der Erde gewidmet die versuchen, die Welt zu verändern indem sie sich selbst verändern.

Vorwort

Dieses Buch ist über eine Suche nach der Wahrheit. Der Grund weshalb ich es schreibe ist, ich will wissen, ob die Menschheit alleine ist im Universum in dem ich lebe. Ich muss wissen weil ich verstehen will wer oder was ich bin, wo mein Platz ist im großen Schema des Lebens. Ich will wissen warum ich hier bin, mit all diesen Gedanken und Vorstellungen im Kopf; sehend, hörend, lebendig. Wer bin ich? Warum bin ich hier? Was ist meine Bestimmung?

Jeder Mensch wird ab und zu diese Gedanken und diese tiefe Sehnsucht teilen, doch es gibt wenige Antworten, die in Stein gemeißelt sind. Wissenschaft, Philosophie und Religion werden behaupten, sie lieferten das Wissen dass wir suchen, jedoch kein einziges dieser menschlichen Orakel ist in der Lage, uns die volle Wahrheit und nichts als die Wahrheit zu präsentieren. Um herauszufinden, wer und was wir sind sind wir jedoch von ihnen abhängig, von jenen, die uns vermitteln was sie wissen, und die uns den Weg zu zeigen, so gut sie eben dazu in der Lage sind.

Wir selbst können uns vieler Dinge durch unsere eigenen Nachforschungen bewusst werden. Wir können die Beweise zu einem Ganzen zusammenfügen und zu Schlussfolgerungen kommen. Doch hinsichtlich ausschlaggebender Details, jene welche das gesamte Gefüge der Wahrheit betreffen, sind wir letztendlich auf andere angewiesen, jene welche die Fakten liefern aufgrund derer wir unsere Meinungen bilden und die unseren Glauben formen. Wir sind abhängig von, und brauchen, Fachleute und Wissenschaftler, die in den spezifischen Bereichen die wir kennen müssen spezialisiert sind

Sie sind die Gatekeeper, die Torwächter.

Im besten Falle erheben sie für die Menschheit eine Fackel und proklamieren: "Ihr könnt guten Gewissens diesen Weg nehmen, weil wir ihn für euch erhellt haben", und wir müssen ihrem Urteil trauen, ihrem Fachwissen und ihrer ehrlichen Motivation, dass sie der Menschheit nach bestem Wissen und Gewissen dienen wollen.

Glücklicherweise gibt es viele solcher gewissenhafter Individuen die, angetrieben von ihrer Leidenschaft und ihrem Drang, die

Vorwort

Wahrheit herauszufinden, und mit einer wunderbaren Bescheidenheit ausgestattet, fleißig bemüht sind, die von ihnen gefundenen Schätze für das Wohl der Menschheit weiterzugeben. Und gegenüber diesen Individuen habe ich den höchsten Respekt, ich vertraue ihnen.

Doch da sind auch jene, denen weniger daran liegt. Es sind die Gatekeeper die, aus welchem Grund auch immer, entschieden haben, dass es nicht in ihrem persönlichen Interesse liegt dass die Mehrheit der Menschheit die Wahrheit über eine Angelegenheit von großer Bedeutung weiß. Bedauerlicherweise ist dies etwas, was wir alle in unserer unvollkommenen Welt kennen und erkennen. Denn mit monotoner Regelmäßigkeit erfahren wir ständig von Episoden aus der Politik- und Geschäftswelt, wo die eine oder andere Autoritätsperson dabei ertappt wird wie sie Ereignisse für den eigenen Vorteil, oder aus einer Position der Angst heraus, manipuliert.

Geld, und das Anhäufen von Reichtum und Macht, ist im Zentrum der Korruption auf unserem Planeten, und kein wacher und bewusster Bürger hat darüber irgendwelche Zweifel. Natürlich hoffen wir, dass sich die Menschheit im Laufe der Zeit soweit entwickeln wird, dass Menschen sich nicht mehr so benehmen müssen. Doch bis dahin, hier und heute auf unserem Planeten, ist die Situation folgendermaßen: Leute in Machtpositionen manipulieren Ereignisse für ihren persönlichen Gewinn und Profit, zugunsten ihrer eigenen Macht und Kontrolle.

Was mich überraschte, und dann verärgerte, und mich dann dazu veranlasste, dieses Buch zu schreiben, war, als ich begann zu vermuten dass dieses Verhalten sich auf Bereiche erstreckt von denen ich hoffte, sie lägen weit außerhalb der Reichweite von weniger entwickelten Leuten; Themen globaler Natur und von tiefer spiritueller Signifikanz. Tiefgreifende Fragen darüber, wer oder was wir sind und wo wir herkommen, eine Spezies bewusster Wesen, die in einem immensen, mysteriösen Universum lebt; unsere unerlässliche Forschung und unsere Entdeckungen der Wunder des Weltraums und anderer Planeten, und natürlich die Frage:

"Ist der Mensch alleine im Universum?"

Ist es möglich, dass jemand einen Grund hat, Entdeckungen auf diesem angesehenem Gebiet zu unterdrücken und zu verheimlichen? Unglücklicherweise sind Beweise aufgetaucht die zeigen, dass dies tatsächlich der Fall ist, und dass dies schon seit langer Zeit geschieht. Mir wurde klar, dass hier Beschränkungen und Barrieren bestehen; eigenartige, klaffende Abgründe zwischen Brücken der Bildung welche einen Wissenschaftszweig mit anderen verbinden sollten, sodass gesunder Menschenverstand und logische Forschung angewendet werden können und damit unser kollektives Wissen erweitert wird; Leute in gehobenen Positionen schließen Türen und weigern sich, andere Türen zu öffnen.

Und da war ein Thema im Besonderen, eines das die ungewöhnlichsten Reaktionen auslöste, mit alarmierend unlogischen und oft infantilen Stellungnahmen.

Die Sache mit der außerirdischen Intelligenz: Die plausible Existenz von Wesen einer anderen Welt, die mit der Menschheit und mit unserem Sonnensystem Kontakt hatten.

Und so kam es, dass der Planet Mars zum Kernpunkt für meine Fragen wurde. Für mich war er wie eine Bühne auf der all die Dinge, die bei der Suche des Menschen nach Wissen nicht richtig gemacht worden waren – besonders die Suche nach Leben im Universum – dargestellt werden.

Die erste Alarmglocke schrillte, als ich den eigenartigen Widerwillen seitens der amerikanischen Raumfahrtbehörde NASA bemerkte, sich mit der Angelegenheit des 'Marsgesichts', wie es in den 80er und 90er Jahren bekannt wurde, zu beschäftigen. Hier nun war ein mögliches Artefakt einer außerirdischen Zivilisation, und alles was wir von dieser mit Steuergeldern finanzierten Behörde hörten war eine höchst unwissenschaftliche Ablehnung und Verwerfung, selbst von der Möglichkeit, dass dies ein Beweis für die Existenz von Außerirdischen sein könnte.

Später dann, als weiterentwickelte Raumsonden sich dem Mars näherten, ausgestattet mit viel besseren Kameras, bemerkte ich eine sture Weigerung seitens der NASA, betreffs der Tatsache dass neue Aufnahmen vom 'Marsgesicht' gemacht würden damit die Wissenschaft klären könnte, ob dies nur ein eigenartig geformter Hügel war oder etwas von viel weitreichender Bedeutung. Mir schien als wolle die 'Wissenschaft' es einfach nicht wissen.

Vorwort

Im Jahr 1999 sah ich ein erstaunliches Foto von fließendem, flüssigem Wasser auf dem Mars, entdeckt von einem unabhängigen Forscher, der die Bilder von NASA's eigener Datenbank studiert hatte. Ich wunderte mich darüber, warum ich diese Nachricht nicht auf den Titelseiten der Medienwelt sah. Nicht ein Piep. Noch seltsamer war, dass nach dreizehn Jahren die NASA immer noch entschied, ihre teuren Raumsonden in Gegenden zu landen die *weit entfernt* waren vom Ort, wo dieses Wasser gefunden wurde. Unglaublicherweise schien sie nur an Orten auf dem Mars interessiert zu sein wo Wasser *einstmals vorhanden war*, vor Millionen von Jahren!

Ich weiß nicht ob ich hier irgendetwas verpasst habe. Jeder, der einen gesunden Menschenverstand hat, und der die Mission der Suche nach Leben auf dem Mars leitet, hätte seine Raumsonde in Gegenden geschickt wo man wusste dass Wasser vorhanden ist, nicht an Orte, wo keines war. Warum also taten sie es nicht?

Dann fand ich heraus dass die NASA seit den Viking-Sonden im Jahre 1976 kein astrobiologisches Experiment zur Entdeckung von Leben zum Mars geschickt hatte. Warum nur? Fünf Raumfahrzeuge waren auf dem roten Planeten seit der Viking-Sonde gelandet, und alle waren *geologische* Missionen, mit dem Ziel, Gestein und Boden zu studieren. Nicht eine davon mit der Fähigkeit, die Anwesenheit von Leben festzustellen, einschließlich der letzten von ihnen, Curiosity.

Hier auf der Erde sterben jeden Tag 20.000 Kinder an Hunger, und wir geben eine Milliarde Dollar aus um uns auf einem anderen Planeten ein paar Steine anzusehen? Wenn wir solche Summen ausgeben, dann wäre es verdammt nochmal angebracht, diese damit zu rechtfertigen dass das Wissen der Menschheit dadurch erheblich erweitert wird. Und nicht damit eine Raumsonde bis zum Mars geschickt wird, nur um einen Stein mit einem Roboterarm zu berühren, und das Ego von ein paar Geologen zu streicheln.

Wie die meisten Leute hatte ich angenommen, dass der Sinn der Milliarden um zum Mars zu gelangen die Suche nach Leben war. Mein Sinn für Vernunft war daher recht verwirrt durch die Tatsache, dass Entscheidungen getroffen wurden um zu verhindern dass eine Sonde dort gelandet wurde wo Wasser gesehen worden war. Jeder Biologe wird ihnen sagen, dass in jedem Tropfen Wasser

Leben zu finden ist. Es ist sehr viel wahrscheinlicher, Mikroben im wassergesättigten Marsboden zu finden als in einem Milliarden Jahre alten, auf der Erde gefundenem Stein, entdeckt auf einer vereisten Ebene in der Antarktis. Und wir wissen, was für ein Medienspektakel das auslöste...

Und da sind wir nun heute, und immer noch geschieht nicht das, was vernünftig wäre. Eine Raumsonde nach der anderen wird unter immensen Kosten zum Mars gesandt, doch die wichtigste Frage über den Mars wurde noch immer nicht beantwortet. Wenn man zur Website der NASA geht und dort fragt: "Gibt es Leben auf dem Mars?" dann ist die Antwort noch immer die gleiche Antwort wie vor über 30 Jahren, und sie lautet:

"Wir wissen noch nicht, ob es auf dem Mars Leben gibt."

Dies ist ein ziemlich armseliger Ertrag, nach über vierzehn Jahren enorm kostenintensiver, ununterbrochener wissenschaftlicher Untersuchungen unseres Nachbars. Es macht einfach keinen Sinn ... und aus diesem Grund wurde dieses Buch geschrieben, um zu versuchen, dies zu verstehen, und um ein paar Fragen zu stellen.

Wenn man einen Braten riecht folgt man am besten dem Geruch. Es ist möglich, dass es für jene Personen Priorität ist, *kein* Leben auf dem Mars zu finden? Oder es wurde womöglich schon gefunden, und man will es uns nicht sagen. Falls es so ist, warum will man es uns nicht mitteilen? Warum hinhalten? Verschleppen sie die Angelegenheit indem sie uns etwas von anderen wissenschaftlichen Missionen erzählen, jene die angeblich vorher unternommen werden müssen? Die schieben da wirklich etwas auf. Mal ohne Spaß: Die Planung der Rückkehr einer Steinprobe für das Jahr 2020???

Möglicherweise denken die, sie könnten damit davonkommen indem sie uns wunderbar dramatische Bilder der Mars-Geologie zeigen, oder indem sie sich auf die Suche nach Zeichen von primitivem, vorzeitlichem Leben konzentrieren, Mikroben und so. Oder die aktuelle Frage der 'Bewohnbarkeit', die von der letzten Curiosity-Mission zweifelsohne bestätigt werden wird. Es scheint, als zähle alles – mit Ausnahme eines Beweises dafür, dass heute, jetzt in diesem Moment, Leben auf dem Mars existiert.

Vorwort

Haben wir das Recht, solch eine radikale Behauptung aufzustellen? Eine Anklage, die in das Terrain der 'Verschwörungstheorien' fällt? Ich glaube dass ja. Angesichts der Abwesenheit eines echten Fortschritts bei der Beantwortung der wichtigsten Fragen in Sachen Mars glaube ich, dass wir dazu mehr als berechtigt sind, und ich meine, die Beweise in diesem Buch rechtfertigen diese Position.

Doch wie können wir bloß die Hingabe und das Fachwissen von etwa 18.000 NASA-Angestellten und -Wissenschaftlern in Frage stellen? Die können nicht alle etwas verheimlichen, dazu ist die Behörde viel zu groß und zu öffentlich, da stimmt wohl jeder zu. Nein, für solch eine vorsätzliche und langwierige Manipulation eines nationalen Raumfahrtprogramms, da müsste man zu den politischen Entscheidungsträgern und noch höher gehen, dort wo, weit entfernt und abgeschirmt von der Öffentlichkeit, Entscheidungen getroffen werden.

Ich bin kein Fachmann sondern ein Laie. Mich interessiert dieses Thema sehr, doch habe ich kein besonderes Fachwissen. Daher war ich auf die Recherchen von anderen Personen angewiesen um meine Position zu untermauern. Oh ja, es gibt da einige Personen die diese Angelegenheit schon länger verfolgen als ich, und die seit den 80er Jahren versuchen, die tauben Ohren der Mainstream-Wissenschaft aufzuzeigen. Mit wenig Erfolg.

Da wurde auf diesem Gebiet gute Arbeit geleistet, von Hoagland, DiPietro, Molenaar, McDaniel, Carlotto, Van Flandern, Crater, Torun, Brandenburg, Erjavec, Pozos, Skipper, Filotto, Hain, Isenberg, Palermo und vielen anderen. Ihre hartnäckige und ausdauernde Forschung hat dieses Buch möglich gemacht, und ihnen bin ich zu Dankbarkeit verpflichtet.

Im Grunde glaube ich, dass etwas Wesentliches falsch gelaufen ist mit dem wissenschaftlichen Grundprinzip hinsichtlich der Suche nach außerirdischem Leben – besonders von *intelligentem* außerirdischem Leben – und diese sich entfaltende Geschichte auf dem Mars ist lediglich ein Symptom und ein Resultat der verzerrten und engstirnigen Ansicht, die dieses Thema belastet.

Vielleicht liegt der Grund dafür, dass ein neues Paradigma entsteht, eines welches in den Machtstrukturen Interessenkonflikte hervorruft, in Wissenschaft, Religion, Politik und Wirtschaft. Alles was ich weiß ist, dass die mögliche Entdeckung von intelligenten

Wesen im Universum, abgesehen von uns selbst, eine monumentale Entdeckung sein wird, eine mit unübersehbaren Konsequenzen für die Menschheit und für unsere Gesellschaft, und als solche verlangt sie eine rigorose und tiefgreifende Begutachtung durch jene, die dieses Thema im Auftrag der Menschheit studieren.

Hoffentlich verzeihen mir meine Leser meine oft dreisten Analysen im Verlauf dieses Buches, aber alles, was ich hier erreichen möchte ist, Ihnen so gut wie möglich die Wahrheit zu eröffnen, ganz gleich welcher Art, mit all meiner Leidenschaft, Einsicht, Vernunft und Intuition.

Manchmal fällt es mir schwer, meinen Ärger und meine Bestürzung über die Ungerechtigkeit, die ich fühle im Zaum zu halten, darüber, dass ein paar arrogante, irregeführte Personen sich anmaßen, mir und dem Rest der Welt eine lahmarschige und falsche Perspektive des Lebens im Universum aufzutischen, während sie selbst, selbstsüchtig und im Verborgenen, darüber grübeln, was sie mit den echten und unfassbaren Juwelen der Wahrheit machen sollen, jene von denen ich sicher bin dass sie bei unseren Missionen ins All und durch Beobachtungen von der Erde aus gemacht wurden.

Ich habe keine Nachsicht mit Leuten, die mir vorsätzlich Information vorenthalten, Information, die ein vollkommen neues Licht auf die menschliche Existenz werfen könnte. Meiner Ansicht nach ist dies ein abscheuliches Verbrechen. Wenn Sie dies ebenfalls so empfinden, dann hoffe ich, dass Sie meine Bemühung hier als einen lohnenswerten Beitrag sehen damit diese Angelegenheit ein wenig aufgemischt wird.

M. J. Craig

The West Country, England

Anmerkungen zur zweiten Ausgabe

Seit der ersten Veröffentlichung von *Secret Mars* (englische Ausgabe) im September 2013 sammelten sich neue wissenschaftliche Entdeckungen und Bekanntmachungen hinsichtlich des roten Planeten an, während der Curiosity Rover am Gale Krater entlang schlendert, in Richtung Mount Sharp. Die nennenswerteste davon kam im September 2015, als die NASA sich endlich dazu entschloss der Welt mitzuteilen, dass flüssiges Wasser auf dem Mars fließt, obwohl sie diese Entdeckung schon sechzehn Jahre zuvor gemacht hatte, im Jahr 1999.

Was natürlich von den Planetenwissenschaftlern nicht erwähnt wurde ist die andauernde Entdeckung von Hinweisen dafür, dass ebenfalls eine intelligente Zivilisation womöglich auf dem Mars lebte, und ebenso im Gale Krater. Und hier drängt sich der folgende Gedanke auf: "Nun, wenn die NASA sechzehn Jahre benötigt um uns mitzuteilen, dass es flüssiges Wasser auf dem Mars gibt, wie lange wird es dauern, bevor wir etwas über außerirdische Artefakte hören werden?"

Die Antwort darauf kann nur lauten: "Irgendwann in der Zukunft …"

Währenddessen können wir nicht auf die ponderablen Faultiere der Akademiker warten, damit diese sich zu einem Gähnen aufraffen, oder die Analytiker, deren Job es ist, diese neuen Bilder von Curiosity zu untersuchen, dass sie ihre geologisch gefärbten Brillen welche nur Steine sehen abnehmen – wir müssen voranschreiten und weiterhin Beweise für jene sammeln, die bereit dafür sind und die diese betrachten wollen.

Daher ist der Zweck dieser neuen Ausgabe von Geheimer Mars (Anm.: deutsche Erstausgabe), die Beweise für diese Hypothese zu erweitern, zu aktualisieren und zu verbessern. Daher wurden um die zwanzig neue Aufnahmen des Curiosity Rover einverleibt, welche meiner Meinung nach die Annahme, dass einstmals eine technologisch fortgeschrittene Zivilisation auf dem Mars existierte, bestärken. Ebenso habe ich neue Bilder hinzugefügt welche sehr zur Möglichkeit, dass Fossilien ebenfalls auf dem Mars entdeckt und ignoriert wurden beitragen.

Ebenso habe ich neues Material verfasst, wobei das herausragende dabei die Diskussion über den "planetaren Schutzmechanismus" ist, den die NASA bei der Suche nach Leben auf dem Mars hat.

Ebenso nahm ich die Gelegenheit wahr um ein paar unnötige Passagen zu streichen, ein paar weitere neu zu verfassen, ein paar sachlich ungenaue Daten zu korrigieren, ein paar grammatikalische Entgleisungen zu verbessern, und ebenfalls die allgemeine Qualität der Bilder und der Präsentation zu optimieren, einschließlich der sehr wichtigen Hinzufügung der Größenangabe aller Objekte die als Beweise vorgestellt werden.

Insgesamt gesehen ist dies eine bessere Ausgabe meines Buches, und ich hoffe, dass dies von all den unerschrockenen Leuten anerkannt und gutgeheißen wird, von jenen, die keine Angst davor haben sich mit diesem Thema zu befassen. Jene welche, so wie dieser Verfasser, einfach nur Interesse an der Entdeckung der Wahrheit haben, was auch immer sie ist.

Danksagung

Bildquellen

Mein Dank an die folgenden Personen, Universitäten und Organisationen für die Erlaubnis, ihre Bilder in diesem Buch wiederzugeben: Dr. Mark J. Carlotto; Samantha Joye; Tim Beech; The Oriental Institute of the University of Chicago; The Sedgwick Museum of Earth Sciences, University of Cambridge; Cornell University; Arizona State University; Caltech; Max Planck Institut; Landsat; Google Earth; Digital Globe; ESA; DLR; Prof. G. Neukum, FU Berlin; NASA/JPL; Malin Space Science Systems.

Es ist unerlässlich, dass Wissen welches vom Staat finanziert und gesammelt wird auch mit der Öffentlichkeit und der Gemeinschaft der Wissenschaft geteilt wird, um Transparenz und Vertrauen zu fördern. Daher bin ich der amerikanischen und europäischen Raumfahrtbehörde dankbar dafür dass sie der Welt die Bilder, die von den Raumsonden gemacht wurden, zugänglich gemacht hat.

Jedes Bild ist der entsprechenden Behörde zugeschrieben, die es aufgenommen hat, und obwohl ich hoffe dass meine Recherchen fehlerfrei sind bin ich für Korrekturen dankbar. Ebenso habe ich für jedes Bild, das ich als Beweismaterial benutzt habe, ein entsprechendes Link zur Website angegeben, sodass der Leser die Bilder selbst betrachten und studieren kann – ein wichtiger Bestandteil dieses Projekts (siehe Bild Index). Dies ist besonders wichtig, denn bei der Betrachtung der originalen Quellen, online, sind sehr viel mehr Details sichtbar als hier im gedruckten Buch gezeigt werden kann.

Die Aufbereitung der Bilder wurde vom Autor angefertigt, die Ausnahmen sind entsprechend verzeichnet. Dies sind hauptsächlich zugeschnittene Versionen der wesentlich größeren Bilder der NASA- und ESA-Websites. Dies sollte berücksichtigt werden, wenn die Links zu den Quellen verfolgt werden um die Originalbilder zu betrachten; gegebenenfalls muss der Bildlauf so eingestellt werden, dass das eigentliche Objekt gefunden werden kann.

Die Entdecker der Bilder

Obwohl NASA und ESA praktisch alle Bilder in diesem Buch zur Verfügung gestellt haben, sie waren ganz sicher nicht jene, die auf die mysteriösen Objekte die auf diesen Seiten untersucht werden aufmerksam machten. Praktisch alle wichtigen Entdeckungen dieses Buches wurden von unabhängigen Wissenschaftlern, Forschern und Individuen gemacht. Einige von ihnen haben wissenschaftliche Arbeiten oder Bücher verfasst, oder sie betreiben Webseiten oder Facebook-Seiten, die sich mit der Marsforschung befassen. Daher zollen wir diesen engagierten und ausdauernden Seelen Respekt und Dank.

Die bahnbrechenden Forschungen von Richard C. Hoagland im Besonderen haben mehrere hochkarätige Entdeckungen während der letzten 25 Jahren ermöglicht, siehe die Webseite www.enterprisemission.com, und sie wurden in diesem Buch hervorgehoben. Ebenso erwähne ich die umfangreiche Forschung von Mars-Fotos durch J. P. Skipper, auf der Website www.marsanomalyresearch.com, dessen Forschungsarbeit mehrere faszinierende Bilder zu Tage brachte welche sicherlich Debatten auslösen werden [Skipper verschwand seitdem aus dem öffentlichen Leben, wir wissen nicht weshalb, und wünschen ihm alles Gute]. Nicht weniger bedeutsam war die außergewöhnliche Arbeit von Rami Bar Ilan (Exclusive Mars Images), dessen unaufhörliche Untersuchung der Curiosity-Bilder im Laufe der letzten Jahre einen Schatz von möglicherweise künstlichen Objekten hervorbrachte, welche wohl nie zutage getreten wären, wäre es nicht seiner Arbeit wegen.

Ich spreche all jenen meinen Dank aus, die durch ihren Zeitaufwand, ihre Hingabe und Ausdauer zur Identifizierung und Weitervermittlung ihrer außerordentlichen Entdeckungen beigetragen haben, bei dem Versuch, die Wahrheit für die gesamte Menschheit aufzudecken. Ich hoffe, Sie sehen dieses Buch als einen wertvollen Beitrag dafür.

Können die NASA-Bilder vom Mars als Beweis benutzt werden?

Was nun hinsichtlich der tatsächlichen Bilder, die in diesem Buch vorgestellt werden? Da ich nahelege, dass ein paar davon womöglich Beweise für eine vorherige Zivilisation die auf dem Mars lebte zeigen, Sie könnten sich fragen: "Können diese Bilder wirklich ernstgenommen werden?" Letztendlich liegt diese Entscheidung bei Ihnen, dem Leser. Jedoch sollte ich Sie fairnesshalber vor den am meisten verbreiteten Argumenten gegen diese Bilder, die hier vorgestellt werden, warnen:

Geologie - Es gibt absolut nichts künstliches was in diesen NASA-Bildern gezeigt wird. Alles was sie zeigen sind ungewöhnlich geformte Steine die durch geologische und Erosionskräfte wie zum Beispiel Windkanter geformt wurden, bedingt durch fliegenden Sand.

Phantasie - Jegliche Ähnlichkeit mit kaputten Maschinen oder alltäglichen Objekten wie einem Teller, einer Schachtel oder einem Scharnier ist lediglich das Ergebnis unsere Tendenz, bekannte Dinge in der Natur zu sehen, wie zum Beispiel Gesichter in Wolken – das Erkennen von Mustern, Simulakren und Täuschungen durch Licht und Schatten, welche zu Pareidolie und optischen Illusionen führen.

Dies sind tatsächlich angebrachte und kritische Beobachtungen, die bei der Analyse von seltsamen Objekten in einem Bild angewandt werden sollten. Und ebenso würde ich hervorheben, dass jeder der behauptet, ein künstliches Objekt in einem Foto vom Mars zu sehen, ein Werkzeug oder eine Teetasse, ohne vorher diese rationalen Alternativen in Betracht zu ziehen, sich womöglich in hohem Maße selbst betrügt.

Daher kann ich Ihnen versichern dass ich, angesichts des Übermaßes der allzu rationalen alternativen Erklärungsweisen für seltsame Objekte, mich darum bemüht habe, Ihnen nur jene Bilder vorzustellen von denen ich überzeugt bin dass sie es Wert sind als "mögliche Beweise von außerirdischen Artefakten" bezeichnet zu werden.

Jawohl, die meisten Wissenschaftler und Akademiker werden sicherlich jedes der Bilder in diesem Buch als reine Fantasie verwerfen und die vorliegende Hypothese kein bisschen ernst nehmen. Sie werden überwiegend argumentieren – wie es die Teams der NASA Mars Rover Missionen tun – dass die Rover, während sie über die Marsoberfläche schlendern und alle paar Sekunden Aufnahmen machen, an Millionen von Steinen vorbeifahren, und dass bei solch hohen Zahlen, allein durch die Wahrscheinlichkeit, sie an ein paar von ihnen vorbeikommen die sehr seltsam aussehen. Wovon manche vielleicht wie ein Würfel, wie eine Pyramide oder eine andere sehr geometrische Form aussehen, womöglich sogar wie eine Coca-Cola Dose. Und wer kann schon wirklich dagegen argumentieren. Sicherlich nicht ich, und ebenso wenig die meisten vernünftigen Leute.

Jedoch hat dieses Argument das Problem, dass es auf einer womöglich falschen Annahme beruht, und zwar folgende: dass der Mars im Verlauf seiner gesamten Geschichte niemals von einer intelligenten Spezies bewohnt wurde. Und sie argumentieren dass, weil der Mars nie bewohnt wurde, sei alles, was wie ein künstliches Objekt aussieht nur ein Stein – was natürlich eine einleuchtende Logik wäre, wenn keine intelligente Spezies jemals Fuß auf jenen Planeten gesetzt hätte.

Die Wissenschaft glaubt, dass sich kein intelligentes Leben im Verlauf von 4.5 Milliarden Jahre jemals hätte entwickeln können, doch sollte dies stimmen, es bedeutet nicht, dass intelligente Besucher aus einer anderen Welt die Oberfläche des Mars betreten haben könnten. Und in dem Moment wo wir die Idee betrachten dass der Mars im Verlauf seiner langen Geschichte von einer intelligenten Spezies besucht worden sein könnte – eine Zivilisation, die womöglich Basen, Siedlungen, Industrieanlagen etc. hätte errichten können – dann müssen die analytischen Filter notwendigerweise neu eingestellt werden: jener "glänzender, würfelförmiger Stein" kann sehr wohl eine Metall-Kiste sein; jener "seltsame Stein mit regelmäßigen Speichen" kann sehr wohl ein Getrieberad sein; jene "optische Illusion" welche scheinbar einen "kleinen Radsatz auf einer Achse" zeigte könnte … ein kleiner Satz von Rädern auf einer Achse sein.

Können die NASA-Bilder vom Mars als Beweis benutzt werden?

Daher meine ich, dass es absolut vernünftig ist beide Augen für mögliche außerirdische Artefakte auf der Oberfläche des Mars offen zu halten, und tatsächlich auch bezüglich anderer Planeten und Monde in unserer Nachbarschaft. Genau genommen ist es so, dass die wachsende Erkenntnis der Wissenschaft, dass Millionen von Planeten in unserer Milchstraße Leben beherbergen könnten – es sind eine ganze Menge Planeten – es recht irrational wäre, dies nicht zu tun.

Ebenso sollte diese Erkenntnis über das anzunehmende Ausmaß von Leben im Universum den Geist aller öffnen hinsichtlich der Wahrscheinlichkeit, dass andere Zivilisationen im Weltall entdeckt werden, jene die fortgeschrittener sind als die Menschheit, womöglich tausende von Jahren älter als unsere, und am wichtigsten, welche interstellare Fortbewegung vor sehr langer Zeit entdeckt hätten können. Und es ist in diesem Zusammenhang dass ich glaube, dass wir die Idee der Entdeckung von außerirdischen Artefakten auf dem Mars ernst nehmen sollten, denn wir müssen uns lediglich eine Rasse von weltraumreisenden intelligenten Wesen vorstellen welche sich, angetrieben durch den Drang nach Erforschung und Kolonisierung, so wie wir ihn heutzutage haben, sich einfach dazu aufmachten, unser Sonnensystem zu besuchen.

Vor einer Million von Jahren, nachdem deren Teleskope und Instrumente zwei Planeten innerhalb einer "Goldlöckchen-Zone" (Mars und Erde) ausgemacht hatten, mit Ozeanen und Wasser - genau so wie wir heute Planeten der Größe der Erde untersuchen, womöglich mit Wasser, welche ferne Sterne umkreisen. Jene Entdecker wären gelandet, wären vielleicht eine Weile geblieben, womöglich für eine sehr lange Zeit. Wie auch immer, sie hätten eine Spur ihrer Anwesenheit auf der Oberfläche hinterlassen, und wir sollten nicht allzu überrascht sein wenn solche Überreste von vergangenen Besuchern auf dem Mars gefunden werden. Tatsächlich erwartete ein von der NASA in den 50er Jahren in Auftrag gegebener offizieller Bericht genau dies (siehe Kapitel 1 "Brookings Report").

Interessanterweise jedoch waren die lautstärksten Einwände, die ich erlebt habe, von Leuten die echte Mars-Enthusiasten sind, Liebhaber der Wissenschaften. Sie beten scheinbar den Mars als Jungfrau an, ein unberührter Planet unseres Sonnensystems auf den kein intelligentes Lebewesen jemals den Fuß setzte – eine reine, unangetastete Welt, reif für die Erforschung und wissenschaftliche Betrachtung. Sie wollen nichts über "Aliens" oder "vorzeitliche Zivilisationen" hören, etwas was ihre romantische Vision die sie haben verderben und beflecken könnte; sie verkünden, dass der Mars wundersam genug ist, ohne befremdliche Ideen und Verschwörungstheorien.

Jawohl, der Mars ist absolut wunderbar, ein großes Geheimnis. Ich selbst bin ebenfalls einer der absonderlichen Zeitgenossen, voller Ehrfurcht, und nichts täte ich lieber als auf dem Boden dieser Welt zu wandeln, und ich weiß ich bin nicht der Einzige.

Doch wollen wir vor allem die Wahrheit, nicht einen Traum. So wie die Dinge stehen betrachtet die NASA die archäologische Suche nach außerirdischen Artefakten auf dem Mars nicht als eine ernsthafte wissenschaftliche Angelegenheit welche in Betracht gezogen werden sollte um sodann null Ressourcen zu erweitern damit diese Möglichkeit untersucht werden kann. Ich frage mich, wie die Geschichtsbücher betreffs dieses Standpunktes urteilen werden.

Einleitung

Das Internet verändert unsere Welt in großem Maß. Der freie Fluss von Information, die augenblicklich mit Millionen von Menschen auf der ganzen Welt geteilt werden kann, revolutioniert die Freiheit, Demokratie und die Rechenschaftspflicht von Regierungen, Institutionen und Konzernen gegenüber der Bevölkerung dieses Planeten.

Die in diesem Buch präsentierte Information ist solch eine Gnade dieser Revolution, indem die amerikanische und europäische Raumfahrtbehörde der Öffentlichkeit tausende von Bildern zugänglich gemacht haben, die von Raumsonden bei der Erkundung des Mars gemacht wurden. Da all diese teuren Missionen von Ihnen und von mir durch Steuergelder finanziert wurden, ist dies auch nur rechtens so.

Außerdem haben diese Behörden aktiv die Öffentlichkeit dazu ermuntert, diese Bilder zu studieren, ebenso die Wissenschaftler - welche dies mit großem Enthusiasmus und Elan auch getan haben. Doch wollen die meisten Menschen wissen, ob es sich beim Mars um etwas mehr handelt als nur um Steine, alte Spuren von Wasser, und Hinweise für Mikroben deren Suche die von der NASA finanzierten Wissenschaftler so pedantisch verfolgen, und so haben sie die Bilder untersucht um zu sehen, ob sehr viel bedeutendere Entdeckungen gemacht werden können.

Und, wie dieses Buch zeigen wird, sie wurden gemacht. In ihrer Freizeit, nach der Arbeit im Büro, in der Fabrik oder dem Lagerhaus, haben Individuen verblüffende Beweise gefunden, Beweise die von NASA-Wissenschaftlern noch nicht einmal öffentlich erwähnt, diskutiert, oder in den Nachrichten besprochen werden. Diese Leute haben Beweise für nichts weniger als eine alte Zivilisation auf dem Mars gefunden!

Die Bilder, die Sie auf diesen Seiten sehen werden sind eine extreme Provokation für jene Wissenschaftler die glauben, sie seien die einzigen die qualifiziert dazu sind, zu bestimmen was als gültige Wissenschaft bei der Untersuchung unseres planetarischen Nachbars verfolgt werden darf, und was nicht. Doch im Jahre 1999 fand die Öffentlichkeit heraus, dass Wasser auf der Oberfläche floss, und fragte:

"Warum landet die NASA die Raumsonden nicht dort, wo dieses Wasser ist?"

. . . Doch NASA-Wissenschaftler landeten weiterhin ihre Raumsonden in knochentrockenen, langweiligen Gegenden, dort wo wenig Chancen bestehen, Leben zu finden.

Weiterhin fand die Öffentlichkeit heraus, dass es Fotos gibt die möglicherweise künstliche Objekte zeigen welche im Sand des Mars begraben liegen, und fragte sich:

"Warum gibt es bei dem Mars Forschungsteam keine Archäologen um diese Bilder zu untersuchen?"

. . . Und die NASA tat dies ab und verhöhnte die Idee, dass irgendeine Art von intelligentem Leben irgendwann auf dem Mars existiert haben könnte.

Während die NASA also gewichtig ihr legitimisiertes Wissenschaftsprogramm zur Untersuchung des Marsbodens durchführt und nach Hinweisen für mikrobiologisches Leben sucht, und dazu an Orten, wo zu Urzeiten einmal Wasser gewesen war, derweil sucht die Öffentlichkeit nach größeren Zeichen von Leben, auf den Bildern, die vom roten Planeten kommen. Warum? Weil der Nachweis von intelligentem Leben auf dem Mars, heute oder in der Vergangenheit, tausend mal interessanter und relevanter für die Menschheit ist als die geologische Geschichte des Planeten - welche jedoch scheinbar den Großteil der Wissenschaftler, Raumsonden, und der Dollars von NASA´s Budget vereinnahmt.

Hier in diesem Buch wird gezeigt, was die Öffentlichkeit entdeckt hat: unabhängige Forscher, welche jene Arbeit gemacht haben die von der amerikanischen und europäischen Raumfahrtbehörde ignoriert wurde. Es sind die einfachen Leute – nicht NASA-Wissenschaftler – die Beweise enthüllt haben die zeigen, dass der Mars wahrscheinlich in seiner Vorgeschichte von einer intelligenten Zivilisation bewohnt war.

Es is möglich, dass die NASA dies eines Tages aufholt, oder sie weiß es schon und bleibt vorläufig stumm, doch wie auch immer dies weitergeht, dieses Buch honoriert heute die Arbeit derjenigen

Einleitung

Forscher die, inspiriert durch ihre Suche nach der Wahrheit und ermächtigt durch das Internet, die Bilder die von der amerikanischen und europäischen Raumfahrtbehörde gemacht wurden analysiert und weltverändernde Entdeckungen gemacht haben – Entdeckungen, die von diesen Behörden bis heute nicht bekanntgegeben und der Welt mitgeteilt worden sind. Wir sprechen hier von visuellen Beweisen – Bilder, die von unseren Raumsonden gemacht wurden – welche die möglichen Überreste einer vorzeitlichen Zivilisation auf dem Mars zeigen.

Dies ist eine gewichtige Behauptung, und als solche erfordert sie zusätzliche Forschung. Alle Bilder vom Mars sollten intensiv mit einem Mikroskop untersucht werden. Wir brauchen Experten, die hochqualifiziert sind um sie zu analysieren – wenn jedoch die akademische und wissenschaftliche Gemeinschaft sie nicht betrachten will, dann bleibt den Menschen keine andere Wahl als dies selbst zu tun, so gut es geht.

Tatsache ist, dass NASA und ESA zwar öffentlich die geologischen Entdeckungen und die Möglichkeit, dass der Mars einmal primitives, mikrobisches Leben hatte oder immer noch hat erörtern, doch haben sie keine wissenschaftlichen Ressourcen aufgebracht um die Möglichkeit einer für die Menschheit viel wichtigeren Entdeckung zu untersuchen – die Existenz von archäologischen Ruinen. Dies steht einfach nicht zur Diskussion, und nachdem Sie, verehrter Leser, die Hinweise, die hier in diesem Buch präsentiert werden betrachtet haben, bin ich sicher, dass sie der Ansicht sein werden, dies sollte nicht so sein.

In einer Welt in der die meisten Bewohner am Rande der Armut und des Verhungerns leben ist es schlicht unglaublich, dass wir wertvolle Ressourcen und Milliarden von Dollar verschleudern, nur um ein bisschen über die Steine, den Boden und die Mikrobiologie des Planeten zu erfahren. Wenn wir riesige Summen ausgeben um in den Weltraum zu reisen – und ich glaube, wir sollten dies tun – dann ist dies nur dadurch gerechtfertigt indem wir der Menschheit handfeste Entdeckungen und Wissen über unseren Platz im Universum bieten. Nicht indem nur einfach ein paar Daten über zerkleinerte Steinproben gesammelt werden, die uns dabei helfen, die Details des Entstehens des Planeten vor Milliarden von Jahren zu verstehen. Dies ist eine unmoralische, gigantische Vergeudung von wertvollen Ressourcen.

Die Suche nach Leben – intelligentem Leben – sollte der wichtigste Grund dafür sein, in den Weltraum zu reisen. Dieses Buch wird Ihnen zeigen, dass dies momentan nicht so ist. Tatsache ist, dass die einzige unmittelbare direkte Suche seitens der NASA und der Mainstream-Wissenschaft nach intelligentem Leben im Universum ein kurzsichtiges Projekt ist: 'SETI' (Search for Extraterrestrial Intelligence - Suche nach außerirdischer Intelligenz).

SETI benutzt gigantische Teleskope um nach Radiosignalen von fernen Sternen zu horchen. Dort sitzen sie, Nacht um Nacht, Jahr um Jahr, und hoffen verzweifelt, dass es dort im Weltraum eine Zivilisation gibt die analoges Radio benutzt um sich zu verständigen ... obwohl die Menschheit zügig zu digitalen Signalen übergeht ... was uns zu Überlegungen verleiten sollte. SETI steht für "Suche nach außerirdischer Intelligenz, was angesichts solch einer lahmen wissenschaftlichen und intellektuellen Ente eine schmerzliche Fehlbezeichnung ist.

Dieses Buch wird Ihnen zeigen, dass wir nicht Lichtjahre entfernt nach Zeichen für E.T. suchen müssen, denn es gibt genügend Anzeichen dafür, dass sie existieren, oder einmal existiert haben, und zwar innerhalb unseres eigenen Sonnensystems, hier und jetzt – und dass ein Teil dieser Hinweise noch heute auf dem Mars sind. Diese Tatsache muss für einen neugierigen und sachlichen Verstand eine schwerwiegende Frage aufwerfen:

"Wenn Zeichen für intelligentes außerirdisches Leben auf dem Mars existieren, warum untersuchen die zuständigen Behörden in sowohl den USA als auch Europa nicht diese Hinweise? Und inwieweit sind die Staatsoberhäupter unserer Nationen sich dieser seltsamen Unterlassung von wissenschaftlichen Untersuchungen bewusst, die zudem noch durch die entsprechenden Haushalte finanziert wurden?"

Die Entdeckung von intelligentem außerirdischem Leben wäre die größte Errungenschaft in der Geschichte der Menschheit, aber ist es möglich, dass solch eine gewaltige Entdeckung ein Problem darstellen könnte? Gibt es Leute, die Angst davor haben eine Antwort zu bekommen? Oder sollten sie die Antwort schon kennen, und nicht wollen, dass Sie und ich darüber erfahren? Ist da eine

Einleitung

tiefergehende Angelegenheit im Spiel, auf politischer und vielleicht religiöser Ebene, eine welche die Preisgabe dieses großartigen und unglaublichen Geheimnisses unterbindet?

Es ist gut möglich dass diese Sache sehr tief geht, aber so kann es nicht weitergehen. Wir haben erlebt wie das Internet auf der ganzen Welt Völker dazu gebracht hat, repressive Regierungen und außer Kontrolle geratene Konzerne in ihre Schranken zu verweisen. Wenn es in dieser Angelegenheit ein Geheimnis gibt welches gelüftet werden sollte, dann ist es vielleicht an der Zeit, dies jetzt herauszufinden, und zwar ob unsere politischen Autoritäten und unsere Institutionen des sogenannten zivilisierten Abendlandes wirklich den Interessen des Volkes dienen, der Wahrheit und der Demokratie, oder ob sie vielleicht von anderen, eher verborgenen Faktoren motiviert werden.

Ich hoffe, dass in der Zukunft die "schützenden Schichten der Wahrheit", wie es der Apollo 11-Astronaut Neil Armstrong treffend beschrieb, verabscheut und verworfen werden, und dass die Menschheit in der Lage sein wird, die Wunder des Weltraums zu erforschen, angetrieben von der lodernden Fackel der noblen Suche nach der Wahrheit, nach Wissen und nach Weisheit – und nicht halb blind dem Abgrund entgegen taumelt, verwirrt und behindert durch Verträge zwischen Großkonzernen, den Absichten von Geheimgesellschaften und anderen kindlichen und unentwickelten Motiven.

Wenn eines Tages Wissenschaftler sich selbst die Beweise, die hier in diesem Buch präsentiert werden eingestehen, und dann große Fortschritte für unser Verständnis hinsichtlich der Vergangenheit und der Gegenwart des Mars machen, dann hoffe ich, dass sie die Größe haben werden, jenen, die nicht zur Mainstream-Wissenschaft gehören und die über viele Jahre hinweg versucht haben die Tore der Wahrheit zu öffnen, dies hoch anzurechnen.

Ich rede von den unabhängigen Mars-Forschern aus der ganzen Welt; den Internet 'Schlawinern, Scharlatanen und Teufels-Advokaten' der globalen Gesellschaft, jene welche den Schleier der Geheimhaltung und Täuschung, die momentan unsere 'fortschrittliche Gesellschaft' hier auf Erden belastet in Angriff nahmen. Sie waren es die mir durch ihre akribische, hartnäckige und beharrliche Arbeit die vielen kontroversen Bilder von möglichem Wasser, von Leben und von Anzeichen für Zivilisation auf dem Mars zu Bewusstsein gebracht haben. Sie waren es die, nachdem sie NASA's schwachsinnige Obsession mit Steinen und Geologie gesehen hatten, sich einfach selbst um die wirklichen Kostbarkeiten des Wissens dass Mars zu bieten hat kümmerten.

Dieses Buch ist über die Macht, die im Volk ist. Es ist über den Verfall der alten Ordnung und die Entstehung einer neuen, bewussten und sich entwickelnden Vision der Welt welche die Kontrolle über die Menschheit, die über Jahrhunderte in den Händen von elitären Familien, esoterischen Verbeinigungen und selbstsüchtigen Tyrannen lag, auflöst. Der Plan für die Menschheit muss wieder zum Zweck zurückkehren dem er dienen muss: unserer gemeinsamen globalen Weisheit und Bewusstsein, zum Wohlergehen aller.

Während ich mich für dieses Buch vorbereitete wollte ich verstehen, wie die Wissenschaftler, die seit Jahren mit der Mars-Forschung zu tun haben eigentlich denken. Ich sah mir die Präsentationen an und hörte Vorträge, die von Wissenschaftlern die für NASA und das Mars-Forschungsprogramm arbeiteten handelten. Am meisten war ich von der Leidenschaft, dem Enthusiasmus und der Eloquenz beeindruckt die jeder von ihnen auf seinem Fachgebiet zeigte, es war ermutigend und inspirierend.

Während ich ihnen zuhörte empfand ich großen Respekt für die Hingabe und Disziplin, die erforderlich ist um solch einen hohen Grad an Fachwissen zu erreichen, doch später hatte ich auch ein Gefühl der Entmutigung hinsichtlich der Tatsache dass diese wunderbaren und talentierten Personen getäuscht wurden und dass es ihnen vorenthalten wurde noch viel größere Entdeckungen im Namen der Menschheit zu machen.

Hoffentlich wird dieses Buch dazu beitragen, dass sie die Türen ihrer Vorgesetzten einrennen. Doch wahrscheinlich werden die meisten von ihnen lediglich in ihre Laboratorien zurückkehren und so weitermachen wie immer, und so tun, als wüssten sie nichts über die Dinge die hier gezeigt werden. Wir werden sehen.

Es gibt hier keine Doktortitel oder wissenschaftlichen Akkreditierungen die dieses Buch untermauern. Ich bin ein Laie der über die Schulter von qualifizierteren Geistern schaut, und ich versuche, das Gesamtbild von etwas zu erfassen von dem ich

Einleitung

meine, dass es hinsichtlich der Erforschung des Weltraums gewaltig schief gelaufen ist.

Vielleicht kann jemand wie ich, und tausende andere Leute die außerhalb stehen, etwas sehen was die NASA-Angestellten und -Vertragsfirmen durch das tägliche, alles umfassende Einerlei nicht sehen können, oder nicht sehen wollen.

Mein einziger Kritikpunkt den ich hinsichtlich der Wissenschaft habe ist, dass man sich weigert, alternative Erklärungen zu erwägen. Wenn unwissenschaftliche, a Priori Urteile gegen eine gegebene Hypothese gefällt werden, obwohl sachliche und glaubwürdige Beweise vorliegen. Natürlich sind Wissenschaftler auch nur menschlich wie wir alle, doch als Gatekeeper oder Torwächter in privilegierten Positionen haben sie auch die Verantwortung, offen zu bleiben, wissend dass der Preis für andauernde Verschlossenheit sehr hoch ist.

In dieser sich schnell verändernden Welt in der tägliche Entdeckungen ein zunehmend faszinierendes Universum zeigen, wo unser Vorstellungsvermögen und unser Verstand hoch beansprucht werden, wo die Tiefe des Alls uns nun bestätigt, dass viele der Erde ähnliche Planeten um Sterne kreisen, und wo selbst wir, auf unserer kleinen, blauen Welt, Pläne für die Bevölkerung eines Planeten innerhalb unseres Sonnensystems machen können – sogar bevor wir selbst es bis dorthin geschafft haben – wir bringen es dennoch nicht fertig, ein plausibles und logisches Szenario ernst zu nehmen, oder lediglich zur Debatte zu stellen. Eines welches viele der Beweise, die in diesem Buch präsentiert werden, erklären wird.

Dies sind wahrhaftige Beweise von denen die NASA behauptet, sie existierten nicht. Was wiederum seltsam ist, stammen doch die überwiegende Mehrheit aus der NASA-eigenen Sammlung von Bildern der Planeten, aufgenommen von ihren Raumsonden und Lander in deren Umlaufbahn. Sehen die sich diese nicht an? Oder lediglich jene Bilder welche in ihre momentane Komfortzone passen?

Wir leben wohl noch im Zeitalter von Galileo, wo das Alte fallen muss bevor das Neue hervorkommen kann. Das Zeitalter wo der furchtlose Giordano Bruno in den Flammen umkam, angesichts der Engstirnigkeit einer Autorität die darauf bedacht war, die Dinge so zu lassen wie sie schon immer waren, koste es was es wolle, selbst auf Kosten der Wahrheit.

Wir werden sehen, wer sich hier selbst erkennt, ob er sicher in der Menschenmenge verweilt oder ob er alleine, weit entfernt von ihr und abseits steht. Ein neues Paradigma entsteht hier, und nur ganz wenige Wissenschaftler haben sich ein bisschen aus ihrer Komfortzone entfernt um es zu begrüßen. Gerade sie sollten wissen, dass es historisch schon immer so war.

Was die Wissenschaft anbetrifft, wir werden sehen welche Seite sie wählen wird. An alle die keine Wissenschaftler sind, ich hoffe es wird Ihnen leichter fallen die hier aufgedeckte Information zu assimilieren.

Ich glaube, dieses Buch wird Ihnen zeigen dass es klare Anzeichen dafür gibt dass es intelligentes Leben einstmals auf dem Mars gab. Die Beweise werden weiterhin zeigen dass der Mars möglicherweise keine einheimische Zivilisation entwickelte, sondern dass er stattdessen von intelligenten Wesen von außerhalb unseres Sonnensystems besiedelt wurde. Und daher muss die Möglichkeit in Betracht gezogen werden dass deren Vorfahren immer noch hier sind.

Werden diese Beweise genügen um die Prioritäten des amerikanischen Mars-Forschungsprogramms neu auszurichten? Wird eine Mission zur Suche nach vorzeitlichen Ruinen gesandt werden? Sind sie darauf vorbereitet, Entdeckungen zu machen die unser Weltbild für immer verändern werden?

Wir schauen uns das mal an und hören gut zu was da in den Nachrichten gebracht wird.

Kapitel 1: Verschleierung

Der Grund weshalb ich dieses Buch schreibe ist, weil ich glaube dass die Amerikaner Lebenszeichen einer intelligenten Zivilisation, die einstmals auf dem Mars existierte, entdeckt haben, und sie haben entschieden dass sie dies der Welt nicht mitteilen werden, zumindest jetzt noch nicht. Diese Entdeckung wird geheimgehalten. Ich will dass dies sich ändert. Ich will dass die Wahrheit enthüllt wird, sodass jede Person auf unserem eigenen Planeten alles darüber erfährt, und damit beginnen kann die unglaublichen Auswirkungen zu absorbieren die diese Entdeckung für sie selbst und für die Welt bedeuten.

Ich glaube dass solch profundes Wissen der gesamten Menschheit gehört, damit wir als intelligente Spezies damit beginnen können über die überwältigende Bedeutung dieser Enthüllung nachzudenken um so unseren Platz im Universum neu beurteilen können. Es gehört nicht in die Hände von ein paar ausgesuchten Leuten die darüber bestimmen welche Wahrheit an die Menschheit verfüttert und welche vorenthalten wird.

Ich sage hier nicht dass "NASA-Wissenschaftler" diese Hinweise entdeckt haben, wenn es so wäre dann wäre es sicher unmöglich solch eine Entdeckung geheimzuhalten – obwohl sicher auch in ein paar Zirkeln die Angst bestünde, dies zu veröffentlichen. Nein, ich meine hier ein gewisses undurchsichtiges Programm das sicherlich nicht öffentlich ist, eines welches die heimliche Erforschung des Mars erreicht hat, Beweise für intelligentes Leben fand, und beschloss, der Welt die Wahrheit vorzuenthalten, bis zum angebrachten Zeitpunkt, wenn überhaupt.

Dieses geheime Programm würde womöglich die Kooperation wichtiger NASA-Funktionäre voraussetzen, wer weiß. Dennoch, da die NASA allgemein eine un-neugierige und verdächtig einfallslose und unwissenschaftliche Linie hinsichtlich gewisser Aspekte der Mars-Erforschung vertritt, und aber ebenso das öffentliche Aushängeschild der Raumfahrt ist, muss an dieser Stelle hauptsächlich die NASA selbst dafür verantwortlich gemacht werden.

Im wesentlichen, und beunruhigenderweise, scheint es dass dieser maßgebliche Einfluss es fertiggebracht hat die Richtlinien der Raumfahrt-Forschung dahingehend zu beeinflussen dass sie die NASA-Wissenschaftler daran hinderte viel intensiver nach Leben auf dem Mars zu suchen, und viel mehr zu entdecken als bisher durch die aktuellen NASA-Raumfahrtmissionen zum roten Planeten bekanntgegeben wurde.

Wir sprechen hier nicht über die Entdeckung von mikroskopischem, primitivem Leben welches früher oder später ohnehin der Welt bekanntgegeben wird, sondern von viel schwerwiegenderen Unterlassungen bei NASA's sogenannter Suche nach Leben auf dem Mars: die totale Vermeidung und nicht-Diskussion der Anzeichen von *intelligentem* Leben welches, wie unsere Beweise zeigen werden, mit fast absoluter Sicherheit auf dem Mars zu Vorzeiten existierte, und welches heute vielleicht noch dort ist.

Die geheime Agenda von der ich glaube dass sie existiert hat es nur zu gerne, dass Mainstream-Wissenschaftler von ihren pedantischen, legitimen Studien der Mars-Atmosphäre, von historischen Klimata, von Geologie, vorzeitlichem Wasser und der Suche nach mikrobischen Leben auf dem Mars vereinnahmt werden, denn die Annahme in diesem Buch ist, dass es eine zweigleisige Erforschung des Mars gibt:

- **Eine davon ist für die Öffentlichkeit bestimmt**, und deren magere Ergebnisse können wir im Fernsehen und im Internet sehen, verbreitet von den Nachrichtendiensten und der NASA.

- **und eine welche Sie und ich nicht sehen oder etwas darüber erfahren können**, eine die möglicherweise sehr viel höher als Sicherheitsstufe 'Top Secret' klassifiziert ist. Ob der amerikanische Präsident selbst diese Studie einsehen kann ist einen Gedanken wert.

Was ich hier sage wird von Beweisen untermauert die in diesem Buch präsentiert werden. Ob sie jedoch die Beweise als hinreichend betrachten um das Weltbild das wir kennen in Frage zu stellen und zu akzeptieren hängt ausschließlich von Ihrem Urteilsvermögen ab. Ich weiß, dies scheint eine außergewöhnliche Behauptung zu sein,

Kapitel 1: Verschleierung

doch hoffe ich zeigen zu können dass dies dennoch vollkommen plausibel und letztendlich wahr ist.

Anfangs mag die Anschuldigung von einer Geheimhaltung seitens der NASA keinen Sinn machen, und Ihnen sei verziehen wenn sie dies kurzerhand verwerfen sollten. Denn warum nur sollte die Organisation und Behörde welche den Weltraum im Auftrag der Menschheit erforscht und, ganz im Besonderen, auch noch aktiv nach Leben auf anderen Welten sucht, so nehmen wir zumindest an, solch eine phantastische und welterschütternde Entdeckung verheimlichen wollen?

Nun, vielleicht ist 'welterschütternd' genau das Problem hier; die Crux der Sache, eine welche die Autoritäten davon abhält dieses Wissen und diese Entdeckungen zu veröffentlichen. Denn wenn sie Information welche die Welt verändern wird veröffentlichen, dann wird irgendwo jemand fragen: 'Welche Konsequenzen wird dies haben, und wie genau wird die Welt verändert werden?'

Seit Jahrhunderten laufen die Dinge auf unserem Planeten auf eine gewisse Art und Weise, und da werden diejenigen sein, die nicht wollen dass das System sich großartig verändert, denn sie könnten verlieren was sie angehäuft haben. Die vorliegende Forschung legt nahe, dass es vieles gibt was vor der Öffentlichkeit verborgen wird, und dass die Konsequenzen der Enthüllung der Wahrheit hinsichtlich außerirdischer Dinge sehr weitreichend sind und nicht unterschätzt werden dürfen. Ich glaube, dass die wenigen Personen die in Machtpositionen sitzen dies durchdacht haben und entschieden haben, dass diese Information kontrolliert werden muss.

Ich akzeptiere, dass dies durch die Lage der Dinge sehr schwer zu beweisen ist, daher werden wir dies hier nicht auf direkte Art und Weise versuchen. Doch werden wir hier die Beweise vorlegen und davon ausgehen, dass die unvoreingenommene Betrachtung von bekannten Tatsachen, sichtbaren Hinweisen in der Form von offiziellen NASA- und ESA- Fotos, und ganz besonders unter Einsatz der Verstandeskraft, dem Leser vor Augen führen wird dass hier etwas ganz gehörig faul ist hinsichtlich des offiziellen Bildes welches uns über die Realität des Lebens im Universum gegeben wurde, über unser eigenes Sonnensystem und, in der vorliegenden Studie im Besonderen, was unseren Nachbarplaneten Mars angeht.

Geheimer Mars

Die Möglichkeit, dass die Amerikaner solch eine enorme weltverändernde Entdeckung geheim gehalten haben ist eine beunruhigende Sache, und die potentiellen Konsequenzen und Auswirkungen sind gigantisch. Und möglicherweise ist es unfair, die gesamte Schuld auf diese Nation abzuwälzen, denn solch eine gewaltige Täuschung kann gut auf ein internationales Abkommen zurückzuführen sein, eines zu welchem Amerika lediglich ein weiterer Unterzeichner ist.

Es kann gut sein, dass, weil die USA das am weitesten entwickelte Raumfahrtprogramm hat, es sich nun in der Schusslinie befindet.

Wir werden sehen.

Die vermiedene Suche nach Leben auf dem Mars

Also, wenn der Grund für die Geheimhaltung der Tatsache der Entdeckung außerirdischen Lebens auf dem Mars der ist, dass es ein paar Leute gibt die Angst vor den großen Veränderungen die dieses Wissen in der Welt auslösen werden haben, gibt es dann irgendwelche Hinweise bezüglich der Annahme, dass die Suche nach Leben auf dem Mars verzögert, beschränkt oder auf irgendeine Art und Weise behindert wird?

1. (L) Vermutlicher Mars-Meteorit: ALH84001
2. (R) Mögliche versteinerte Mars-Nanobakterie von ALH84001
Bildnachweis: NASA/JPL

Lange Zeit dachte ich dass, wenn sie Leben auf anderen Planeten fänden würden, die Amerikaner nichts besseres zu tun haben werden als dies der wartenden Welt freudig zu verkünden. Nun, so in etwa haben sie es getan hinsichtlich der Entdeckung von möglichem mikrobischen Leben auf dem Mars, auf diesem kleinen 15 cm großen Meteoriten den sie in der Antarktis fanden, was den

Kapitel 1: Verschleierung

damaligen Präsidenten Clinton dazu veranlasste, dies der Welt per Fernsehansprache im Jahr 1996 mitzuteilen.

NASA-Wissenschaftler hatten behauptet, er wäre von der Oberfläche des Mars nach einem Meteoriteneinschlag abgesprengt worden, vor ungefähr 15 Millionen Jahren, und dass er etwa 13.000 Jahre später, nach einer langen Rundreise durch das Sonnensystem, in der Antarktis landete, wo er 1984 gefunden wurde. Ein Elektronrastermikroskop hatte später gezeigt dass möglicherweise fossile Überreste von Mars-Bakterien zu sehen waren, doch wurde diese Annahme inzwischen angefochten, dennoch wurde sie nicht vollkommen diskreditiert.

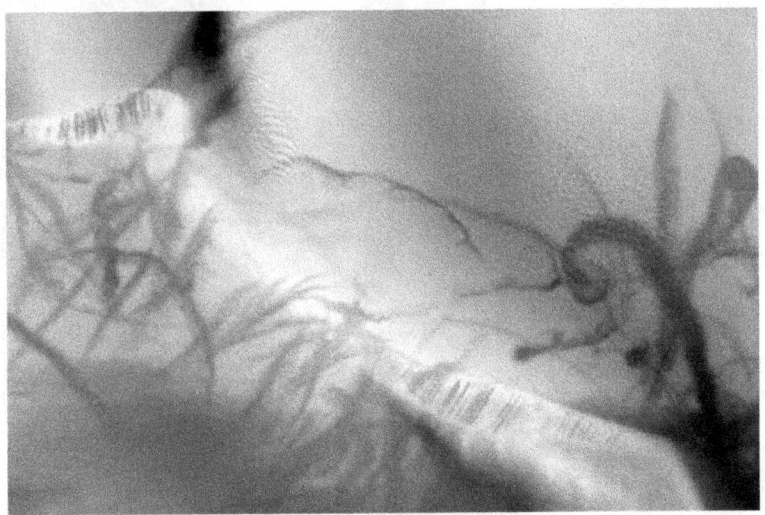

3. "Staubteufel" hinterlassen komplizierte Spuren auf den Sanddünen
Bildnachweis: NASA/JPL/University of Arizona

Dies war die letzte Mitteilung, hinsichtlich von Leben auf dem Mars, die öffentlich bekanntgegeben wurde. Heute haben wir als das am aktivsten arbeitende wissenschaftliche Programm eines welches angeblich in der Lage ist nach Leben auf anderen Planeten zu suchen, eine Flotte von Raumsonden, die seit 1998 den Mars umrundet haben und auf ihm landeten. Seit der Mars Global Surveyor damit begann, wissenschaftliche Missionen und die globale Kartographierung des Planeten durchzuführen.

Dies ist ein wissenschaftliches Programm das seitdem kontinuierlich operiert. Das sind, in den letzten 14 Jahren, state-of-the-art wissenschaftliche Untersuchungen, mit Kosten von unzähligen Milliarden Dollar. Und was haben wir als Menschheit dafür vorzuweisen? Wir können sicherlich sagen dass wir über die vorzeitliche und die heutige Geologie des Planeten viel erfahren haben; die Menge an vorhandenem Eis, seine Atmosphäre und sein Klima. Und mit Sicherheit haben wir einige betörend schöne und wundersame Bilder der Oberfläche des Mars gesehen, mit seinen manchmal seltsamen, außerirdischen geologischen Formationen.

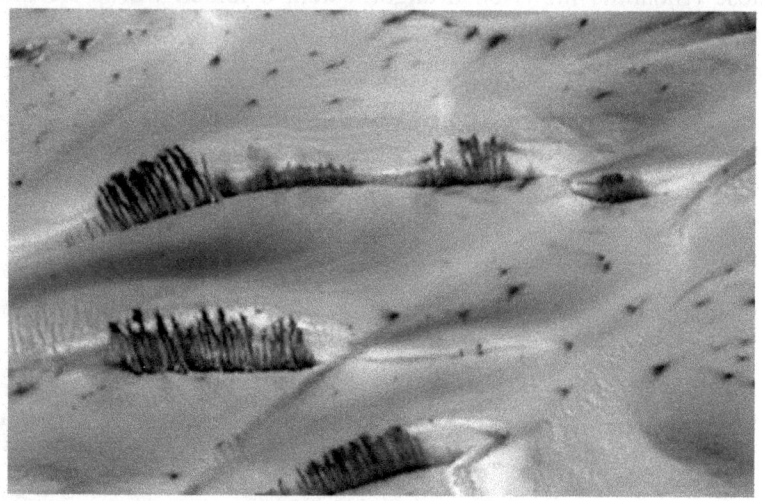

**4. Staubschlieren verursachen die Illusion
von stehenden Bäumen**
Bildnachweis: NASA/JPL/University of Arizona

Aber wie steht es um die wichtigste aller Fragen? Die Frage, ob es auf dem Mars Leben gibt oder nicht gibt? Nun, ein Besuch des NASA-Websites wird Ihnen genau die gleiche Antwort geben wie sie 1976 gegeben wurde, als der Viking-Lander als erster versuchte herauszufinden ob auf dem roten Planeten Leben existiert:

"Wir wissen noch nicht ob es auf dem Mars Leben gibt"

Und hier ist der Anlass wo die Gemeinschaft der Wissenschaftler sich doch am Kopf kratzen und ein paar aggressive Fragen stellen sollte, denn nach 14 Jahren an Studien müsste die NASA doch sicherlich konkretere Antworten bieten können als "Wir wissen nicht ..."

Kapitel 1: Verschleierung

Bedenken wir dass wissenschaftliche Daten von sowohl der NASA als auch der ESA (Europäische Weltraumbehörde) zeigen, dass es auf dem Mars heute klare Vorbedingungen gibt für Zeichen von Leben so wie wir es verstehen, sowie die erforderlichen Bedingungen für seine Erhaltung:

- Signifikante Mengen von Methan in der Atmosphäre
- Riesige Mengen an (Wasser-) Eis auf dem ganzen Planeten
- Flüssiges Wasser welches ständig auf der Oberfläche auftaucht
- Temperatur am Mars Äquator bis zu 30° C

Doch die NASA wird sagen dass Mars ein geologisch toter Planet ist. Es gibt keine vulkanische Aktivität, kein Magnetfeld, nur eine dünne Atmosphäre, und die ungeschützte Oberfläche des Planeten wird von kosmischer Ultraviolettstrahlung überflutet die es für Leben sehr schwer macht dort zu existieren. Und dennoch zeigen Studien hier auf der Erde deutlich dass Leben sehr hartnäckig und erfinderisch ist, und selbst unter den härtesten und lebensfeindlichsten Bedingungen von extremer Hitze oder Kälte existiert.

Die Planetenwissenschaftler Janice Bishop und Chris McKay fanden, während sie Karbonatgestein dass mit Eisenoxiden beschichtet war untersuchten, gefunden in der Mojave Wüste, dass Organismen vor der tödlichen Ultraviolettstrahlung durch eine Schicht Eisenoxid geschützt werden. Dies legt einen Überlebensmechanismus nahe der Leben auf dem Mars geschützt haben könnte als sich die Bedingungen auf der Oberfläche des Planeten verschlechterten.[1]

Die Atacama Wüste in Chile liefert den Wissenschaftlern einen angemessenen Vergleich mit dem Mars, durch die extrem trockenen, fast wasserlosen Bedingungen auf einem der trockensten Flecken der Erde, und hier fand Dr. McKay ebenfalls mikrobisches Leben welches auf der unteren Seite von durchsichtigem Quarzgestein gedeihte. In dieser spezifischen Mikro-Welt, wo Nebel die einzige Quelle von Feuchtigkeit ist, wurden die Mikroorganismen nicht nur vor der schädlichen Ultraviolettstrahlung geschützt, sie hatten auch genügend Licht.

In der gleichen Gegend, so erklärte Professor Nilton Renno, einer der wichtigsten Forscher für Curiosity, gibt es auf der Oberfläche eine Salzkruste, unter welcher sich flüssige Tropfen von Salzwasser befinden die voller lebender Bakterien sind.[2]

Leben kann demzufolge innerhalb einer großen Bandbreite von Nischen und Bedingungen gefunden werden. Es könnte selbst auf einem interstellarem Planeten existieren der nicht von einer Sonne erwärmt wird. Die Planetenwissenschaftler Dorian Abbot und Eric Switzer postulierten, dass ein von seinem Planetensystem ausgeworfener Planet möglicherweise einen flüssigen Ozean unter Schichten von hitzeisolierendem Eis beherbergen könnte, wobei Wärme und möglicherweise Leben lediglich durch geothermische Strömungen erhalten werden würde.[3]

Ganz offensichtlich 'findet Leben immer einen Weg', und wenn der Mars, wie NASA's eigene Studien zu zeigen scheinen, einmal ein erdähnlicher Planet war, mit Ozeanen, Meeren, Flüssen, einer Atmosphäre, einem Magnetfeld und, sehr wahrscheinlich unter solchen Bedingungen, Leben, dann müssen die Chancen hinsichtlich der Tatsache, dass dieses Leben noch immer irgendwo existiert, trotz des Kataklysmus auf dem Planeten, sehr hoch sein.

Das Leben ist hartnäckig, es mutiert, entwickelt sich und, hat es sich erst einmal an die neuen Bedingungen adaptiert, es gedeiht. Ganz zu schweigen von den 'extremophilen' Organismen die – wie hier auf der Erde – scheinbar immer eine spezielle Nische finden, wo sie überleben und aufblühen.

Selbst wenn es sich herausstellt, dass kein Leben auf der Oberfläche des Planeten überleben kann, bedingt durch die tödliche Ultraviolettstrahlung, die Wahrscheinlichkeit, dass Leben unter der Oberfläche gedeiht, nur ein paar Meter darunter, oder in von der Strahlung abgeschirmten Höhlen, dann wird dies die meisten Biologen dazu veranlassen, davon auszugehen dass es so gut wie sicher ist dass Leben auf dem Mars existiert.

Doch die NASA stellt sich nicht dieser Tatsache und dieser Frage. Stattdessen faseln sie herum und warten scheinbar ewig auf jenen absoluten Beweis. Noch schlimmer ist, dass sie immer noch nicht losziehen um diesen Beweis zu finden.

Kapitel 1: Verschleierung

Das MSL Curiosity: nicht 'curious' (neugierig) genug?

**5. Curiosity: Das Mars Science Laboratory (MSL)
- Wissenschaftliches Mars-Labor (künstlerische Darstellung)**
Bildnachweis: NASA/JPL-Caltech

Zum Zeitpunkt der Abfassung dieses Textes landete die Curiosity-Mission im August 2012 in der Form des 'Mars Science Laboratory' (wissenschaftliches Mars-Labor), mit einem Kostenpunkt von 2.5 Milliarden Dollar, erfolgreich auf dem Mars, mittels eines haarsträubenden und brilliant ausgeführten Manövers. Gepriesen als das bisher am weitesten entwickelte Raumfahrzeug das bisher auf dem Mars landete, und ausgestattet mit den fortschrittlichsten wissenschaftlichen Experimenten für die Erforschung der Oberfläche des Planeten, was wird Curiosity nun wirklich tun?

Ist es in der Lage, nach *Leben* zu suchen?

Nun, die Viking-Mission im Jahr 1976 war eine astrobiologische Mission, dazu ausgelegt hoffentlich Leben auf dem Mars aufspüren zu können, und die es, gemäß einiger Wissenschaftler, auch fand, während andere sagten dass nicht. Dann kamen Pathfinder, Spirit, Opportunity und Phoenix, alles geologische Missionen, gesandt um zu entdecken, was schon bekannt war – dass die Stellen wo die Raumsonden landeten vorzeitliche Gegenden waren wo Wasser vor Jahrmillionen existierte.

Die Curiosity-Mission ist ... nun, lediglich eine weitere 'Geologische-Mission'!

In Wirklichkeit ist sie einiges mehr als dies; ein umherstreunender, robotischer Geochemiker der mit Lasern Gestein zu Pulver zappen kann, und der auch Bodenmaterial einsammeln kann um sich dessen Geheimnisse aus der Nähe anzusehen, aber das war's dann auch schon. Wie der Projektleiter John Grotzinger in einem NASA-Video erklärte: "Die Wissenschaft von Curiosity: Die Suche nach vorzeitlichen Lebensräumen auf dem Mars": [4]

> Curiosity ist keine Mission zur Detektierung von Leben. Wir suchen nicht wirklich nach Leben. Wir haben nicht die Fähigkeit, Leben aufzuspüren, wenn es dort sein sollte.

Curiosity war also niemals dazu gedacht oder ausgestattet um nach Leben zu suchen, obwohl Millionen Menschen auf der Welt davon ausgingen, dass dies der Sinn und Zweck war. Wie kam die NASA nur damit davon? Die Leute sahen im Fernsehen dass "die neue Mars-Raumsonde nach für das Leben förderlichen Bedingungen suchen wird", und sie nahmen wohl an: "Aha, die meinen, sie werden nach Leben suchen".

Damals ging wohl eine seltsame Manipulation der Öffentlichkeit vonstatten. Wenn Curiosity also nicht nach Leben sucht, wonach sucht sie dann? Grotzinger fährt fort:

> Wir suchen nach den Ingredienzien des Lebens. Damit meinen wir Orte wo Mikroorganismen, winzige Einzeller, gelebt haben können, was wiederum eine Wasser- und Energiequelle voraussetzt, denn Leben so wie wir es verstehen benötigt Wasser. Und dann brauchen wir auch noch eine Quelle für Kohlenstoff.

Er erklärte, dass der Curiosity-Rover nach diesen Ingredienzien suchen würde, und zwar an einem Berg im Zentrum des Gale Kraters:

> Dieser Berg hat eine große Zahl von Schichten die wir wie beim Blättern eines Buches untersuchen können hinsichtlich der Tatsache ob sie Beweise für das Vorhandensein von vorzeitlichen Lebensräumen aufweisen.

Kapitel 1: Verschleierung

Da haben wir es also. Mit dieser Raumsonde suchen sie lediglich nach Lebensräumen welche die grundlegenden Bedürfnisse für Leben erhalten haben, sei es heute oder in der Vergangenheit. Sie stellen einfach die Frage: "Hat der Mars jemals ein Habitat für die Existenz von mikrobiologischem Leben gehabt, oder hat er es noch immer?"

Die Tatsache, dass sie schon längst wissen dass Mars eine feuchte, warme Vergangenheit mit einer viel dichteren Atmosphäre hatte scheint meiner Ansicht nach diese Frage gegenstandslos zu machen. Natürlich könnte der Mars mikrobiologisches Leben gehabt haben, und dennoch schicken sie eine 2.5 Milliarden Dollar teure Raumsonde dorthin um solch eine pedantische Frage zu stellen?

Die einzige wichtige Frage, die eine Antwort fordert ist jene ob Leben immer noch dort ist … und dazu hätte dies eine astrobiologische Mission sein müssen, mit Geräten zur Detektierung von Leben, und nicht Curiosity's belanglose Aufgabe der 'Untersuchung der Gegebenheiten hinsichtlich der günstigen Bedingungen für mikrobiologisches Leben und der Präservierung solcher Hinweise von vorzeitlichem Leben im Gestein.'

Wissenschaftler wissen sehr wohl dass große Mengen an Wasser auf dem Mars existieren, und dass die Sonne genug Energie liefert, das heißt, sie suchen momentan lediglich nach komplexen organischen Kohlenstoffverbindungen, und nach ein paar Gasen die das Vorhandensein von mikrobischem Leben verraten. Wenn sie diese in den Gesteinsschichten finden sollten, dann wissen sie dass vor Millionen von Jahren für das Leben günstige Bedingungen vorhanden waren; wenn sie dies heute im Boden finden sollten, dann hätten sie Beweise für solche günstigen Bedingungen zum heutigen Zeitpunkt.

Offiziell kann also diese Mission allerhöchstens erreichen dass organische Verbindungen im Marsboden entdeckt werden, sowie vielleicht Methan, was die Präsenz von Mikroben anzeigen könnte.

Curiosity wird bestätigen, dass Leben auf dem Mars ist

Die Entdeckung organischer Verbindungen und von Methan würde das Vorhandensein von Leben auf dem Mars so gut wie bestätigen, daher wird die NASA in der Lage sein der Welt in einer hochtrabenden Medieninszenierung zu deklarieren, dass es dem mikrobiologischen Leben im Marsboden ganz gut geht. Dann wird der US-Präsident diese fabulöse amerikanische Entdeckung der wartenden Menge verkünden können. Nur müssen sie dann in ein paar Jahren eine weitere Raumsonde schicken um das dort existierende Leben zu detektieren.

Hier sollte angemerkt werden dass Gilbert Levin und die Viking-Wissenschaftler froh darüber sein werden, denn diese Entdeckung wird bestätigen dass die NASA im Jahr 1976 auf dem Mars leben entdeckt hatte!

Nun gut, kann Curiosity sonst noch etwas entdecken?

Möglicherweise. John Grotzinger machte die aufreizende Bemerkung hinsichtlich der Tatsache 'Wir alle wissen, dass Wasser nach unten fließt ...' Scheinbar bezog er sich auf die Präsenz von vorzeitlichem Wasser mit diesem Kommentar, aber was wäre wenn nicht? Was hofft er wirklich bei dieser Mission zu entdecken? Vielleicht viel mehr als die wissenschaftlichen Apparate in der Lage sind zu detektieren.

Da ist ein Gerät an Bord dass in der Lage sein wird, unterirdisches Wasser bis zu einer Tiefe von einem Meter messen zu können, aber es kann es nicht erreichen. Wenn jedoch Bodenmaterial gefunden wird welches vor kurzem mit flüssigem Wasser in Berührung kam, dann wird die Analyse dieses Bodens eventuell Zeichen für heutige mikrobische Aktivität liefern.

Curiosity wird natürlich nicht in der Lage sein, irgendwelche Mikroben zu sehen, denn es gibt kein Mikroskop an Bord (dies macht es ein seltsam unzulängliches 'Labor') – doch könnten Anzeichen für mögliches Leben vielleicht gezeigt werden. Andererseits besteht die Möglichkeit, dass Kreaturen die größer sind als Mikroben vielleicht von den Kameras selbst aufgezeichnet werden, was ein unumstößlicher Beweis für Leben auf dem Mars wäre!

Ich glaube dass die wahrscheinlichste Entdeckung hinsichtlich Leben auf dem Mars für diese Mission sein wird, dass *Fossilien* im Gale Krater gefunden werden. Und dass es diese 'Enthüllung' sein wird die der wartenden Weltpresse mitgeteilt wird.

Kapitel 1: Verschleierung

Bringt eine Webcam zum Mars!

In unserer heutigen fortschrittlichen Zeit sollte auch hinterfragt werden, warum es die NASA nicht fertig bringt die Öffentlichkeit mit einer Webcam samt Mikrofon auf Curiosity für sich zu gewinnen.

Eine ununterbrochene Überwachung der Marsoberfläche durch Ton und Video wäre ein wirklich aufregender Sprung hinsichtlich dessen was wir über den wirklichen Lebensraum des Mars lernen können, und einer der eine aktive Beteiligung der Öffentlichkeit an der Erforschung des Mars erlauben würde. Wie viele Millionen Menschen wären an ihre Bildschirme gefesselt, in der Hoffnung dass sich etwas bewegt auf dem Marsboden, und es sehen zu können, oder das Heulen eines echten Mars-Windes – live!

Ich nehme an das Senden von Audio- und Videosignalen wird hinsichtlich der zeitlichen Verzögerung etwas schwierig, da selbst Fotos mehrere Stunden brauchen bis sie ankommen. Doch wo ein Wille ist da ist ein Weg, der erfinderische und kreative Geist des Menschen wird die Lösung herbeibringen. Also, legen wir los!

Geologen dominieren die Erforschung des Mars

Die Curiosity-Mission ist jedoch hauptsächlich eine weitere geologisch-orientierte wissenschaftliche Mission wie es Spirit, Opportunity und Phoenix schon waren. Deren astrobiologische Daten waren auf die Identifikation von organischen Verbindungen und gewisse Anzeichen im Boden als mögliche Indizien für existierendes Leben beschränkt – dies ist kein Ersatz für eine echte astrobiologische Mission. Seit Viking im fern zurückliegenden 1976 gab es keine wirkliche NASA Raumfahrt-Mission zum Mars mit der Aufgabe, spezifisch nach Leben zu suchen.

In der Zwischenzeit – ganze 36 Jahre – haben Geologen die Politik der NASA hinsichtlich der Mars-Forschung dominiert. Während die Untersuchung von Mars-Gestein uns dabei helfen wird zu verstehen wie er entstand, dies lässt sich nicht mit der monumentalen Entdeckung vergleichen welche die Bestätigung von tatsächlichem Leben auf dem Mars bedeuten würde, und sicherlich rechtfertigt sie nicht die enormen Kosten.

Meiner Ansicht nach ist es unsinnig und unvertretbar dass solche Summen ausgegeben werden, für solch armseliges Wissen. Ich sage hier mit Absicht armselig, denn welche Daten auch immer die Planetenwissenschaftler erregen, Tatsache ist, dass nichts was wir bisher über den Mars erfahren haben unser Bewusstsein und unser Verständnis über die Menschheit erweitert oder unser Konzept über uns selbst und unseren Platz im Universum weitergebracht hat.

Es stimmt, Curiosity wird uns mitteilen dass vor Millionen von Jahren auf dem Mars Bedingungen herrschten die Leben möglich machten, und dass heutzutage im Marsboden Indizien vorhanden sind die praktisch beweisen dass Leben immer noch präsent ist. Im Großen und Ganzen wird Curiosity in der Lage sein der Welt zu deklarieren dass es auf dem Mars Leben gibt. Ausschlaggebend ist jedoch dass die Mission nicht dafür ausgelegt wurde Leben zu detektieren. Wenn also nichts dramatisches im Boden gefunden wird – etwas, was sich bewegt etwa, oder Skelettreste oder Fossilien – dann werden wir eben auf eine weitere Weltraumsonde warten müssen, eine die geschickt wird um zu bestätigen ob es eine solide wissenschaftliche Antwort gibt auf die Frage: "Gibt es Leben auf dem Mars?"

Wieder einmal eine kostspielige Mission, und eine weitere vergeudete Chance. Als nächster kommt nun die Europäische Raumfahrtbehörde ESA dran, mit ihren ExoMars-Missionen in 2016 und 2018. Aber wir sollten nicht allzu gespannt darauf warten … die beste Studie die der ExoMars Orbiter 2016 uns geben kann (die Sonde Schiaparelli crashte inzwischen) hinsichtlich der Frage nach Leben auf dem Mars wird der Versuch sein, Gase in der Atmosphäre zu identifizieren die möglicherweise organischen Ursprungs sind, wie z.B. Methan, während ExoMars 2018 das vorrangige Ziel hat nach gut erhaltenem organischem Material aus der Frühgeschichte des Planeten zu suchen (gähn … war das nicht die Aufgabe von Curiosity? Wie dem auch sei …). Obwohl die Möglichkeit vorhanden sein wird, ein paar Meter tief zu bohren, Boden- und Wasserproben zu entnehmen um zu sehen, was dort ist, was aufschlussreich sein dürfte.

Der Nächste in der Reihe sind dann die Amerikaner in 2020, wenn die NASA wohl eine Rover-Mission startet um nach Zeichen von vorzeitlichem mikrobischem (versteinertem) Leben im Gestein und Boden zu suchen, und wobei jegliche Bodenproben für das spätere Einsammeln hinterlassen werden. Die Idee hier ist dass zu einem

Kapitel 1: Verschleierung

zukünftigen Zeitpunkt diese Proben eingesammelt und zur Erde zu deren Analyse zurückgeschickt werden.

(Hmmm ... man ist dazu verleitet anzunehmen dass dies nicht geschehen wird.)

Das Interessanteste an diesem Rover (Mars 2020) ist dass er ursprünglich für eine *astrobiologische* Mission vorgesehen war. Tatsächlich, er sollte die Geräte haben und die notwendigen Experimente ausführen können um wirklich mikroskopisches Leben identifizieren und detektieren zu können. Genannt Mars Astrobiology Field Lab Rover (MAFL)[5] sollte dieser auf die Curiosity-Mission folgen, als logischer nächster Schritt bei der Suche nach Leben – doch dann wurde dies abgesagt, angeblich aus Etat-Gründen.

Jawohl, ich sage dass NASA und ESA Ausflüchte vorgeben, sie vermeiden, verzögern, beschränken, und in jeder Hinsicht aktiv unterdrücken sie was eine gesunde, unvoreingenommene und vor allem schleunige Erforschung der Existenz von Leben auf dem Mars angeht. Doch abgesehen von Indizienbeweisen die eine möglicherweise absichtliche Beschränkung der heutigen Mars-Missionen offenlegen, können wir denn sonst irgendetwas vorweisen was den Plan der Geheimhaltung aufzeigt?

Nun, um unsere Annahme zu rechtfertigen müssten wir in dieser Angelegenheit ein Verhaltensmuster der NASA aufdecken, und die beste Methode dafür ist ein Blick auf die frühen Jahre der Mars-Erforschung – jene Mission welche immer noch die intensivste Mission der NASA war um nach Leben auf dem Mars zu suchen – Viking.

Das Marsgesicht

6. Viking Lander 2 auf dem Mars: Utopia Planitia, 1976
Bildnachweis: NASA/JPL

Im Jahr 1976 schickte das amerikanische Raumfahrtprogramm die Viking-Mission zum Mars, mit dem kühnen Plan der Suche nach Leben. Sie schickten zwei orbitale Raumsonden um den Planeten zu kartografieren und detailliert zu fotografieren, sowie zwei Mars-Landefahrzeuge um Bodenproben zu untersuchen. Die Experimente ware dazu angelegt die Präsenz von eventuell vorhandenen Mikroorganismen die im Marsboden leben aufzuzeigen. Jedoch entschieden NASA-Wissenschaftler und Vorgesetzte, dass die Ergebnisse der Experimente nicht eindeutig waren und die Mission der Suche nach Leben daher versagt hatte.

Einige Wissenschaftler vertreten noch immer die Annahme dass die Viking-Daten das Vorhandensein mikrobischer Aktivität bezeugen, selbst die Präsenz von zirkadianer Rhythmik,[6] doch offiziell und aus politischer Sicht war dies das Ende des Abenteuers der Mars-Erforschung; zumindest bis 1991, als die Amerikaner den Mars Observer zur Abbildung des Planeten mit viel höherer Auflösung als die Viking-Kameras imstande gewesen waren sandten. Doch die Verbindung mit der Raumsonde brach ab kurz bevor das Vehikel in die Umlaufbahn eintrat, und die Mission wurde als Fehlschlag bezeichnet.

Kapitel 1: Verschleierung

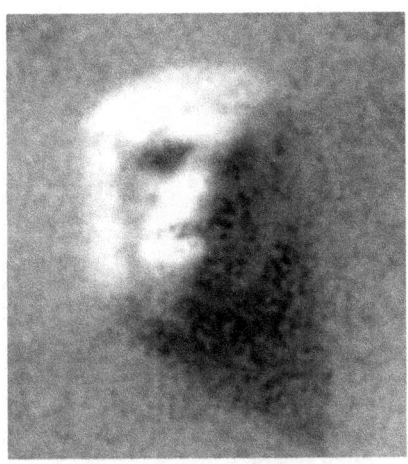

SM1. "Das Marsgesicht: Original Bild (2.5km) – Viking
Ort: Cydonia Mensae, 1976; entdeckt von Toby Owen
Bildnachweis: NASA/JPL; digitale Bearbeitung: Mark J. Carlotto

Zwischen diesen beiden Missionen jedoch geschah auf der Erde ein höchst interessantes Ereignis. Im Sommer 1976 fand Toby Owen, ein Mitglied der Gruppe die nach einem sicheren Landeplatz für die sich nähernde Viking Lander 2-Sonde suchte, und der auch neueste Fotos der Marsoberfläche analysierte, ein Einzelbild, 35A72, welches erstaunlicherweise einem menschlichen Gesicht ähnelt.

Es wurde in der nördlichen Marswüste genannt Cydonia Mensae gefunden. Später wurde es vom Projektwissenschaftler Gerry Soffen der Weltpresse präsentiert und als 'Trick von Licht und Schatten' bezeichnet.[7] Er sagte dass, als wenige Stunden später ein weiteres Bild davon gemacht wurde, alles verschwunden war. Tatsache ist, dass kein Bild ein paar Stunden später gemacht worden war. Die gesamte Gegend lag im Dunkeln – es war Nacht! Der Wissenschaftler hatte kein Bild gesehen und lediglich eine Vermutung geäußert.

Die Journalisten hatten jedoch brav akzeptiert was er da gesagt hatte, und drei Jahre lang lag die Sache im totalen Vergessen. Im Jahr 1982 jedoch begannen zwei Bildverarbeitungsexperten, Vincent DiPietro und Greg Molenaar, das Bild des 'Gesichts' zu untersuchen und fragten sich ob womöglich mehr dran war als bloß eine zufällige geologische Formation die einem menschlichen Gesicht glichch.

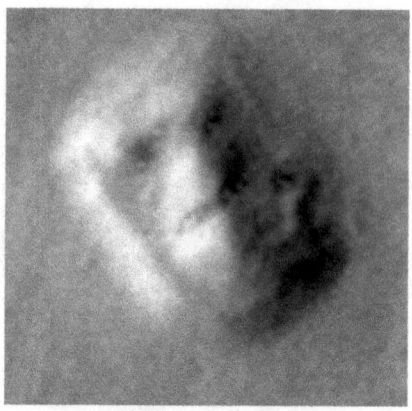

SM2. Das Marsgesicht: zweites Bild – Viking Orbiter
Ort: Cydonia Mensae, 1976
Entdeckt von V. DiPietro/G. Molenaar
Bildnachweis: NASA/JPL; digitale Bearbeitung: Mark J. Carlotto

Sie entschieden dass die Existenz eines zweiten Bildes eine gewisse Grundlage für die Analyse bedeuten würde, also suchten DiPietro und Molenaar danach und fanden letztendlich eines welches falsch archiviert worden war. Es war mit einem unterschiedlichen Einfallswinkel des Lichtes aufgenommen worden und ermöglichte es ihnen ihre wissenschaftliche Untersuchung zu beginnen und festzustellen ob es wirklich ein 'Trick von Licht und Schatten' war wie die NASA behauptet hatte. Ihre Forschung jedoch enthüllte dass an diesem Objekt sehr viel mehr dran war als man schlicht als Illusion der Natur abtun konnte.

Über eineinhalb Kilometer lang, hatte dieses Objekt eine auffällige Symmetrie, mit einer offensichtlichen linken und rechten Seite, zusammen mit scheinbaren Merkmalen eines Gesichts mit Augenhöhlen, Nase, Mund, und alle proportional korrekt und in der richtigen Position. Dies gab ernsthaften Anlass darüber nachzudenken dass dieses Objekt möglicherweise das Produkt von intelligentem Design war. Dass eine alte Rasse auf dem Mars es erschaffen hatte.

An dieser Stelle werden Sie sich vielleicht selbst fragen warum die NASA selbst es nicht als angebracht sah dieses Bild zu untersuchen. NASA war damals und ist heute noch die weltführende Raumfahrtbehörde, sie erforscht im Namen der Menschheit andere Planeten unseres Sonnensystems. Man muss

Kapitel 1: Verschleierung

annehmen dass ihre Integrität und Neugier recht intensiv ist um diese Aura zu verdienen, und doch war sie hinsichtlich der wichtigsten Entdeckung innerhalb unseres Sonnensystems – mögliche Hinweise auf die Existenz von intelligentem, außerirdischem Leben – nicht im mindesten interessiert!

Und dies war auch tatsächlich merkwürdig, besonders wenn man berücksichtigt dass unvorstellbare Durchbrüche möglich sind wenn wirklich außerirdische Artefakte auf einem Planten in unserem Sonnensystem gefunden werden sollten. Was könnte durch solch eine fantastische Entdeckung herausgefunden werden? Welche möglichen Fortschritte könnten das Wissen der Menschheit erweitern? Und auf einem ganz grundlegendem Niveau, was wäre der Effekt der Entdeckung eines alten außerirdischen Monuments auf den Haushalt der NASA?

Nun, DiPietro und Molenaar machten weiter und fanden in der Cydonia Gegend weitere Objekte mit ungewöhnlichen Merkmalen, im Besonderen einen fünfseitigen Berg, der als 'D&M Pyramide', benannt nach seinen Entdeckern, bekannt wurde.

Ebenso unternahm Erol Torun, ein Kartograf und Systemanalytiker der Defense Mapping Agency, ein studierter Geograf mit dem Fachgebiet Geomorphologie, eine detaillierte Analyse dieses Objekts und entwickelte ein hypothetisches Modell seiner ursprünglichen Form. Er schlussfolgerte, dass kein bekannter geologischer Prozess die ungewöhnliche Form erklären kann und dass dieses Objekt außerdem mathematisch einmalig ist.[8]

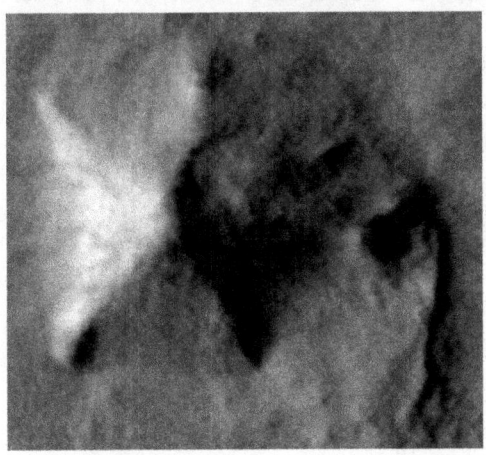

SM3. "Die D&M Pyramide" (3km) - Viking Orbiter
Ort: Cydonia Mensae, 1976
Entdeckt von Vince DiPietro/Greg Molenaar
Bildnachweis: NASA/JPL; digitale Bearbeitung: Mark J. Carlotto

Diese Beobachtungen bestätigten außerdem dass wir zusätzlich zum 'Marsgesicht' nun eine zweite ungewöhnliche anormale Formation hatten welche eine absichtliche Formgebung suggerierte und welche signifikanterweise nur ein paar Kilometer entfernt und südwestlich von der anderen Formation lag! DiPietro und Molenaar, zusammen mit Dr. John Brandenburg, veröffentlichten später eine Schrift über diese Erforschung, unter dem Namen "Ungewöhnliche Oberfächenmerkmale des Mars",[9] doch wiederum nahm die NASA, zumindest öffentlich, keine Notiz davon.

Der frühere NASA-Berater Richard C. Hoagland war ebenfalls auf die Anomalien von Cydonia und die Arbeit von DiPietro und Molenaar aufmerksam geworden, und begann seine eigene Untersuchung, die bis heute anhält. Seine frühen Arbeiten wurden im Buch "The Monuments of Mars" (Die Monumente des Mars) von 1987 zusammengefasst, ebenfalls machte er öffentliche Präsentationen, sowohl für die NASA im Jahre 1990 als auch für die Vereinten Nationen, 1992.[10] Die wissenschaftliche Erforschung von Cydonia wurde nun zur "Hypothese des künstlichen Ursprungs".

Hoagland analysierte Fotos der gesamten Gegend wo sich das 'Marsgesicht' und die 'D&M Pyramide' befanden, und fand außerdem etwas was ihm als eine 'Stadt' aus vielflächigen Objekten erschien, einschließlich einer merkwürdigen, trapezförmigen Formation der er den Namen "Das Fort" oder "Die Festung" gab.

Ebenso unternahm er Messungen zwischen den Objekten und fand mathematische Relationen welche für ihn einen intelligenten Bauplan nahelegten. Diese wurden vom Physiker Dr. Horace Crater weiterentwickelt, welcher im hohem Maße geometrische Ordnung innerhalb des Komplexes fand die mit einer statistischen (Un-) Wahrscheinlichkeit von mehreren Millionen zu eins gegen eine zufällige geologische Erscheinung sprachen.[11]

Kapitel 1: Verschleierung

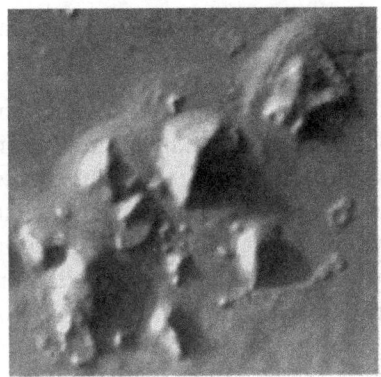 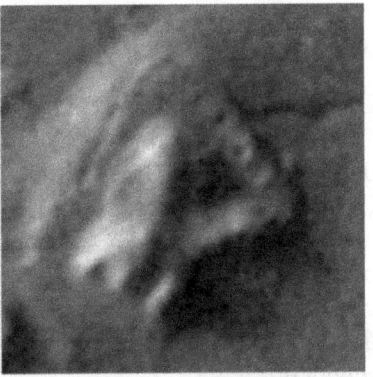

SM4. "Die Stadt" mit der dreieckigen "Festung" (15km)
Ort: Cydonia Mensae, 1976; entdeckt von Richard C. Hoagland
Bildnachweis: NASA/JPL; digitale Bearbeitung: Mark J. Carlotto

Dr. Mark Carlotto, ein Spezialist für Bildanalyse der Analytical Sciences Corporation, half Forschern indem er digitale state-of-the-art, dreidimensionale Versionen der Viking-Fotos vom Marsgesicht und von anderen Objekten bei Cydonia anfertigte. Ebenfalls schickte er einen Artikel über seine Arbeit über die Anfertigung der synthetischen Blickwinkel aus verschiedenen Perspektiven und unter unterschiedlichen Lichtverhältnissen an das Planetenwissenschafts-Journal Icarus, doch wurde sein Manuskript abgelehnt, mit der Begründung es wäre nicht von wissenschaftlichem Interesse! Seine Rekonstruktionen, Vergrößerungen und seine Erforschung der Cydonia-Anomalien wurden in seinem Buch "The Martian Enigmas" (Die Mars-Rätsel) [12] zusammengefasst.

Die Angelegenheit eines "künstlichen Ursprungs" bei Cydonia wurde durch diese qualifizierten Studien nur gewichtiger, Hoagland begann nun offen die Einstellung der NASA bezüglich dieser Angelegenheit und deren Interesselosigkeit an der Forschungsarbeit anderer Wissenschaftler zu kritisieren. Dies war eine vielfältige Gruppe von unabhängigen Wissenschaftlern – Bildanalyse-Spezialisten wie Dr. Mark Carlotto, Quantum-Physiker Dr. Horace Crater, Plasma-Physiker Dr. John Brandenburg, der Anthropologe Dr. Randolfo Pozos, der Raumfahrtwissenschaftler und frühere Astronaut Dr. Brian O'Leary, der Astronom Dr. Tom Van Flandern, Dr. David Webb und weitere hochqualifizierte Wissenschaftler auf den Gebieten der Bildverarbeitung und -Analyse, Geologie,

Geomorphologie, Kartografie, Computersystemanalyse und Archäologie.

Die Angelegenheit spitzte sich dann zu als im Jahre 1992 die Mars Observer-Raumsonde sich dem Mars näherte und damit begann, den roten Planeten abzubilden. Um die Hypothese des künstlichen Ursprungs der Wissenschaftler überprüfen zu können waren neue hochauflösende Bilder der ungewöhnlichen Formen bei Cydonia nötig, denn die alten Viking-Bilder hatten keine gute Auflösung um verlässlich zu sein, und so begann eine Kampagne um die NASA davon zu überzeugen dieser Gegend mehr Aufmerksamkeit zu schenken.

Die Tatsache, dass es notwendig war die NASA öffentlich unter Druck zu setzen damit sie überhaupt in Erwägung zog Cydonia neu zu fotografieren ist ein bedeutendes Detail an sich, denn es ist nach wie vor undenkbar dass die NASA dies nicht von sich aus als Priorität der Mission betrachtete. Doch wann auch immer sie nur konnte, die NASA ließ sich nicht darauf ein sich für eine erneute fotografische Abbildung von Cydonia durch den Mars Observer zu verpflichten, oder zuzugeben dass es dort auch nur irgendetwas gab was einer Untersuchung wert war. Wie der NASA-Chef für Strategie und Planung des Office of Space Science and Applications, Mark Pine, in einem Brief schrieb: [13]

"Die NASA hat nicht die Absicht, Bilder der Cydonia-Region auf irgendeine Art und Weise unterschiedlich zu behandeln als solche von anderen Gegenden der Marsoberfläche."

Nicht nur das. In einer noch nie da gewesenen Weise hatte die NASA veranlasst dass keine Direktübertragung von Mars Observer Fotos der Öffentlichkeit zugänglich gemacht werden würden. NASA hatte einen Vertrag mit einer Privatfirma abgeschlossen, Malin Space Science Systems (MSSS), welche die Kamera des Mars Observer angefertigt hatte. Dieser erlaubte es ihr, der Öffentlichkeit Daten bis zu *sechs Monate* lang vorzuenthalten, während sie gleichzeitig die gesamte Autorität auf eine Person übertrug, den Inhaber der Firma und Geologen Dr. Michael Malin, der entschied welche Bilder von der Raumsonde gemacht werden würden.

Kapitel 1: Verschleierung

7. "Mars Observer": verloren beim Anflug zum Mars in 1993
Bildnachweis: NASA/JPL

Diese Zensur des offenen, öffentlichen Zugangs zu NASA-Daten war, milde gesagt, verdächtig, und da Dr. Malin ebenfalls ein offener Kritiker des Marsgesichts und der Cydonia-Forschung war zeichnete sich ein klarer Trend ab. Er gab den folgenden Grund an für das Ignorieren der Hypothese des künstlichen Ursprungs bezüglich der Festlegung von Prioritäten für die Kamera des Mars Observer: [14]

"Die besten heute verfügbaren Daten besagen dass es keine glaubwürdigen Beweise gibt um die Behauptung eines künstlichen Ursprungs dieser Merkmale zu untermauern ..."

Sie meinen vielleicht dies sei eine sachliche Aussage seitens eines Wissenschaftlers der angeblich eine detaillierte 'wissenschaftliche Auswertung' dieser Objekte studiert hatte. Das einzige Problem dabei ist dass kein solcher Bericht über deren Ansicht des geologischen und nicht- künstlichen Ursprungs dieser Formen jemals von der NASA oder ihren Wissenschaftlern veröffentlicht wurde. Oder hatte die NASA solch eine Studie durchgeführt und wollte diese nur nicht öffentlich machen? Dies ist sehr seltsam.

Es ist auch bezeichnend dass Dr. Malin auch der Ansicht war dass jegliche Mission mit der Aufgabe, die Cydonia-Region zu fotografieren und nach künstlichen Strukturen zu suchen, eine Zeitverschwendung sei, und dass ihn dieses Thema irritiere.[15]

Die vorherrschende Attitüde der NASA hinterließ den Eindruck, sie dachte die ganze Sache hätte nichts mit echter Wissenschaft zu tun, und daher würde sie ihr keine Priorität beimessen. Mit anderen Worten, dies war ein klarer Fall von Voreingenommenheit gegenüber der Möglichkeit dass diese Formen der Landschaft künstlichen Ursprungs waren. Selbst der prominente und einflussreiche Raumfahrtwissenschaftler und Autor für die NASA, der verstorbene Carl Sagan, tat die Forschung auf respektlose Art und Weise ab und weigerte sich anzuerkennen dass die Forscher der Hypothese eines künstlichen Ursprungs irgendwelche wichtigen Analysen durchgeführt hätten.

Doch die ganz offensichtliche Abwesenheit wissenschaftlicher Objektivität und Neugier die von der NASA zu Tage getragen wurde hatte schon die Aufmerksamkeit von Stanley V. McDaniel, Professor Emeritus und früherer Vorstand des Philosophie-Departments an der Sonoma State University hervorgerufen. Er konnte seinem Unverständnis hinsichtlich der Tatsache dass eine wissenschaftliche Organisation wie die NASA solch eine totale Ablehnung von wissenschaftlicher Prozedur, Verhalten und Disziplin vertreten könne Luft machen, nicht zuletzt auch durch den offensichtlichen Unwillen sich mit der Angelegenheit auseinanderzusetzen und die bereits von qualifizierten, kompetenten und erfahrenen Wissenschaftlern durchgeführten Studien versuchen zu duplizieren.

In seinem Buch von 1993 "The McDaniel Report: On the Failure of Executive, Congressional and Scientific Responsibility in Investigating Possible Evidence of Artificial Structures of Mars and in Setting Mission Priorities for NASA's Mars Exploration Program" ("Der McDaniel Report: Über das Versagen der Exekutive, des Parlaments und Wissenschaftlicher Verantwortung bei der Untersuchung von möglichen Indizien für künstliche Strukturen des Mars und bei der Festlegung von Prioritäten für NASA's Erkundungsprogramm"): [16]

> Falls das heutige Versagen der NASA hinsichtlich der Festlegung angemessener Prioritäten betreffs dieser Landschaftsformen auch bei zukünftigen Missionen zum Mars angewandt werden sollte, **so läuft die Wissenschaft Gefahr dass ihr die vielleicht wichtigste**

Kapitel 1: Verschleierung

> **wissenschaftliche Entdeckung aller Zeiten vorenthalten wird**. Tatsächlich hat die NASA bereits durch das Verlachen von unabhängigen Nachforschungen und durch ihr Versagen in Sachen angemessener Erforschung der Landschaftsformen effektiv den wissenschaftlichen Prozess unterwandert. (vom Autor hervorgehoben)

Weiter erklärte er: [17]

> Es ist äußerst unverständlich welche Politik dem perplexen Verhalten der NASA hinsichtlich der Hypothese eines künstlichen Ursprungs der Landschaftsformen zugrunde liegt ... **NASA's andauerndes Benehmen in dieser Sache ist unaufrichtig, gegen das öffentlichen Interesse, und verlangt nach einer Erklärung.** (vom Autor hervorgehoben)

Für eine höchst exponierte wissenschaftliche Organisation war dieses Verhalten sehr ungewöhnlich, unprofessionell, und vielleicht auch noch, am schlimmsten von allen, sehr unwissenschaftlich, wie Professor McDaniel eloquent deutlich macht.

Man darf annehmen dass wahrscheinlich eine allgegenwärtige Einstellung unter Mainstream-Wissenschaftlern hinsichtlich irgendwelcher Dinge betreffs "Aliens und E.T." vorherrscht, eine welche nicht in seriöse wissenschaftliche Kreise gehört. Und dass die einzigen Außerirdischen die es erlaubt war zu erwägen jene waren die sich viele Lichtjahre entfernt am anderen Ende eines Radioteleskops befinden, weit weg von irgendwelchen Komplikationen.

Und was hat es mit der populären Presse auf sich, jene welche bei jeder sich bietenden Gelegenheit außerirdische Angelegenheiten mit einem wissenden Augenzwinkern abtut, samt einer grinsenden Bemerkung über "kleine grüne Männchen"? Vielleicht kann man aus dieser Sicht verstehen warum die Planetenwissenschaftler der NASA es nicht erlauben in solche Angelegenheiten verwickelt zu werden die ihre wissenschaftliche Reputation unter Kollegen mindert oder ihr schaden könnte. Es scheint, als sei das Spiel hier abgekartet, gegen E.T.

Im Großen und Ganzen könnte man also argumentieren dass die NASA einfach mit dieser populären Tendenz der grundsätzlichen

Ablehnung irgendwelcher Diskussionen über E.T.'s und Aliens mitlief. Außerdem legt die fehlende wissenschaftliche Reaktion auf seriöse Studien, die von den Wissenschaftlern über die Hypothese einer künstlichen Herkunft gemacht wurden nahe dass die NASA hinsichtlich der Sache mit außerirdischer Intelligenz automatisch auf eine Ebene schaltete welche eher medial und politisch statt wissenschaftlich motiviert war, und die effektiv die Verfolgung rationaler, offener Wissenschaft und der Entdeckung als solche auf den hintersten Platz verwies.

Gibt es Präzedenzfälle, oder eine Rechtfertigung für diese Attitüde? Gibt es irgendeine Anweisung oder Regelung die vielleicht NASA's Verstrickung in potentielle außerirdische Entdeckungen einschränkt, und die zum Tragen kommt sobald dieses Thema auftaucht?

Ja, da gibt es so eine.

Der Brookings Report

In den Anfangstagen der NASA, 1959, gab sie dem angesehenen Brookings Institute eine Studie in Auftrag mit dem Namen "Proposed Studies on the Implications of Peaceful Space Activities for Human Affairs" ("Vorgeschlagene Studien über die Auswirkungen friedlicher Raumfahrtaktivitäten auf menschliche Angelegenheiten)[18] Dies war eine wichtige, 264-Seiten lange, einjährige Studie mit hunderten von Experten auf vielen Gebieten, welche damit beauftragt wurden die möglichen Auswirkungen zukünftiger Weltraumforschungen der NASA und die potentiellen Entdeckungen zu untersuchen. Mit anderen Worten, 'Mit welchen möglichen Angelegenheiten wird die NASA und die US Regierung konfrontiert werden wenn sie damit beginnen, das gesamte Sonnensystem zu erkunden?'.

Von besonderem Interesse, jedoch weitgehend einsehbar und sachlich, war ein Abschnitt auf Seite 215 mit dem Titel "Auswirkungen der Entdeckung außerirdischen Lebens", und was dieser Bericht über die Angelegenheit zu sagen hatte:

> Kosmologen und Astronomen glauben, dass es sehr wahrscheinlich ist dass es intelligentes Leben auf vielen anderen Sonnensystemen gibt ... **Artefakte welche zu ihrer Zeit von einer dieser Lebensformen**

Kapitel 1: Verschleierung

> **zurückgelassen wurden** könnten bei unseren Aktivitäten auf dem **Mond, Mars oder Venus** möglicherweise entdeckt werden. (vom Autor hervorgehoben)

Und auf Seite 216 gibt der Bericht eine Empfehlung die eventuell ein Licht auf die seltsame Attitüde der NASA bezüglich der Anomalien von Cydonia wirft. Dort steht:

> Wie und unter welchen Umständen könnte solche Information **der Öffentlichkeit präsentiert oder vorenthalten** werden, und zu welchem Zweck? Welche Rolle hätten womöglich die entdeckenden Wissenschaftler und andere Entscheidungsträger hinsichtlich der Veröffentlichung der Tatsache einer Entdeckung? (vom Autor hervorgehoben)

Der Bericht gibt ganz offensichtlich zu dass die Möglichkeit existiert, außerirdische Artefakte auf anderen Welten innerhalb unseres Sonnensystems zu finden, und erwog die Frage der Vorenthaltung von Information hinsichtlich dieser Entdeckung von Anzeichen für intelligentes außerirdisches Leben. Könnte es sein dass die NASA nach diesem Bericht, zusammen mit Mitgliedern der Regierung, eine Politik bezüglich dieser Angelegenheit ausarbeitete? Was sollte man tun wenn außerirdische Entdeckungen gemacht würden? Doch warum nur wären sie besorgt und würden diese Information der Öffentlichkeit verheimlichen? Wiederum kann man den Grund dafür vielleicht aufgrund weiterer Beobachtungen dieses Berichtes finden, auf Seite 215 und 225:

Angesichts der Gesellschaft als solcher ...

> Anthropologische Studien beinhalten viele Beispiele von **Gesellschaften, die sich ihres Platzes im Universum sicher waren**, die jedoch zerbrachen als sie sich mir zuvor ungewohnten Gesellschaften die andere Ideen und andere Lebensweisen hatten anfreunden mussten; andere (Gesellschaften) die solch eine Erfahrung überlebten taten dies meist **indem sie den Preis für eine Neuordnung der Werte, der Ansichten und des Verhaltens zahlten**. (vom Autor hervorgehoben)

"Zerbrechen der Gesellschaft" ... "Den Preis für eine Neuordnung der Werte, Ansichten und des Verhaltens zahlen'" ... Haben irgendwelche Autoritäten entschieden dass das allgemeine Wissen hinsichtlich der Existenz von intelligenten außerirdischen Wesen die menschliche Zivilisation radikal verändern, sogar zerstören wird? Wenn es so ist, wäre es denn eine rationale Reaktion dass Wissen über, oder der Kontakt mit Außerirdischen, Furcht auslöst?

Vielleicht wäre es sehr viel wahrscheinlicher dass eine technologisch fortgeschrittene E.T.-Zivilisation mit der Fähigkeit zu interstellaren Reisen womöglich hinsichtlich ihrer wunden Punkte, ihrer Moral und Spiritualität sehr viel fortschrittlicher ist als wir es sind. Sodann würde uns der Kontakt mit solch einer Zivilisation sehr viel bieten, Dinge von denen wir lernen können und die uns zugute kämen – und nicht Angst vor ihnen zu haben.

Und der Bericht machte eine interessante Bemerkung über Wissenschaftler:

> Man hat darüber spekuliert **dass von allen Bevölkerungsgruppen die Wissenschaftler und Ingenieure diejenigen sein werden die am meisten unter der Entdeckung von ziemlich überlegenen Kreaturen leiden würden**, denn diese Berufe sind am meisten mit der Kontrolle über die Natur befasst, anstatt mit dem Verstehen und dem Charakter der Menschheit. **Ein sehr fortgeschrittenes Verständnis der Natur könnte all unsere Theorien zumindest ein wenig beflügeln.** (vom Autor hervorgehoben)

Dies ist ein klar enthüllendes Dokument hinsichtlich der Tatsache dass, sollte die NASA es in Betracht gezogen haben und die offiziellen Autoritätspersonen dazu veranlasst haben sich hinzusetzen und fein säuberlich durch den Eventualfall oder die Kontingenz zu gehen, und was sie denn tun würde wenn sie Beweise für außerirdisches intelligentes Leben finden sollte. Fürchtete sie eine Kernschmelze der Gesellschaft und der Religionen, damals in den fünfziger und sechziger Jahren? Dass die Leute in Panik fallen und mit der Wahrheit nicht fertigwerden würden? Und, ganz wichtig, was denkt sie *heute* darüber?

Gibt es eine Mars-Verschwörung?

Die meisten werden annehmen dass NASA's einzige Aufgabe die Suche nach Zeichen von Leben im Universum ist, damit so die

Kapitel 1: Verschleierung

tiefgehendste Frage der Menschheit beantwortet werden kann. Wenn sie aber entschieden hat, uns nicht zu verraten was sie hinsichtlich dieser wichtigen Frage finden, was bleibt ihr dann übrig was sie uns sagen könnte? Was bekommen wir heutzutage von NASA's Weltraummissionen vorgesetzt?

Nun, wir alle haben dies schon so oft gesehen. Ein Foto nach dem anderen von trostlosen, öden Mars- und Mondlandschaften; atmosphärische Studien und Gesteinsproben; die scheinbare Suche nach Wasser; Diskussion über mögliches mikrobiologisches Leben.

8. Ein weiteres Bild der nichtssagenden Wüstenlandschaft welches das Image des Mars als tote Welt bekräftigt. Warum landen die Raumsonden der NASA an all den langweiligen Stellen?
Bildnachweis: NASA/JPL/Cornell

Nun, nachdem wir jetzt Hinweise haben dass es möglicherweise eine Direktive gibt welche die NASA effektiv daran hindert bezüglich außerirdischer Intelligenz und deren Entdeckung offen zu sein, könnte dies erklären warum keine offizielle Forschung über mögliche Zeichen von intelligentem Leben auf dem Mars und anderswo in unserem Sonnensystem durchgeführt wird? In dieser Angelegenheit stehen wir sozusagen vor einem versiegelten Buch.

Ist es denn fair der NASA die Schuld zuzuschieben? Hat die NASA überhaupt die Kontrolle über diese Information, oder wird selbst sie von einer eher geheimen Agentur überwacht, eine die ganz speziell mit der E.T.-Angelegenheit zu tun hat? Falls solch eine Agentur existieren sollte, sie ist ganz sicher nicht eine öffentliche Institution. Wie der frühere kanadische Verteidigungsminister Paul Hellyer in einer Rede in Toronto im Jahr 2005 über das Thema UFO's und die Realität von außerirdischer Intelligenz sagte: [19]

> UFO's sind so real wie Flugzeuge die im Himmel über uns fliegen ... die Klassifizierung war von Anfang an Top Secret, das heißt, die Mehrheit der US-Funktionäre und Politiker, von einem einfachen Verteidigungsminister ganz zu schweigen, war nie eingeweiht.

Und Dr. Steven Greer vom Disclosure Project ("Projekt Offenlegung") [20] bestätigt diese Aussage mit ziemlich schockierenden Details in seinem Artikel 'Understanding UFO Secrecy' ("Das Verständnis der UFO-Geheimhaltung"): [21]

> In der Ära von Eisenhower wurden die UFO/E.T.-Projekte zunehmend von rechtlichen und konstitutionellen Kontrollmechanismen abgeschottet ... der Präsident (und die Staatsoberhäupter von England und anderen Ländern) wurden zunehmend außen vor gelassen. Diese gewählten Staatsoberhäupter wurden (so nannte sie Eisenhower) mit einem hochentwickelten Industrie-Militär-Komplex mit labyrinthartigen und unterteilten, abgeschotteten Projekten konfrontiert welche zunehmend ihre Kontrolle unterwanderten. Durch direkte Zeugenaussagen wissen wir dass Eisenhower, Kennedy, Carter und Clinton bei ihren Versuchen, in diese Projekte einzudringen, blockiert wurden.

Dieses beunruhigende Szenario legt nahe dass reale Agenturen außerhalb der Legalität der gewählten Staatsoberhäupter tätig sind und direkten Zugang und Kontrolle über außerirdische Angelegenheiten haben. Präsident Eisenhower warnte sogar im Jahr 1961 mit eindeutigen Worten: [22]

> Wir müssen auf die unberechtigte Einflussnahme **des Militär-Industrie- Komplexes** auf die Regierung achten, egal ob sie gewollt oder ungewollt ist. Es existiert das Potential für eine **desaströse Zunahme von illegitimer Macht**, und es wird weiterhin bestehen. (vom Autor hervorgehoben)

Und wenn seine Befürchtungen begründet waren, wie könnte diese Einflussnahme seit diese Rede gehalten wurde über die letzten 50 Jahre zugenommen haben? Es würde sich hierbei natürlich um eine riesige Verschwörung handeln, aber dennoch: Hat sich eine finstere und schattenhafte Macht wirklich in den letzten Jahrzehnten

Kapitel 1: Verschleierung

entwickelt und eingenistet? Und gibt es etwas bezüglich der außerirdischen Frage, etwas das so wertvoll ist dass ein Paar Leute beschlossen haben eine absolute Kontrolle darüber auszuüben?

Nun, die Wahrheit hinsichtlich dieser Angelegenheit liegt wohl etwas jenseits der Reichweite dieses Buches, doch zumindest haben wir jetzt eine praktikable Prämisse in Bezug auf die Frage warum die NASA sich gegen die schleunige Veröffentlichung der Wahrheit und des Wissens über den Mars stemmt, besonders hinsichtlich aller möglichen Entdeckungen außerirdischen Lebens dass dort gefunden werden könnte. Es ist eine Prämisse die Folgendes besagt: *Die NASA hat wohl nicht die Kontrolle über die Veröffentlichung von Information über die E.T.-Angelegenheit, denn dieses Thema liegt über der Geheimhaltungsstufe Top Secret.*

Nun, es ist Zeit all diese strittigen Ansichten die ich hier präsentiert habe mit harten Fakten zu unterstützen. Ich habe hier im Grunde genommen gesagt dass die NASA hinsichtlich der Frage der Suche nach Leben auf dem Mars zu wünschen übrig lässt, und dass sie einfach nicht macht was eigentlich offensichtlich sein sollte. Dies schließt die Frage ein ob ihr wirklich daran gelegen ist alles zu entdecken was es über den roten Planeten zu entdecken gibt ... und, noch viel wichtiger, ob sie dieses Wissen mit dem Rest der Menschheit zu teilen gedenkt.

Zum Kernpunkt dieses Buches also – den Bildern. Ich werde zügig und unerbittlich durch die zahlreichen offiziellen Bilder der Raumfahrtbehörden gehen und sie als Beweise für folgende Punkte präsentieren:

- Flüssiges Wasser auf dem Mars
- Vegetation auf dem Mars
- Fossilien auf dem Mars
- Intelligentes Leben auf dem Mars

Warum beinhaltet die Liste 'Wasser'-Beweise? Nun, wie jeder Biologe bestätigen wird, flüssiges Wasser bedeutet immer die Anwesenheit von Leben; daher wird die seriöse Suche nach Leben auf dem Mars vorschreiben dass man gründlich jedem Hinweis für entdecktes Wasser nachgeht. Was die NASA nicht getan hat.

'Vegetation': dieses Thema wird bisher von der NASA kaum erwähnt, und dennoch, wenn Wasser vorhanden ist – und die

NASA weiß, das es so ist – muss die Möglichkeit der Existenz von Vegetation erwogen werden.

'Fossilien': Bevor mikroskopisches Leben jemals durch die NASA bestätigt wird ist die Entdeckung von Mars-Fossilien welche auf dem Boden liegen oder im Gestein stecken sehr wahrscheinlich – und sie kann tatsächlich schon stattgefunden haben und verschwiegen worden sein, wie einige der Beweise in diesem Buch nahelegen.

'Intelligentes Leben': Hier liefen die Dinge wirklich gewaltig schief was das Vertrauen in jene von denen wir annehmen ihnen liege etwas daran uns über die Entdeckungen unserer Raumfahrtmissionen zu informieren angeht. Offiziell ist dieses Thema noch nicht einmal auf dem Radar der NASA, doch gegen Ende dieses Buches hoffe ich dass Sie genügend Beweise haben um vollkommen davon überzeugt zu sein dass es so ist.

Sie werden sicherlich etwas Widerstand erfahren bezüglich dem was sie hier auf den kommenden Seiten sehen werden. Doch vermute ich dass Sie auch nicht allzu überrascht sein werden darüber was sie hier entdecken werden. Ebenfalls sind im Laufe der letzten Jahren mehrere Fotos bekannt geworden die zeigen, dass der Mars Bäume, Gebäude und lebende Kreaturen auf seiner Oberfläche beherbergt. Ich werde mein Bestes tun um diese unechten Bilder zu entlarven und Ihnen jene zu präsentieren die seriöses Beweismaterial darstellen.

Ich hoffe dies wird sowohl eine angenehme Reise als auch vielleicht eine recht willkommene Offenbarung für Sie werden.

Kapitel 1: Verschleierung

[1] **Desert Varnish on Mars** *(Artikel)*
http://www.astrobio.net/mars/desert-varnish-on-mars/
[2] **AOSS professors aid in search for life on Mars** *(Artikel)*
https://www.michigandaily.com/article/u-professors-are-vital-members-new-mars-mission
[3] **The Steppenwolf: A Proposal for a Habitable Planet in Interstellar Space** *(Schriftstück)*, Dorian S. Abbot/ Eric R. Switzer

Kapitel 1: Verschleierung

http://arxiv.org/abs/1102.1108
[4] **The Science of Curiosity: Seeking Signs of Past Mars Habitability** *(Video)*,
http://www.jpl.nasa.gov/video/details.php?id=1095
[5] **Mars Astrobiology Field Lab Rover: In Depth** *(Website)*
https://solarsystem.nasa.gov/missions/mafl/indepth
[6] **Circadian Rhythms and Evidence for Life on Mars** *(Schriftstück)*, Marianne Bezaire /Arash Dini/ Gilbert V. Levin et al.
http://www.researchgate.net/publication/228422463_Circadian_Rhythms_and_Evidence_for_Life_on_Mars
[7] **The Monuments of Mars** *(Buch)*, Richard C. Hoagland, 4th Ed Frog, (1996), s.5
[8] **The Geomorphology and Geometry of the D&M Pyramid** *(Schriftstück)*, Erol O. Torun
http://kbmorgan.com/MarsMission/marsbull/bull201.htm
[9] **Unusual Martian Surface Features** *(Buch)*, V. DiPietro and G. Molenaar, Mars Research (1982)
[10] **Hoagland's Mars Vol. 2: The Terrestrial Connection: The UN Briefing** *(Video)*, Richard C. Hoagland
http://www.enterprisemission.com/videos.html
[11] **The Mounds of Cydonia: A Case Study for Planetary SETI** *(Schriftstück)*, Horace W Crater, http://spsr.utsi.edu/
[12] **The Martian Enigmas: A Closer Look** *(Buch)*, Mark J. Carlotto, North Atlantic, (1991)
[13] **The McDaniel Report** *(Buch)*, Stanley V. McDaniel, North Atlantic, (1993) s.3
[14] **The McDaniel Report** ... s.10
[15] **A Passion for Mars** *(Buch)*, Andrew Chaikin, Abrams (2008) s.204
[16] **The McDaniel Report** *(Buch)*, Stanley V. McDaniel, North Atlantic, (1993) pv
[17] **The McDaniel Report** ... s.69
[18] **Proposed Studies on the Implications of Peaceful Space Activities for Human Affairs** *(Online-buch)*,
https://www.brookings.edu/blog/brookings-now/2014/05/12/communications-technology-and-extraterrestrial-

life-the-advice-brookings-gave-nasa-about-the-space-program-in-1960/
[19] **UFOs Are as Real As the Airplanes Flying Overhead, says Former Defense Minister Paul Hellyer** *(Video)* https://www.youtube.com/watch?v=LDsvhfWP2Vg
[20] **The Disclosure Project: A Research Project Working to Fully Disclose the Facts about UFOs, Extraterrestrial Intelligence, and Classified Advanced Energy and Propulsion Systems** *(Website)*, http://www.siriusdisclosure.com
[21] **Understanding UFO Secrecy** *(Artikel)*, Steven M. Greer M.D. http://www.disclosureproject.org/docs/pdf/Understanding UFOSecrecy .pdf, s.2
[22] **President Eisenhower's Farewell Address** *(Ansprache)* https://en.wikipedia.org/wiki/Eisenhower's_farewell_address

Kapitel 2: Wasser auf dem Mars

Heutzutage ist die wissenschaftliche Betrachtung des Mars trotz der vielen Besuche von Raumsonden und Milliarden von Dollar um dorthin zu gelangen immer noch dieselbe wie damals in den sechziger Jahren – der Mars sei ein trockener, toter, öder, kalter, lebensfeindlicher Planet.

Dass der Mars, verglichen mit seinem Zustand vor Jahrmillionen, eine Einöde ist, steht außer Frage. Jedoch muss ich in Frage stellen ob die heutigen Umstände absolut lebensfeindlich seien. Dafür gibt es einen konkreten Grund: die riesigen Mengen eines Elements des Lebens, eines von dem die Wissenschaft weiß dass er unerlässlich ist – Wasser.

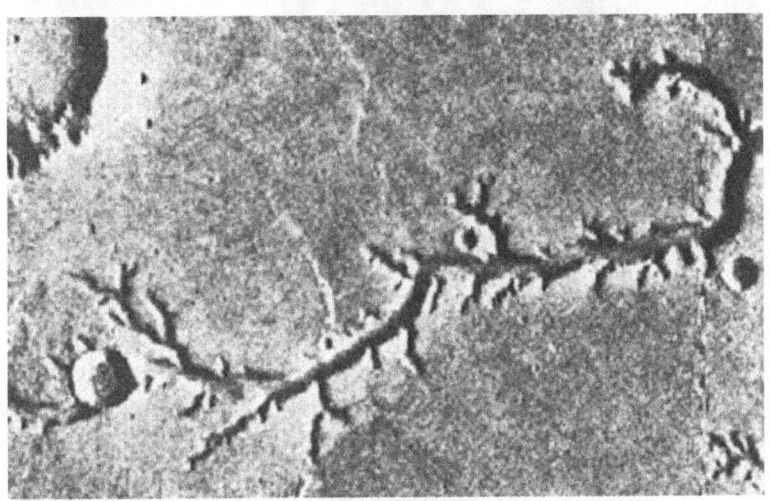

9. Vom Wasser ausgewaschene Kanäle aus der Sicht von Mariner 9 über Nirgal Vallis
Bildnachweis: NASA/JPL

Über die Existenz von Wasser auf dem Mars weiß man schon seit geraumer Zeit. Im Jahre 1971 zeigte die Raumsonde Mariner 9 die ersten echten Beweise für vorzeitliches Wasser das auf dem Mars existierte, als sie Flussbetten, Täler und Zeichen von Wassererosion enthüllte. Und ebenfalls Anzeichen von heutigem Wasser, in der Form von Wetterfronten und Nebel.

Damals, im Jahr 1976, machte die Viking-Mission zahlreiche spektakuläre Entdeckungen die zeigten dass der Mars eine lange geologische Geschichte der Existenz von Wasser hat: riesige vorzeitliche Flussbetten; Flussdelta; Vulkane, die Regenfall sowie katastrophalen Überflutungen von immensen Ausmaß ausgesetzt waren, und die tiefe Narben auf der Oberfläche hinterlassen haben.

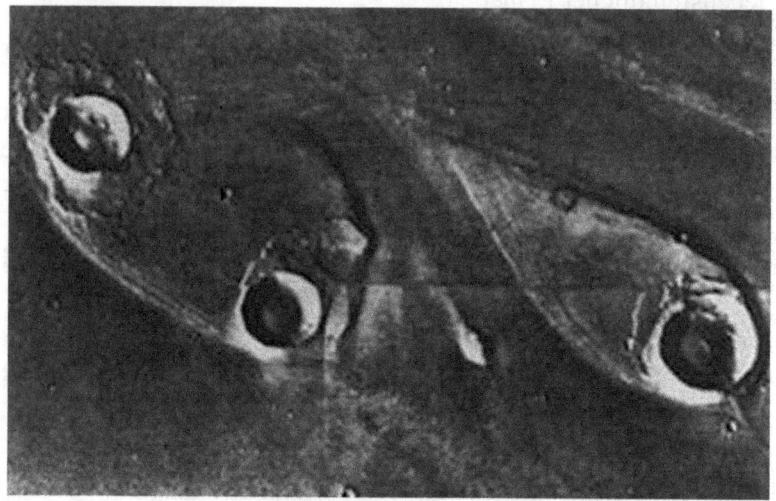

10. Tropfenförmige Inseln die wahrscheinlich durch katastrophale Fluten im Ares Vallis entstanden
Bildnachweis: NASA/JPL

Ebenfalls fand man Beweise dafür dass die nordpolare Kappe des Mars, von der man angenommen hatte sie bestünde aus gefrorenem Kohlendioxid, in Wirklichkeit aus Wasser-Eis besteht, wie auch auf der Erde. Seitdem ist bestätigt worden dass beide Mars-Polarkappen zu 90% aus Eis bestehen, und Studien besagen dass, sollte dieses Eis schmelzen, würde es einen Ozean bilden der den gesamten Planeten bedecken würde, bis zu einem halben Kilometer tief!

Im Jahre 2003 zeigte das Gammaspektrometer der Mars Odyssey Sonde ebenfalls enorme Mengen Wasser über weite Regionen des Mars, in der Form von verdichtetem (Wasser-) Eis nahe der Oberfläche. Dann, im Jahre 2008, entdeckten NASA-Wissenschaftler mittels des bodendurchdringenden Radars des

Kapitel 2: Wasser auf dem Mars

Mars Reconnaissance Orbiter riesige Reservoirs aus gefrorenem Wasser auf dem Mars welche weit entfernt von den Polen waren, möglicherweise die Überreste einer Mars Eiszeit.

Also gibt es auf dem Mars sehr viel Wasser, und fast alles davon in gefrorenem Zustand bedingt durch den vorherrschenden niedrigen atmosphärischen Druck. Doch noch wichtiger ist dass die Geologie des Mars eindeutig zeigt dass es einmal eine Welt war wo flüssiges Wasser über Jahrmillionen floss, genug um tiefe Flussbetten und Täler auszuwaschen, um Seen und möglicherweise auch Ozeane zu bilden.

Die Schlüsselfrage jedoch ist: War flüssiges Wasser lange genug auf dem Planeten vorhanden um die Bildung von komplexen Lebensformen und nicht nur von Mikroben zu erlauben? Vielleicht Pflanzen, Insekten und Tiere ... oder vielleicht noch mehr?

Brachte der Mars komplexe Lebensformen hervor?

Nun, wenn wir die Entwicklung der Erde als Vergleich heranziehen dann bedeckte Wasser ihre Oberfläche während der ersten 3.5 Milliarden Jahre ihrer Geschichte von ca. 4 Milliarden Jahren, und nur kleine Flächen von trockenem Land waren existent. Doch auf diesem Land gab es keine Pflanzen, Insekten oder Tiere. Die einzige Art von Leben das existierte war im Ozean, in der Form von mikroskopischen Lebensformen; Bakterien und Archaeen. Komplexe Lebensformen entwickelten sich erst in den vergangenen 500 Millionen Jahren.

Sollte der Mars einen ähnlichen Weg gegangen sein, dann könnte er ebenfalls eine große Menge an Wasser auf seiner Oberfläche gehabt haben, zur gleichen Zeit wie die Erde, und doch entwickelten sich dort keine komplexen Lebensformen. Wie der Astrobiologe Charles Cockell erklärt: [23]

> Primitive einzellige Organismen entwickelten sich vor 3.5 Milliarden Jahren auf der Erde, also hätten sich auf dem Mars ähnliche Formen gebildet. Jedoch hätte es nicht den notwendigen Zeitraum gegeben um Leben zu entwickeln, wie es auf der Erde auf so verschiedenartige Weise geschah.

Die allgemein akzeptierte Meinung ist dass ein gewaltiges verheerendes Ereignis die Evolution des Mars als ein Planet mit der Fähigkeit, Leben zu ermöglichen, unterbrach. Daher, und obwohl es durchaus vernünftig ist anzunehmen dass genügend Zeit zur Verfügung stand um wenigstens mikrobisches Leben zu entwickeln, sind die Chancen für andersartiges, weiterentwickeltes Leben welches einmal auf dem Mars lebte doch recht gering, wie die Pressemitteilung des Mars Science Laboratory witzelte: [24]

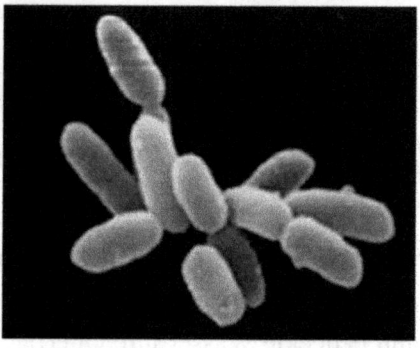

**11. Archaeen, Halobakterien: primitive einzellige
Mikroorganismen könnten sich auf dem Mars
Entwickelt haben, so wie auf der Erde**
Bildnachweis: NASA

"Der Mars hat keinerlei Fossilien von Insekten oder Mammuts; wenn der Mars irgendwelche Lebensformen beherbergte, dann waren es wahrscheinlich Mikroben."

Dies ist eine ziemlich endgültige Aussage die hier gemacht wird, eine sehr selbstsichere Annahme. Die große Frage hinsichtlich der Vergangenheit des Mars ist jedoch wann genau die Katastrophe geschah die all das Oberflächenwasser verschwinden ließ, um sodann bestimmen zu können ob sich komplexe Lebensformen wie Pflanzen und Tiere hätten entwickeln können. Der Zeitpunkt dieses Ereignisses ist entscheidend, doch ist es sehr schwer ihn genau festzulegen.

Manche Wissenschaftler glauben dass der Mars sich nur allmählich in die karge Welt die er heute ist verwandelte, über Jahrmillionen hinweg, ausgelöst von einem allmählichen Wandel des Klimas. Falls sich dies als wahr herausstellen sollte, dann hätte jegliche Art von primitivem Leben Zeit gehabt, sich zu entwickeln und sich an die neuen Bedingungen anzupassen. Ein katastrophales Ereignis wie der Einschlag eines gigantischen Meteoriten hätte jedoch eine viel dramatischere Auswirkung, mit massenhaftem Aussterben jeglicher Lebensformen – und die Marsoberfläche zeigt die Narben mehrerer solcher massiver Einschläge, obwohl die zähen Mikroorganismen die unter extremen Bedingungen auf der Erde überleben sicherlich nicht unbeachtet geblieben sind.

Trotzdem scheint mir dass, angesichts der Schwierigkeit einer genauen Kartographierung von riesigen geografischen Ausmassen, besonders auf einem anderen Planeten, und dann noch genau vorhersagen zu wollen welche Bedingungen auf dem Mars vorgeherrscht haben welche vielleicht die Evolution von Leben eingeschränkt oder sogar dabei hilfreich gewesen sein könnten, vielleicht doch eine Chance besteht dass Leben einer höheren Ordnung als Mikroben einmal Fuß gefasst haben, und daher heute immer noch leben.

Doch können wir verstehen warum NASA-Wissenschaftler etwas skeptisch sind gegenüber der Idee dass etwas über Mikroben hinaus auf dem Mars gefunden wird. Sie glauben dass nicht genügend Zeit gegeben war damit sich theoretisch komplexe Lebensformen in den Ozeanen des Mars entwickelt haben könnten, denn der Mars wurde viel zu früh zu einer öden toten Welt.

Es ist eine Theorie, und eine vertretbare Theorie noch dazu, wenn man unser gegenwärtiges Wissen über den Planeten in Betracht zieht. Aber wissen wir denn genug? Habe wir alles ausgereizt was es über den Mars und die bereits gesicherten Daten über ihn zu wissen gibt? Ist genug Aufwand betrieben worden hinsichtlich der Suche und Veröffentlichung von Information die ein total anderes Bild von der möglichen Entwicklung von Leben auf dem Mars geben könnte?

Die Geologen sind zumindest perplex was den Mars angeht. Selbst die Wissenschaftler des Malin Space Science Systems welche die Kamera für den Mars Global Surveyor anfertigten gaben lobenswerterweise zu dass sie zwar für sie erkennbare

Prozesse auf dem Mars sahen, jedoch nicht verstanden wie diese entstanden.[25]

Und weil die NASA keine anderen Ideen verfolgt als jene eng definierte Suche nach primitiven Mikroben ist es so dass die scheinbare Logik der wissenschaftlichen Suche nach Leben auf dem Mars anfängt zu taumeln.

Die NASA vermeidet es, Wasser zu entdecken

Die Sache fing an zu wanken als die von der NASA gepredigte Strategie "Folge dem Wasser" als eine quasi detektivische Spur für die Entdeckung von Leben auf dem Mars sich als genau das Gegenteil davon offenbarte.

Im Jahre 1998 landete die Pathfinder-Mission auf einer vorzeitlichen Schwemmebene.

In 2004 wurde der Spirit-Rover in eine Gegend geschickt wo einmal ein See gewesen sein könnte.

In 2004 landete der Opportunity-Rover an einer Stelle wo Hematit reichlich vorhanden war, ein Mineral was bekannt dafür ist dort zu entstehen wo vor Jahrmillionen einmal Wasser vorhanden war.

In 2012 landete Curiosity im Gale Krater und trudelt momentan in einer Gegend herum von der sie wissen dass ein See mit Wasser früher einmal vorhanden war.

Sehen wir hier ein sich entwickelndes größeres Bild? Ja, die wirkliche Absicht scheint sehr klar zu sein: Was sie wirklich sagen wollten war dass die NASA angeblich jeder Spur von *vorzeitlichem* Wasser folgen wird, und alle Stellen wo *heutiges* Wasser sein könnte werden womöglich vermieden.

Einzige Ausnahme war wohl die Phoenix-Mission in 2008, sie landete wenigstens dort wo sie wussten dass Eis im gefrorenen Boden vorhanden war. Dennoch wurde Wasser in flüssiger Form gemieden. Die NASA wird natürlich sagen dass sie keine Orte kannte wo Wasser heutzutage präsent ist, doch wie wir bald sehen werden war dies schlicht und einfach nicht wahr – denn sie wusste wo es war.

Kapitel 2: Wasser auf dem Mars

Nun, es gibt ein wenig Anlass zur Hoffnung angesichts der letzten Mission von Curiosity, die in einer tiefliegenden Gegend landete. Wie der Projektleiter der Mission John Grotzinger sagte: [26]

"Eines der faszinierenden Dinge von Gale ist dass es ein riesiger Krater ist der in einer sehr tief liegenden Region des Mars ist, und wir alle wissen dass Wasser nach unten fließt."

Bezog er sich lediglich auf die Hinweise einer vorzeitlichen Existenz von Wasser welches sie zu finden hofften, oder womöglich Zeichen aus jüngerer Zeit? Vermutlich meinte er lediglich vorzeitliches Wasser, denn die Planer machten klar dass diese Mission, wie alle anderen, strikt auf vergangene Aktivität von Wasser begrenzt ist, dort wo Leben wohl nicht gefunden werden wird. So sagt die Pressemitteilung von Curiosity ganz eindeutig:

"Die Auswahl des Landeplatzes basierte nicht auf Merkmalen welche heutige Bewohnbarkeit begünstigen."

Wieder einmal wird es vermieden, eine Stelle zu besuchen wo Leben im Wasser gefunden werden könnte. Dennoch, konträr zu Curiosity's wissenschaftlicher Aufgabe, könnte der Projektleiter der Mission offenbar hoffen ein paar Hinweise für heutiges Wasser auf dem Mars zu finden. Weiß er etwas was wir nicht wissen, und was bei dieser Mission enthüllt werden wird? Vielleicht wird das Schicksal seinen Teil dazu beitragen damit diejenigen die den Fortschritt behindern in Zugzwang kommen. Möglicherweise werden die Bordkameras ein wichtiges Werkzeug sein damit ein unerwartetes Ereignis gezeigt werden kann.

Okay, lassen sie uns fortfahren und offenlegen warum ich glaube, dass die NASA es vermieden hat, Leben auf dem Mars zu entdecken.

Ein Wissenschaftler erklärte mir, er glaube die NASA vermeide nicht die Suche nach Leben, sie verzögere sie lediglich um eine weitere peinliche Situation wie die der Viking Raumsonde zu vermeiden – wo sie zwei Milliarden Dollar ausgab um nach Leben auf dem Mars zu suchen, und sich dann nicht darüber einig wurde ob sie es denn gefunden hatte. Und das Ergebnis dieses Fehlschlags der Wissenschaft war dass sie nun eine vorsichtigere, Schritt-für-Schritt und pedantische Vorgehensweise anwandte, eine wo sie nun lediglich Papierspuren von Beweisen nachgehen die sie irgendwann zu einem Ort führen werden wo die Chancen zur Entdeckung von Leben höher liegen, sollte es denn existieren.

Eine andere Auffassung argumentiert dass NASA's Erkundung des Mars nicht länger auf das Hauptziel der Entdeckung von Leben begrenzt ist sondern erweitert wurde, und nun sei das Ziel eine bemannte Mission und eine Basis auf dem Mars, für die spätere Besiedlung.

Nun, wie auch immer, wir werden sehen dass forschende und kritische Wissenschaft hier nicht angewandt wurde – und dass entscheidende Beweise ignoriert wurden. Ich lege hier nahe dass die NASA die Gegenden wo bekanntermaßen Wasser vorhanden ist vermieden hat. Wo sie theoretisch ganz einfach landen, einen wissenschaftlichen Zeh ins Wasser dippen und unter dem Mikroskop nach eventuell vorhandenen umherschwimmenden Mikroben schauen könnte, vielleicht sogar ein paar robuste Kaulquappen!

Nun, das Problem mit dem Mars ist dass, bedingt durch den niedrigen atmosphärischen Druck, der lediglich die Hälfte des auf der Erde ist, jegliches Wasser das der Atmosphäre ausgesetzt ist sehr schnell gefrieren oder verdunsten wird, was es für an Wasser gebundenes Leben ziemlich unmöglich macht unter solchen Bedingungen zu überleben. Doch sehe ich keinen Grund warum die NASA nicht in diesen Gebieten landen kann um die Orte zu erforschen wo vor relativ kurzer Zeit Wasser im Marsboden präsent war. Eine Erforschung dieser Orte würde sicherlich eine Aktivität und eventuelle Überreste der Wechselwirkung zwischen Wasser und Boden aufzeigen, und möglicherweise mikrobische Aktivität, oder sogar noch mehr.

Nun also zum Kernpunkt der Sache.

Flüssiges Wasser auf dem Mars

Gibt es Gegenden auf dem Mars wo ganz klar die Aktivität von Wasser erkennbar ist? Falls es so wäre, dann meine ich die NASA sollte schleunigst dorthin gehen, und nicht vermeiden

Kapitel 2: Wasser auf dem Mars

und stattdessen in Einöden landen wo absolut kein Wasser vorhanden ist, wie sie es bisher getan hat. Nun, hier ist einer der Orte wo sie mit ihren Rovern hätte landen können (SM5):

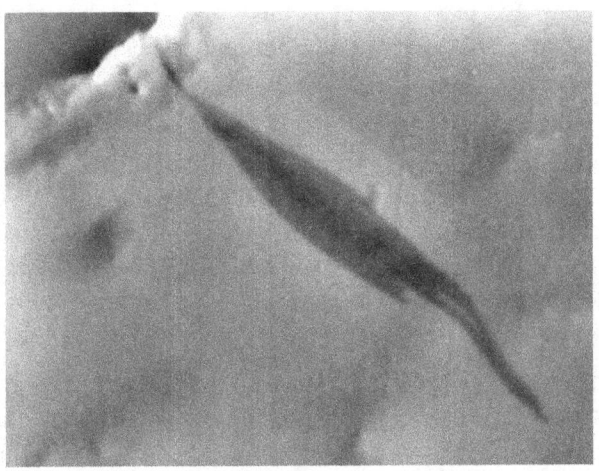

SM5. Wasserstrom an einer Kraterwand (2.5km) – MOC/MGS
Ort: East Arabia, Juni 1998; entdeckt von Richard C. Hoagland
Bildnachweis: NASA/JPL/MSSS

Dies war der erste Hinweis den ich bezüglich der Existenz von flüssigem Wasser auf dem Mars jemals sah.[27] Das Foto wurde von Richard C. Hoagland im Juni 2000 entdeckt, als er durch die von der NASA veröffentlichten Fotos der Bordkamera des Mars Global Surveyor (Mars Orbiting Camera/MOC) ging. Die NASA hatte damals gerade über 20.000 Fotos für die Öffentlichkeit ins Internet gestellt, aufgenommen zwischen September 1997 und August 1999 *(ich ermutige Sie dazu, online zu gehen und sich dieses Bild, ebenso wie alle anderen wichtigen Fotos dieses Buches, selbst anzusehen. Siehe Bild-Index).*

Zu diesem Zeitpunkt hatten die MSSS-Wissenschaftler Michael Malin und Ken Edgett ebenfalls eine Pressekonferenz über ihre Entdeckung von Hinweisen für heutiges Vorhandensein von Wasser-Aktivität auf dem Mars gegeben, wobei sie versuchten die Wasserrinnen und dunklen Ströme an den Innenwänden und auf den Spitzen von Kratern zu erklären. Ihre Schlussfolgerung war dass diese Merkmale am besten durch versickertes

Grundwasser und den Abfluss von Oberflächenwasser zu erklären waren, womit sie ein Modell postulierten welches die Akkumulation von Grundwasser vorsah, welches zwar von einer Barriere aus Eis in Schach gehalten wurde, jedoch periodisch als ein Strom aus Wasser, Eis und Sedimenten hervorkam.[28]

Andere Wissenschaftler bemerkten später dass die Ströme auf isolierten Gipfeln und Scheitelpunkten von Dünen wahrscheinlich auf das Schmelzen von Eis oder Schnee nahe der Oberfläche zurückzuführen waren, welches aus der Atmosphäre kam, zu Zeiten hoher Obliquität – wenn nämlich Temperaturen oberhalb des Gefrierpunktes möglich sind. NASA's allgemein vorgezogene Sicht der Angelegenheit war jedoch diese Ströme und Flecken als 'Erd- und Staubverschiebungen' wegzuerklären.

Obwohl einige dieser dunklen Ströme Erdreichverschiebungen sind, viele sind es ganz eindeutig nicht. Das Bild (SM5) zeigt wie der dunkle Fleck ausfächert und auswärts fließt, sicherlich das typische Verhalten einer Flüssigkeit – und diese Flüssigkeit ist höchstwahrscheinlich Wasser.

Zur Untermauerung dieser Sicht verweist der Forscher Efrain Palermo auf die Tatsache dass eine eindeutige Korrelation zwischen der Verteilung dieser Ströme besteht, denn sie befinden sich in der wärmeren äquatorialen Zone, wie die Odyssey-Raumsonde mit ihrem Neutronendetektor und Spektrometer zeigte.[29]

Es gibt heute hunderte von Aufnahmen dieser Flecken und Ströme. Palermo und sein Kollege Jill England haben nun viele davon identifiziert und katalogisiert und ihre Ergebnisse der National Space Society (NSS) in Seattle präsentiert, im Mai 2002.[30]

Kapitel 2: Wasser auf dem Mars

SM6, 7 & 8 Beispiele von "dunklen Strömen" – MOC/MGS
Bildnachweis: NASA/JPL/MSSS

SM9. Dunkle Ströme in Arabia Terra Region – HiRISE/MRO
Bildnachweis: NASA/JPL/University of Arizona

In den gezeigten Beispielen ist der Ursprung der Flüssigkeit eindeutig eine kleine, erhöhte Stelle von wo aus sie abwärts fließt, in einem Strom der offensichtlich die Oberfläche sättigt und dunkle Flecken hinterlässt. Die Flecken selbst scheinen für längere Zeit erhalten zu bleiben, doch werden sie im Laufe der Zeit heller.

Da jegliches Wasser in diesem Fluss schnell durch den niedrigen atmosphärischen Druck verdunsten würde ist womöglich ein Rest in der Flüssigkeit selbst der Grund für die dunkle Verfärbung. Einige Wissenschaftler haben die Aktivität von Mikroorganismen nahegelegt. Es könnte jedoch lediglich das Ergebnis des Zusammenspiels zwischen der Flüssigkeit und dem Boden sein, dass eine bisher unbekannte chemische Reaktion ausgelöst wird. Bisher ist die Antwort darauf nicht eindeutig.

Jedoch ist eindeutig dass es einen klaren Grund dafür gibt eine Raumsonde nahe einer dieser Ströme zu landen um etwas darüber zu erfahren. Die Möglichkeit dass sie eine Art von Leben enthalten muss sicherlich die Reise wert sein. Zumindest wären wir in der Position um heutige Wasser-Aktivität auf dem Mars zu studieren und nicht nur Bodenproben von einem ausgetrockneten Flussbett wo vor Jahrmillionen einmal Wasser floss einzusammeln.

Jeder Biologe wird Ihnen sagen:

"In fast jeder ökologischen Nische der Erde wo Wasser vorhanden ist werden wir mikrobisches Leben finden."

Dies muss einfach das Leitprinzip der wissenschaftlichen Suche nach Leben auf dem Mars sein, warum also scheint die NASA dies zu ignorieren?

Es ist wahr dass viele dieser Ströme in schwer zugänglichen Gegenden liegen – Kraterwände und steile Hänge – doch dies trifft nicht auf alle zu. Und selbst wenn, meinen Sie wirklich die NASA wäre nicht dazu imstande das Problem mittels einer adäquaten technologischen Erfindung zu lösen? Wenn wir wissen dass dort Wasser ist, denn unsere Aufnahmen zeigen uns dass es dort ist, und unsere Wissenschaftler sagen uns dass wir dort wo wir Wasser finden fast immer auch Leben finden, dann sind dies die Orte wo wir unsere Raumsonden landen müssen!

Kapitel 2: Wasser auf dem Mars

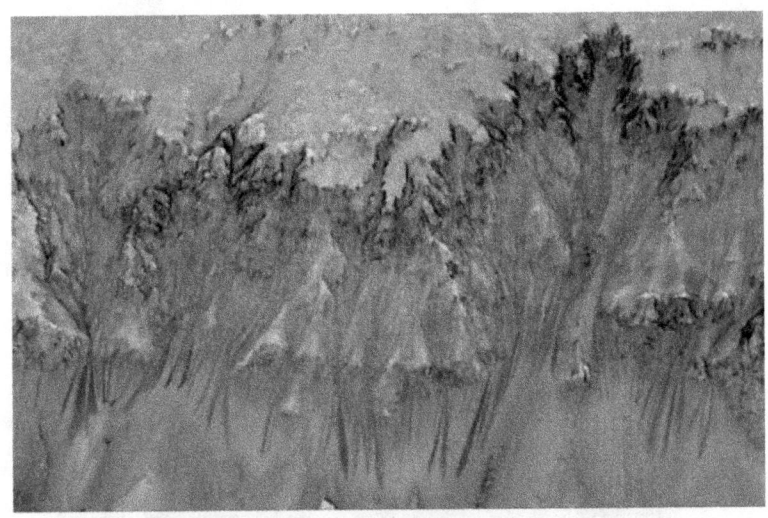

**SM10. Ströme im Frühling und Sommer, Newton Krater
– HiRISE/MRO**
Bild: NASA/JPL-Caltech/University of Arizona

Der Assistenzprofessor des Fachbereichs Planetenwissenschaften der Universität von Arizona, Shane Byrne, sagte dass ein Mars-Landefahrzeug in der Lage wäre die Existenz von Wasser festzustellen, und dass solch eine Mission möglicherweise auch in der Lage wäre nach Zeichen von einfachen Lebensformen zu suchen.[31]

Selbst der Curiosity Rover ignorierte interessanterweise ein klares Zeichen von Wasser auf seiner Reise zum Mount Sharp (SM11). Er fuhr einfach an offensichtlichen und unübersehbaren Anzeichen von flüssigem, gesättigtem Boden vorbei, womöglich Salzlauge. Dies war ein etwa 15 cm langer Strom bergab, welcher unter einer Gruppe von Steinen hervorkam und der vom Curiosity ohne jeden Kommentar ignoriert wurde. Warum war diese Entdeckung nicht im August 2014 in den Medien?

Ich stelle nun einfach folgende Frage: Wenn wir wirklich nach Leben auf dem Mars suchen, und wenn 'Folge dem Wasser' das Leitkonzept ist, warum verdammt nochmal gehen wir dann nicht zum Wasser?

**SM11. Strom aus flüssigem Wasser im Gale Krater (15 cm)
(Sie fuhren mit dem Rover direkt daran vorbei ... kein Pieps
seitens der NASA) – Curiosity**
Ort: Gale Krater, Sol 707, August 2014; entdeckt von Gary Proffitt
Bildnachweis: NASA/JPL-Caltech/MSSS

Bei dieser Suche nach Wasser begann ich indem ich Ihnen ein paar heutige Beispiele für weitläufige und reichhaltige Versickerungen und Ströme zeigte die folgendes sein könnten:

- Wasser von geschmolzenem Eis oder Schnee welches normalerweise hoch auf isolierten Gipfeln und Dünen zu finden ist. Dieses Wasser beginnt zu fließen wenn

Kapitel 2: Wasser auf dem Mars

Temperaturen oberhalb des Gefrierpunkts vorherrschen, bei hoher Obliquität.

- Wasser von möglichem Mars-Grundwasser, welches an den Hängen und den zentralen Gipfeln von Kraterwänden zu sehen ist. Hier kommt das Wasser von einer einzigen Quelle, fließt ein wenig hangab bis die Grundwasser-Quelle versiegt oder gefrie.

Wenn die NASA davon ausgeht dass diese Ströme lediglich Erdrutsche und nicht Wasser sind, im Gegensatz zu den Tatsachen die von der Forschung erbracht wurden, und dies als Begründung dafür angibt dass sie ihre Aufmerksamkeit von diesen Strömen abwendet, dann frage ich mich wie sie die Umgehung der folgenden Stellen erklären wird.

Gibt es Seen mit Wasser auf dem Mars?

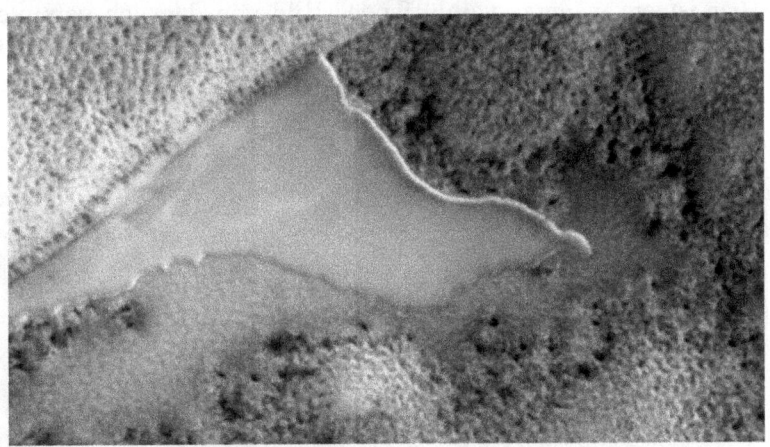

SM12. Ein See mit flüssigem Wasser auf dem Mars? (1.6km) – MOC/MGS
Ort: Südpolare, November 1999; entdeckt von J. P. Skipper
Bildnachweis: NASA/JPL/MSSS

Was ich Ihnen nun präsentieren werde geht weit über 'Sickerungen und Ströme' hinaus, und gemäß unseres heutigen Verständnisses und des wissenschaftlichen Konsens hinsichtlich der Existenz von Wasser in flüssiger Form auf der Marsoberfläche kann dies einfach nicht sein. Und doch haben wir hier etwas was aussieht wie ... eine ausgedehnte Fläche von stehendem Wasser.

Der Autor J. P. Skipper hat mich auf die meisten Bilder die Sie hier sehen werden aufmerksam gemacht, und zwar durch sein Buch "Hidden Truth: Water and Life on Mars" (Die Versteckte Wahrheit: Wasser und Leben auf dem Mars).[32]

Dieses Foto (SM12) zeigt etwas was doch schon sehr wie eine flache Ausdehnung von Wasser aussieht, ein See oder ein Reservoir. Die gleichmäßige helle Kante der Wasserlinie legt ebenfalls eine Geologie nahe welche erodiert und freigelegt wurde, oder Mineralien die deponiert wurden während der Pegel sank.

Aber ist dies überhaupt möglich auf dem Mars? Ein See aus flüssigem Wasser?

Hier ist ein weiteres verblüffendes Bild von dem ich vermute dass es in den nächsten Jahren einiges an Forschungsarbeit auslösen wird (SM13). Wiederum sehen wir hier die lichtreflektierende Linie entlang des Ufers.

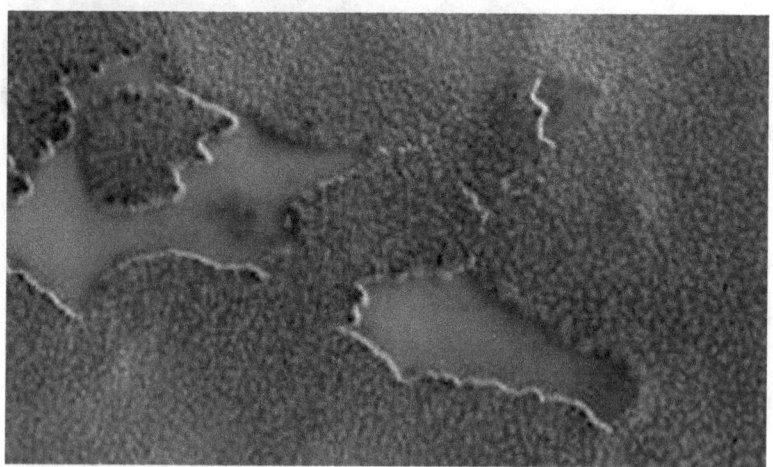

SM13. Mehrere Seen mit Wasser oder Eis? (2.6km) – MOC/MGS
Ort: Südpolare, November 1999; entdeckt von J. P. Skipper
Bildnachweis: NASA/JPL/MSSS

Bevor wir jedoch fortfahren muss ein gewaltiges Problem dieser Bilder aufgezeigt werden. Sie sehen dass alle Bilder hier von der

Kapitel 2: Wasser auf dem Mars

südpolaren Region des Mars gemacht wurden, dort wo die Durchschnittstemperaturen zwischen minus 75 bis minus 120 Grad Celsius liegen, was extrem kalt ist. Dies schließt mehr oder weniger aus dass diese Bilder Seen aus flüssigem Wasser zeigen!

Und natürlich sind es nicht nur die niedrigen Temperaturen die flüssiges Wasser unmöglich machen, es ist auch der niedrige atmosphärische Druck, der bei, oder unter, dem Tripelpunktsdruck von Wasser liegt, 6.1 Millibar. Dies bedeutet dass flüssiges Wasser bei Kontakt mit der Marsatmosphäre nach wenigen Sekunden entweder gefriert oder verdunstet. Doch ist dies nicht alles: Die extrem trockene Luft des Mars würde auch das flüssige Wasser schnell verdunsten lassen.

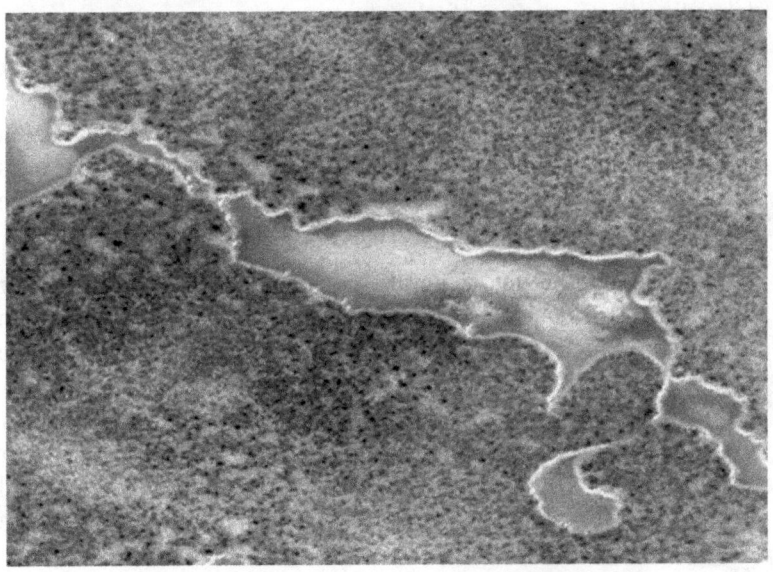

SM14. Mehr Seen? (3.4km) – MOC/MGS
Ort: Südpolare, Oktober 2001; entdeckt von J. P. Skipper
Bildnachweis: NASA/JPL/MSSS

Daher ist es nur logisch dass diese Bilder unmöglich Seen aus flüssigem Wasser zeigen, sondern eher Seen aus Eis. Denn wenn flüssiges Wasser in der sehr trockenen Tiefdruck-Atmosphäre des Mars entweder gefriert oder verdunstet, dann kann es unmöglich in der Form von großen Lagunen und Seen existieren, wie es diese Bilder provokant suggerieren. Sie könnten sich selbst sogar fragen: "Warum soll überhaupt nach Hinweisen für stehendes flüssiges Wasser auf dem Mars gesucht werden, wenn wissenschaftliche Fakten seine Existenz verneinen?"

Nun, möglicherweise haben wir hier noch nicht alle Fakten beieinander. Sicherlich stehen wir erst am Anfang unseres Verständnisses über Leben auf dem Mars, und wir können sicher sein dass es im Laufe der nächsten Jahre ein paar enorme Überraschungen geben wird, wenn noch mehr Mysterien dieses Planeten enthüllt werden. In der Zwischenzeit brauchen wir jedoch eine Erklärung oder ein Modell welches diese "unmöglichen Beweise" von flüssigem Wasser in der Form von Seen auf dem Mars wenigstens theoretisch möglich macht, und daher fragen wir ganz einfach:

"Gibt es denn überhaupt irgendeine Möglichkeit dass Wasser auf der Oberfläche des Mars in flüssiger Form bleiben könnte, wie es diese Bilder der NASA scheinbar zeigen? Könnte es sein dass Bedingungen im Spiel sind unter denen es möglich ist dass Wasser flüssig bleibt statt zu gefrieren oder in die Atmosphäre zu verdunsten?"

Im Fall der dunklen Ströme und Sickerungen können wir vermuten dass das Wasser ganz einfach von den geschützten Grundwasserreservoirs stammt, dass es nach oben in die harsche Luft des Mars ausbrach und dann einfach gefror oder verdunstete als der Zufluss stoppte. Jedoch brauchen wir angesichts der großen Mengen an stehendem Wasser in flüssiger Form ein Element welches in großem Maß das Gefrieren und Verdunsten unterbindet, ansonsten gibt es einfach keine Möglichkeit dass dies Bilder von flüssigem Wasser sind.

Nun gibt es auf dem Mars sehr viel *Salz*, und dies könnte sehr bedeutsam sein. Hier auf der Erde senkt Salzwasser *ganz entscheidend die Temperatur bei der Wasser gefriert und verdunstet*. Je höher der Salzgehalt desto niedriger kann die Temperatur sein bevor Wasser zu Eis wird.

Wasser mit einem hohen Salzgehalt wird auch Lauge genannt, und einige Planetenwissenschaftler sind der Überzeugung dass Salzwasser mit diesen Mustern der Ströme, Sickerungen und der

Kapitel 2: Wasser auf dem Mars

dunklen, fingerartigen Schlieren die wir auf den vorhergehenden Bildern sahen zu erklären istst.

Wissenschaftler die ähnliche Ströme im Newton Krater und anderswo in den mittleren Breiten der Südhalbkugel untersuchen sind jedenfalls dieser Ansicht, und außerdem bemerkten sie dass die Ströme hauptsächlich während der Spätfrühlings und Sommers des Mars auftauchen, im Winter dahinschwinden um dann im darauffolgendem Frühling wieder zurückzukehren, was wiederum ein überzeugender Beweis dafür ist, dass es gefroren ist, dass Eis auf dem Mars ganz einfach bei warmem Wetter schmilzt.

Alfred McEwen, von der Universität von Arizona und leitender Forscher für das Mars Reconnaissance Orbiter High Resolution Imaging Science Experiment (HiRISE, Hochauflösendes orbitales Bildsystem), erklärte: [33]

"Die beste Erklärung für diese Beobachtungen bisher sind Ströme aus Salzwasser ... möglicherweise eher sirupartig, durch die Art und Weise wie es fließt."

Überzeugende Beweise für die Existenz von flüssiger Lauge kamen im Spätjahr 2008 mittels des Mars Phoenix Lander, als Wissenschaftler bemerkten dass die Tropfen an den Stützen wuchsen und sich bewegten, ein gewichtiger Hinweis dafür dass sie flüssig waren.

Nilton Renno, ein weiterer Forscher der Phoenix Mars Mission, sagte er glaube Wasser in flüssigem Zustand könne wegen der niedrigen Temperaturen auf dem Mars nicht existieren, doch nachdem er die Hinweise auf Tropfen auf dem Mars Lander studierte stellte er die Hypothese auf dass Salz im Marsboden möglicherweise einen Teil der Oberfläche des Planeten am Gefrieren hindern könnte, was flüssiges Wasser ermöglichen würde.[34]

Geheimer Mars

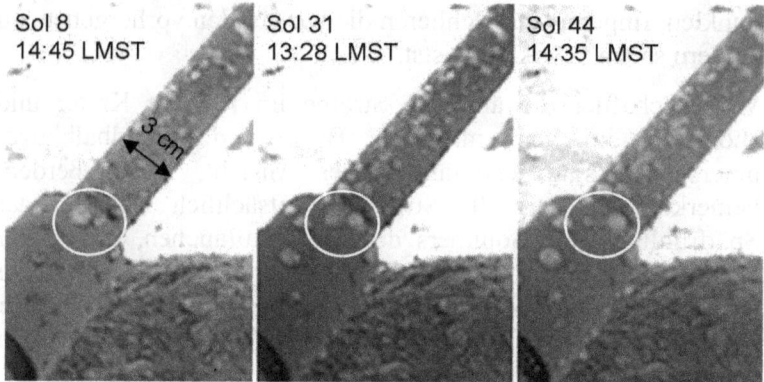

12. Der Mars Phoenix Lander: Wassertropfen an den Stützen
Bildnachweis: NASA/JPL-Caltech/U. of Arizona/Max Planck Inst.

Seine Hypothese erwies sich später als zutreffend, als die Analyse des Bodens unterhalb des Lander die Existenz von Salzen aufzeigte. Weiter erklärte Professor Renno: [35]

> Wir fanden heraus dass der Boden einen hohen Anteil an Perchloraten hat, ein sehr effektives Gefrierschutzmittel. Wir fanden heraus dass flüssiges Salzwasser bei noch niedrigeren Temperaturen als wir angenommen hatten möglich ist.

Salzlaugen machen einen niedrigeren Gefrierpunkt möglich, ähnlich der Art und Weise wie wir Salz auf Straßen und Bürgersteige streuen. Die Perchlorat-Salze die im Marsboden um den Phoenix Lander herum gefunden wurden gefrieren bei Temperaturen von minus 68 bis minus 76 Grad Celsius (minus 90 bis minus 105 Grad Fahrenheit). Die Durchschnittstemperatur der Gegend wo Phoenix landete war minus 59 Grad Celsius (minus 75 Grad Fahrenheit) – dies bewies dass die Salze das Wasser am Gefrieren hindern.

Also haben wir nun eine wissenschaftlich glaubwürdige Basis für die Existenz von flüssigem Salzwasser auf dem Mars. *(Anmerkung: Dies wurde durch NASA-Wissenschaftler im September 2015 "offiziell bestätigt")*. Doch inwieweit kann dieses Wasser auf der Oberfläche verbleiben? Tief im Boden des Planeten, in ein paar Kilometern Tiefe, geht man von der Existenz von umfangreichen Grundwasservorkommen aus, die wohl über den gesamten Planeten verteilt sind, aber noch nicht gefunden wurden. Die Existenz von flüssigem Wasser näher an der Oberfläche jedoch wird von Wissenschaftlern auf temporäre Laugen-Ströme die wir bereits erwähnten beschränkt, jene welche durch die Oberfläche brechen, und möglicherweise kleinere Reservoirs aus flüssigem Wasser ein paar Meter darunter.

Allgemein gesagt ist das grundlegende Problem für die Existenz von flüssigem Oberflächenwasser jenes, dass es eine wärmere, dickere, wasserhaltige Atmosphäre und einen höheren atmosphärischen Druck benötigt damit es nicht verdunstet. Wie auch auf der Erde nimmt der Druck bei zunehmender Höhe ab, und er nimmt zu je tiefer man sich befindet. Da flüssiges Wasser auf einem Großteil der Oberfläche des Mars fast unmöglich existieren kann – außer es wäre stark mit Salz gesättigt und praktisch so dickflüssig wie Melasse – lässt dies nur die am tiefsten gelegenen Gebiete zu, jene welche wir aus gutem Grund als potentielle Orte für fließendes oder stehendes Wasser betrachten können, dort wo der atmosphärische Druck hoch genug ist damit Wasser nicht verdunstet.

Hellas Planitia liegt an der tiefsten Stelle auf dem Mars, wo der Druck bis zu 11.55 Millibar (0.1675 psi) beträgt, verglichen mit einem Durchschnittsdruck von 6.0 Millibar (0.087 psi). Während der warmen Monate könnten also tiefergelegene Bäche in diesem Gebiet flüssige, stehende Gewässer bilden, doch selbst bei genügend atmosphärischem Druck und höheren Temperaturen bleibt immer noch das erhebliche Problem der extrem trockenen Atmosphäre welche jegliches vorhandene Wasser schnell verdunsten lassen würde.

Selbst während des Mars-Sommers, wenn die Temperaturen am Äquator 30 Grad Celsius (86 Grad Fahrenheit) erreichen können, und mit theoretisch möglichen, mit Salzwasser gesättigtem Wasser in tiefgelegenen Gebieten, sprechen die harten wissenschaftlichen Tatsachen gegen das Vorhandensein von freistehendem flüssigem Wasser auf dem Mars, und daher sind diese Bilder wirklich schwer zu verdauen, besonders da sie alle nahe der tiefgefrorenen südpolaren Region des Mars aufgenommen wurden. Die Tatsache dass diese Aufnahmen, die ich Ihnen bisher gezeigt habe, jene einer sehr kalten Region sind legt nahe dass diese NASA-Aufnahmen nur 'Seen aus Eis' zeigen können. Diese wissenschaftliche Logik verwirrt die Sinne wenn Sie sich dieses folgende Bild ansehen (SM15).

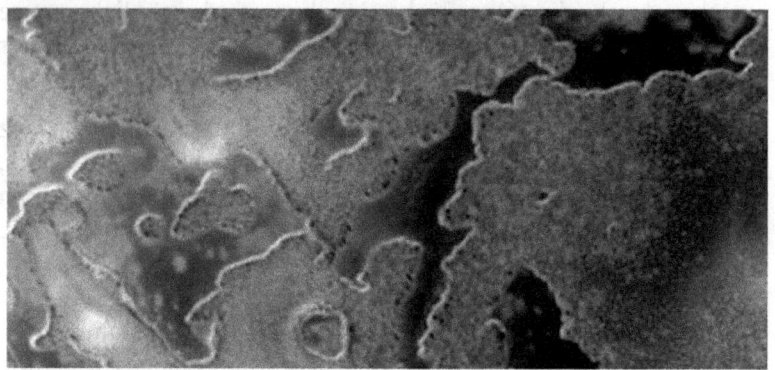

SM15. Eine Reihe von Seen oder polare Gruben? (3km)
– MOC/MGS
Ort: Südpolare, Oktober 2001; entdeckt von J. P. Skipper
Bildnachweis: NASA/JPL/MSSS

Für mich ist dieses Bild wirklich faszinierend, und es überzeugt jene, die glauben möchten dass es genau das zeigt was es augenscheinlich ist: von einer Wasserfläche reflektiertes Sonnenlicht. Wenn wir jedoch die Wahrheit entdecken wollen, dann müssen wir immer Raum für gesunde Skepsis lassen, besonders wenn es um die Bedingungen auf einem anderen Planeten geht. Außerirdische Habitate erlauben sicherlich alle möglichen seltsamen und erstaunlichen Formationen und Nischen; geologische, chemische, und Lebensformen. Wir müssen darauf vorbereitet sein total überrascht zu werden, sogar schockiert, durch das was wir auf dem Mars entdecken werden.

Mir persönlich scheint dies eine Reihe von Seen zu sein, eine Art Mini-Version der Great Lakes-Gegend in Nordamerika vielleicht, doch dieser Eindruck ist womöglich völlig falsch. Warum? Weil wir auf dem Mars sind, nicht auf der Erde. Wir können nicht davon ausgehen dass etwas was wie Wasser aussieht auch Wasser ist. Egal wie sehr wir daran glauben wollen dass auf dem Mars flüssiges Wasser existiert, wir müssen die Forschungsarbeit ausführen.

Kapitel 2: Wasser auf dem Mars

Daher fand ich heraus, während ich mir dieses letzte Bild näher ansah und es mit Beispielen verglich welche die Geologen "polare Gruben" (polar pits) nennen – das Ergebnis der Sublimierung von Kohlendioxid welches in der südpolaren Regionen gewöhnlich vorkommt – dass es das ist, was wir hier wohl sehen, zumindest in diesem konkreten Fall.

Dem Anschein nach muss ich hier sagen dass dieses Bild viel 'flüssiges Wasser' zeigt. Der Logik nach müsste ich hier jedoch akzeptieren dass es viel wahrscheinlicher ist dass es sich hier um Wasser handelt, oder um eine ungewöhnliche, sehr lichtreflektierende geologische Erscheinung. Natürlich hätten all die Wissenschaftler welche die von der NASA und ESA gesammelten Daten über die Bedingungen auf dem Planeten studiert haben keine andere Wahl als dies als "totalen Unsinn, das kann kein flüssiges Wasser sein!" abzutun.

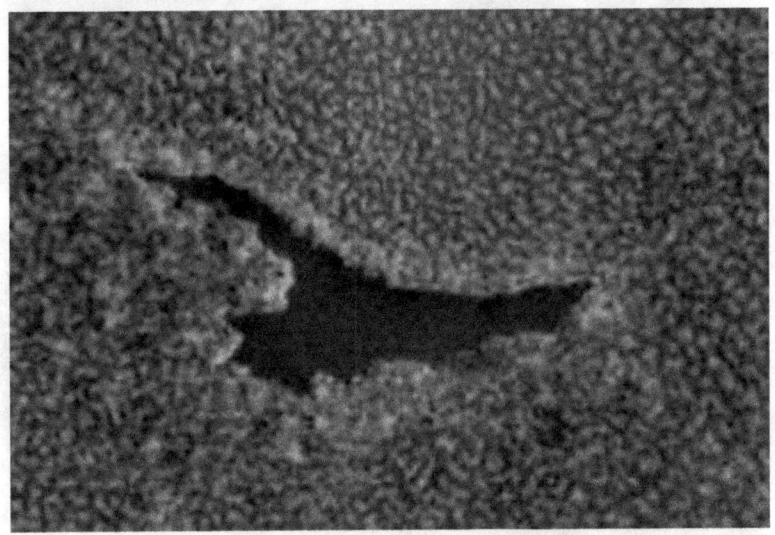

SM16. "Dunkler See" (1km) – MOC/MGS
Ort: Südpolare, September 2001; entdeckt von J. P. Skipper
Bildnachweis: NASA/JPL/MSSS

Hier ist ein weiteres See-ähnliches Merkmal mit viel dunklerem 'Wasser' (SM16). Was hat die NASA darüber zu sagen? Nicht viel. Obwohl natürlich von allem was 'dunkel' ist angenommen wird dass es sich um den dunkelblauen Sand handelt der gewöhnlich auf dem Mars zu sehen ist, und um den es sich in vielen Fällen aus sicherlich handelt.

Jedoch könnten diese Bilder etwas anderes suggerieren, und wenn wir uns die Bilder unten ansehen bleibt uns nichts anderes übrig als uns zu fragen ob die wissenschaftlichen Daten die bisher über den Mars gesammelt wurden nicht etwas ausgelassen oder übersehen haben. Wenn Sie in einem Flugzeug ein paar Kilometer über der Erde fliegen würden und dies unter sich sähen, was nehmen Sie an sehen Sie hier?

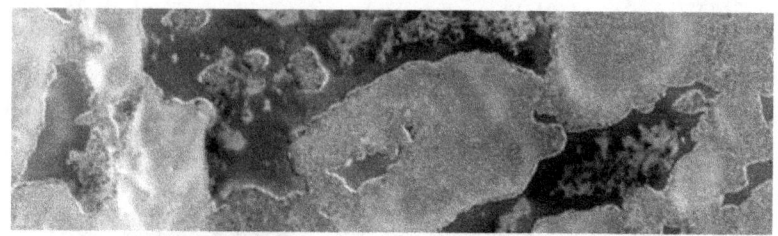

SM17. "Seen und Inseln" (10km) – MOC/MGS
Ort: Südpolare, September 2001; entdeckt von J. P. Skipper
Bildnachweis: NASA/JPL/MSSS

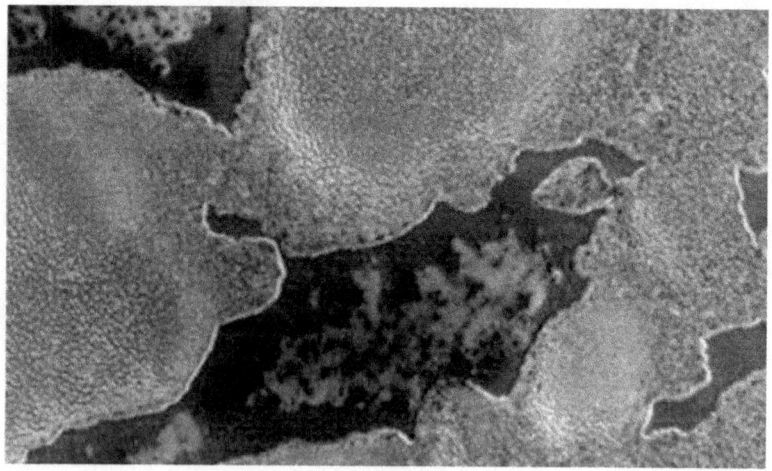

SM17.1 "Seen und Inseln" (detail 1)

Ja, ich weiß. Erdgebundene Befangenheit, solch eine Annahme wäre unsinnig. Unglücklicherweise sind im Falle der Bilder des MOC ebenfalls keine Farbbilder verfügbar, nur solche mit Grautönen, und eine Flüssigkeit ist in einem Farbbild vielleicht

Kapitel 2: Wasser auf dem Mars

besser erkennbar. Dies kann die Vorstellungskraft anregen, besonders weil eine dunkle flache Ebene auf einem schwarzweiß-Foto instinktiv wie Wasser aussieht, wohingegen ein Farbfoto eventuelle Charakteristika sehr viel deutlicher darstellen würde.

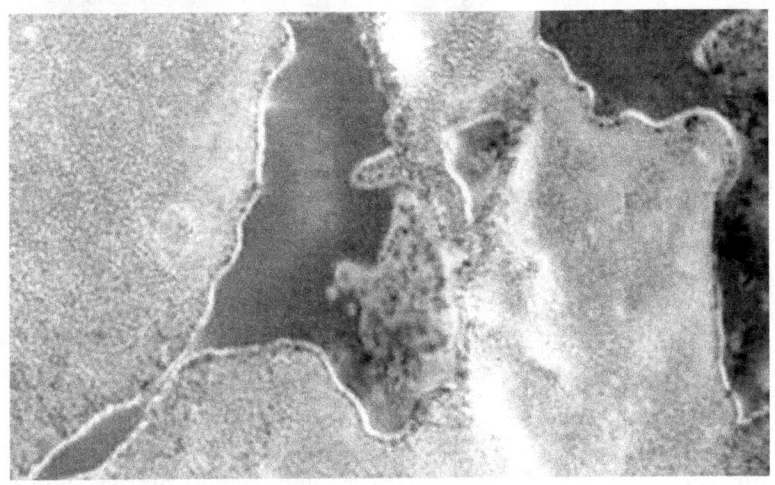

SM17.2 "Seen und Inseln" (detail 2)

Bisher fand ich keinerlei HiRise-Bilder dieser 'Seen' welche die Sache vielleicht erklärt hätten, doch hoffentlich werden sie früher oder später auftauchen, sodass dies aufgeklärt werden kann. Ich fragte die für das Technische zuständigen Leute von HiRise ob es Vergleichsbilder gäbe, damit ich eine Bildnummer des MOC eingeben könnte um zu sehen ob es ein entsprechendes hochauflösendes HiRise Farbbild gäbe, um es zu vergleichen, doch merkwürdigerweise sagten sie mir dass solch eine Datenbank nicht existiere.

Trotzdem, wiederum sehen wir hier eine helle Linie um die Ufer herum, welche nahelegt dass ein gleichmässiger Wasserpegel beibehalten wird. Doch wenn der Vergleich mit Merkmalen von Seen auf der Erde als unsinnig angesehen wird, lassen Sie uns einen Blick auf ein paar Bilder unseres eigenen Planeten werfen, zu Vergleichszwecken.

Da wir hier sagen dass flüssiges Wasser auf der Oberfläche des Mars nur möglich ist wenn der Salzgehalt sehr hoch ist, kann es sein dass wir herausfinden dass, falls wirkliche Seen mit Wasser auf dem Mars existieren, könnten sie ähnlich dem Urmia See auf der Erde sein?

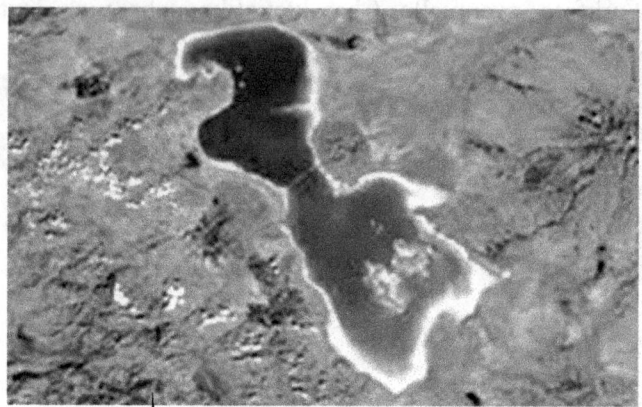

13. Urmia See: Iran, Erde
Bildnachweis: NASA

Der Urmia See liegt im Nordwesten Irans; er ist flach, nur fünf bis sechs Meter tief, und wird wegen seines extrem hohen Salzgehaltes als hypersaliner See klassifiziert – nur das Tote Meer im Nahen Osten ist salzhaltiger. Er ist ein sogenanntes Chlorid-Gewässer – Wasser welches Chlorid aus dem Salzgestein gewaschen hat.

Der unseren potentiellen Mars-Seen ähnlichste Vergleich ist dieselbe helle offensichtliche Linie mit Sedimenten entlang seines Umfangs, und unser Konzept ist dass jegliches Wasser auf dem Mars höchstwahrscheinlich sehr salzhaltig ist, wie dieser See es ist.

Ich muss hier klarstellen dass dieses Bild von einer viel größeren Höhe aufgenommen wurde, da der Urmia See über 140 mal 80 Kilometer groß ist, wohingegen die Merkmale auf dem Mars viel kleiner sind. Doch denke ich dass der wichtige Punkt hier ist dass wir uns einfach vergegenwärtigen wie ein See mit Wasser hier auf der Erde aussieht, und wenn wir auf dem Mars ähnliche geologische Merkmale sehen, dann sollten wir dies bedenken.

Kapitel 2: Wasser auf dem Mars

Hier ist eine wohlbekannte Form, sowohl auf der Erde wie auf dem Mars:

14. See mit flüssigem Wasser, Südamerika, Erde
Bildnachweis: ©2013 DigitalGlobe, Google Earth

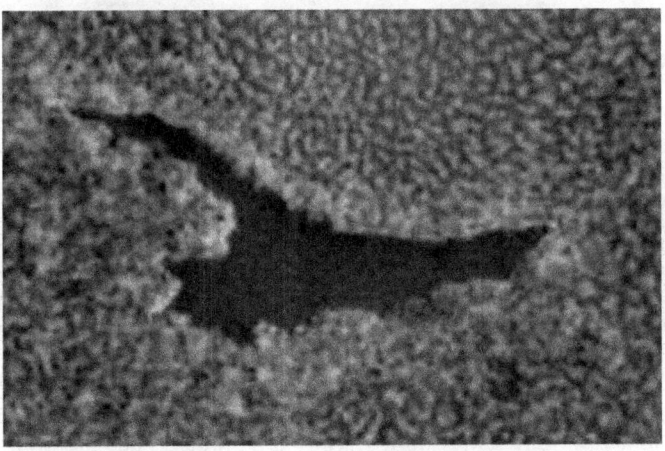

SM16. "Dunkler See", Südpolare Region, Mars

Um unseren Augen etwas zuvorzukommen und nicht dauernd hin und her zu blättern, hier eine Zusammenfassung zur besseren Ansicht…

Geheimer Mars

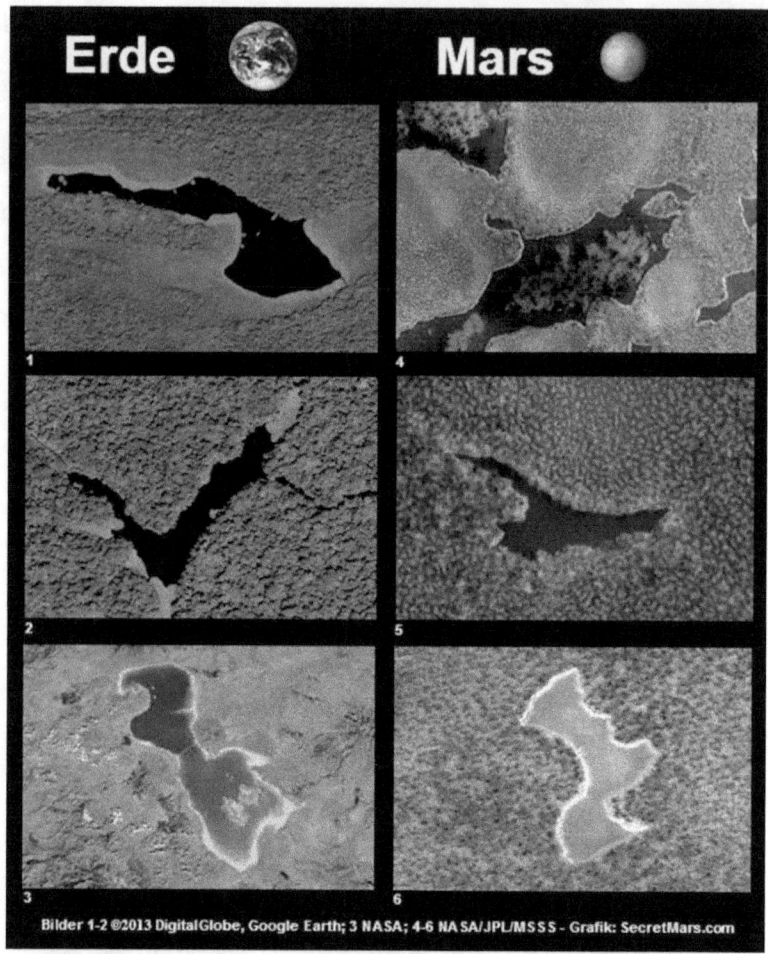

SM18. Vergleich Erde/Mars: Seen

Sie mögen mir meine künstlerische Freiheit mit diesen Bildvergleichen verzeihen, aber ich denke es ist mehr als gerechtfertigt insofern als dass wir eine Perspektive hinsichtlich der hier gezeigten Beweise bekommen. Haben wir den Eindruck dass Wasser hier auf beiden Planeten in uns wohlbekannten Formen zu sehen ist?

Ich glaube dass diese Bilder der MGS Raumsonde der NASA, Bilder welche seit Jahren sauber und ordentlich online archiviert werden, und die von der Öffentlichkeit und der

Kapitel 2: Wasser auf dem Mars

wissenschaftlichen Gemeinschaft eingesehen werden können, eine potentielle Möglichkeit sind, so extrem sie auch sei, um die Existenz von stehendem Wasser auf dem Mars zu zeigen.

Da die hier gezeigten Beispiele allesamt aus der Südpolregion stammen ist die einzige Möglichkeit dass diese Seen vielleicht aus flüssigem Wasser bestehen die, dass es hypersaline Seen sind. Tatsächlich so hypersalin dass das Wasser so dick wie Melasse sein müsste um nicht sofort in die Atmosphäre zu verdunsten. Doch selbst wenn es so wäre, Verdunstung würde dennoch stattfinden, was wiederum eine unterirdische Wasserquelle voraussetzt um diese hypothetischen Seen aufzufüllen.

Die große Kälte scheint flüssiges Grundwasser unmöglich zu machen, denn Wissenschaftler gehen davon aus dass der Boden bis in eine Tiefe von mindestens einem Kilometer oder mehr gefroren ist. Jedoch könnten womöglich hohe Salzkonzentrationen unerwartete Reservoirs an flüssigem Wasser unter der Oberfläche angesammelt haben, oder es könnten unerwartet große Mengen an Wasserdampf aus der Atmosphäre absorbiert worden sein.

Hier ist ein geläufiges, solides Beispiel von unserem Planeten hinsichtlich dessen was wir auf dem Mars vorfinden könnten, wo flüssiges Wasser existiert und auch flüssig bleibt, selbst auf einer überwiegend gefrorenen Planetenoberfläche. Es befindet sich auf dem kältesten Kontinent der Erde; hier haben wir eine kleine Wasseroberfläche in der Antarktis ... welche fast während des gesamten Jahres flüssig bleibt.

Der Don Juan-Teich befindet sich in den harschen, trockenen McMurdo-Tälern, wo es selten schneit, und dies ist ein sehr flaches Gewässer, normalerweise nur ein paar Zentimeter tief, und er ist das salzhaltigste Gewässer auf unserem Planeten, mit einem Salzgehalt von 44%. Der nächste auf dieser Liste ist der Vanda-See, nur ein paar Kilometer entfernt.

Geheimer Mars

15. Don Juan Teich: ein flaches hypersalines Gewässer welches selten gefriert - existiert so etwas auf dem Mars? (300m)
Ort: Antarktis, Erde; Bildnachweis: Samantha Joye

Bedingt durch seine Lage in einem geschlossenem Becken sehen Wissenschaftler eine optische Ähnlichkeit mit ausgetrockneten Becken auf dem Mars. Jedoch ist noch viel bedeutender hier der Prozess wie der Don Juan-Teich überhaupt sein Wasser bekommt. Über Jahrzehnte hinweg glaubte man dass Grundwasser diesen antarktischen Teich speise, doch legen jüngere Untersuchungen nahe dass Deliqueszenz der wahrscheinlichere Ursprung ist.[36]

"Deliqueszenz" ist der Prozess wobei eine Substanz wie Salz Feuchtigkeit aus der Luft absorbiert, bis sie so gesättigt ist dass die sich auflöst und in eine flüssige Lösung verwandelt. Im Fall des Don Juan-Teiches werden Salze auf den Hügeln um den Teich herum durch die eintreffende Feuchtigkeit der Ozeane abgelagert. Dieses angehäufte Salz absorbiert sodann Wasser aus der Luft, und wenn es gesättigt ist läuft es die Hügel nach unten herab um das Becken zu speisen. Es ist diese Absorption von Wasserdampf aus der Atmosphäre durch Salze welche als vordringliche Erklärung für die dunklen laugenartigen Flüsse auf dem Mars angesehen wird.

Gib es in diesem Wasser in der Antarktis Leben? Es wurden bisher lediglich spärliche Mikroflora und Bakterien festgestellt, und daher ist dies wohl eher ein Habitat welches für

Kapitel 2: Wasser auf dem Mars

Extremophile geeignet ist, jene die sich an die Hypersalinität anpassen können.

Ich glaube dass es gut möglich ist dass solche Teiche mit flüssigem salzigen Wasser in den tiefer liegenden Tälern des Mars gefunden werden können. Es wird sich noch zeigen müssen ob auf einigen der Bilder die wir hier gezeigt haben tatsächlich solche Teiche oder Seen zu sehen sind.

Insgesamt muss man dennoch sagen und zugeben dass es immer noch wahrscheinlicher ist dass diese Regionen des Mars einstmals Seen mit Wasser hatten, Seen welche nun zugefroren sind oder die mit dunklem Sand oder ähnlichem Material zugeschüttet wurden und welche den Anschein von Wasser geben, während jene, die eine lichtreflektierende Oberfläche haben stattdessen mit Kohlendioxid-Eis überzogen sind.

Wie auch immer, diese Regionen müssen viel genauer untersucht werden als es die NASA bisher getan hat, und dies ist der Grund für meine Präsentation dieser Beweise. Denn, wie es scheinbar zu sein scheint, falls dies nur Seen aus Wasser-Eis auf dem Mars sind, dann wäre die Chance, dort Reste von Leben zu finden die im Eis konserviert sind sicherlich eine realistische Möglichkeit.

Nun, um die Beweise für die Existenz von Wasser auf dem Mars zusammenzufassen, es gibt nur vier mögliche Schlussfolgerungen die bedacht werden sollten.

Entweder:

1. Die Bilder zeigen **kein** flüssiges Wasser, sondern Geologie, wie zum Beispiel Sand.

2. Die Bilder zeigen **kein** flüssiges Wasser, sondern gefrorenes Wasser oder Kohlendioxid-Eis.

3. Die Bilder **zeigen** dickflüssige Lauge die durch unbekannte örtliche Bedingungen oder eine bisher unbekannte wissenschaftliche Gegebenheit erhalten werden.

4. Die Bilder **zeigen** flüssiges Wasser, und dies liegt daran dass die wissenschaftlichen Daten des Mars hinsichtlich Temperatur und atmosphärischen Bedingungen inkorrekt sind.

Alle Wissenschaftler werden wohl nicht über die Punkte 1 und 2 hinausgehen, doch wo stehen Sie hier persönlich? Um dieses Kapitel abzuschließen, lassen Sie uns in Erinnerung rufen dass die Strategie der NASA hinsichtlich der Suche nach Leben zusammengefasst wird unter dem Motto 'Folge dem Wasser'.

Hier ist eine Zusammenfassung von NASA's "Überblick des Mars-Forschungsprogramms": [37]

> Unter den Entdeckungen hinsichtlich des Mars steht eine von ihnen über allen anderen: Die mögliche Existenz von flüssigem Wasser auf dem Mars, entweder in seiner Vorzeit oder unter der heutigen Oberfläche. **Wasser ist ausschlaggebend, denn wo auch immer wir auf der Erde Wasser finden wird auch Leben gefunden.** Wenn der Mars einmal flüssiges Wasser hatte, oder immer noch hat, dann ist es zwingend zu fragen ob mikroskopisches Leben sich unter der Oberfläche hätte entwickelten können. Gibt es Beweise für die Existenz von Leben in der Vorzeit des Planeten? Falls es so ist, könnte irgendeines dieser Lebewesen heute noch existieren? Stellen Sie sich vor wie aufregend es wäre hier 'Ja!!' sagen zu können.
>
> 'Folge dem Wasser' beginnt mit dem Verständnis der heutigen Umwelt des Mars. Wir wollen beobachtete Merkmale wie trockene Flussbetten, Eis an den Polkappen und Gesteinstypen, die nur entstehen wenn Wasser präsent ist, erforschen. **Wir wollen nach heißen Quellen, hydrothermalen Spalten oder unterirdischen Wasserreservoirs suchen.** Wir wollen verstehen ob der vorzeitliche Mars einst einen riesigen Ozean in der Nordhemisphäre hatte, wie einige Wissenschaftler glauben, und wie der Mars von einem einst wasserreichen Milieu zum heutigen trockenen und staubigen Klima überging ... **Um diese Ziele zu**

verfolgen werden alle unsere zukünftigen Missionen von rigorosen wissenschaftlichen Fragen angetrieben werden, welche kontinuierlich erweitert werden, alldieweil wir neue Entdeckungen machen. (vom Autor hervorgehoben)

"Überall wo wir Wasser finden wird Leben gefunden"?

"Rigorose wissenschaftliche Fragen"?

Ich würde sagen sie folgen nicht so ganz dem eigenen Marketing. Meine Frage für die NASA und das gesamte Mars-Entdeckungsprogramm ist folgende:

"Liebe NASA:

Statt öffentliche Zeit und Geld mit umfangreichen Missionen zu vergeuden um nach vergangenen feuchten Bedingungen zu suchen, wo das Leben auf dem Mars überlebt haben könnte, warum verfolgt ihr nicht diese 'rigorosen wissenschaftlichen Fragen' indem ihr Raumsonden dort landet wo ihr wisst dass Wasser existiert? Taucht eure Instrumente in einen der dunklen Flecken und schaut ob irgendwelche Mikroben drin sind."

"Oder, wenn ihr euch besonders mutig fühlen solltet, warum nicht neben einer dieser faszinierenden See-ähnlichen Dinger landen? Einige davon bestehen höchstwahrscheinlich aus Wasser-Eis und könnten sogar organisches Material enthalten."

Der kuriose Fall des Planetaren Schutzprotokolls

Nun, ob man es glaubt oder nicht, sie sagen, sie können dies nicht.

Sie dürfen es nicht. Die NASA darf sich nicht irgendeiner Region nähern wo eine Chance besteht, dass Leben oder flüssiges Wasser gefunden werden kann!

Und hier ist der Grund dafür . . .

Am 28. September 2015 entschied sich die NASA schließlich dazu der Welt zu verkünden, dass flüssiges Wasser auf dem Mars existiert, und dass damit die Möglichkeit für heutiges Leben auf dem Roten Planeten dramatisch zugenommen hatte.

Journalisten und die Öffentlichkeit beeilten sich Fragen zu stellen:

"Wow, flüssiges Wasser auf dem Mars! Könnte es denn welches im Gale Krater geben, wo sich der Curiosity-Rover befindet? Und sollte die NASA welches finden, kann der Rover über das Wasser fahren und herausfinden ob sich irgendwelches Leben im Wasser befindet?"

Wie sich herausstellte gibt es einige dunkle Schlieren (RSL = Recurring Slope Lineae) die der Rover besuchen könnte, doch darf sich Curiosity nicht dem Wasser nähern, wie Jim Green, Direktor der NASA für planetarische Wissenschaft, erklärt: [38]

> Es ist nicht damit getan, einen Rover zu einem potentiellem Ort zu dirigieren und ein wenig Bodenreich aufzusammeln", sagte er. "Nicht nur befinden sich diese auf steilen Abhängen, wir müssen sicherstellen, dass die Richtlinien für das Planetarische Schutzprotokoll eingehalten werden. Anders ausgedrückt, wie können wir nach Beweisen für Leben suchen ohne diese Orte mit Wanzen (bugs) der Erde zu kontaminieren?

Jetzt wissen sie also, dort wo flüssiges Wasser, welches sie analysieren könnten, gefunden werden kann, und die NASA versucht mit einer Ausflucht daherzukommen um nicht nach Spuren von Leben zu suchen? Sie sagt, es bestünde ein Risiko dass roboterartiges Gerät das Wasser des Mars mit Mikroben der Erde kontaminieren könnte, und sollte dies geschehen, dann wären sich die Wissenschaftler nie sicher ob sie tatsächlich Leben auf dem Mars gefunden haben, denn es hätte von unserem Planeten stammen können. Dies ist an und für sich eine rationale und angebrachte Vorsichtsmaßnahme, und sie steht hier nicht zur Debatte. Was sehr wohl zur Debatte steht ist, warum kam dieses Thema der "Kontamination" erst kürzlich zur Sprache, zumindest was das Bewusstsein der Öffentlichkeit angeht?

Rufen wir uns erneut in Erinnerung dass das Mantra der NASA, welches als Fanfare für die Erforschung des Mars während des letzten Jahrzehnts oder so herumposaunt wurde, folgendes ist:

Kapitel 2: Wasser auf dem Mars

"Folge dem Wasser! Wasser ist der Schlüssel! Überall dort, wo wir auf der Erde Wasser finden, finden wir Leben!"

Ja, unglaublich, nicht wahr? Trotz der Behauptung seitens der NASA dass sie besonders nach "heißen Quellen, hydrothermalen Schloten oder unterirdischen Wasserreserven" suchen wollen erklärt sie nun dass, sollte sie tatsächlich Wasser finden, dann ist ihr nicht erlaubt es auch nur anzufassen. Wie um Himmelswillen soll das wohl funktionieren! Dies legt nahe, zumindest meiner Ansicht nach, dass nicht viel darüber nachgedacht oder dahingehend geplant wurde was die NASA tatsächlich tun würde wenn sie einmal tatsächlich Wasser gefunden hätte, wonach sie gesucht hatte ... (sollte sie tatsächlich, wirklich danach gesucht haben).

Bisher haben wir in diesem Buch argumentiert dass, trotz der Landung von drei Rovern auf dem Mars, mit der andauernden Aufgabe der Suche nach Wasser als Vorbedingung für die Entdeckung von Leben, die NASA es irgendwie geschafft hat, alle bekannten Orte mit Wasser zu vermeiden. Obwohl der Schutz des Mars als eine einmalige wissenschaftliche Gelegenheit bei der Suche nach Leben auf einem anderen Planeten ein naheliegender Grund für große Vorsicht ist, und rationale Vorsichtsmaßnahmen bezüglich einer Kontamination getroffen werden sollten, was hier keinen Sinn macht ist dass die NASA gegenüber der Welt behauptet, dass sie nach Leben suche, wenn sie dies tatsächlich ganz entschieden NICHT tut.

Wie Lee Billings, ein Redakteur des Scientific American, prägnant erklärt: [39]

"Bei der Suche nach bestehendem Leben auf dem Mars hat die NASA jene Orte, wo es wahrscheinlich gefunden werden könnte, sorgfältigst vermieden."

Die NASA weiß seit über vierzig Jahren ganz genau, was sie tun muss, wenn sie wirklich nach Leben auf einem anderen Planeten suchte, denn dies ist nicht ein neues Problem. Erinnern wir uns daran, dass sie 1976 die Viking-Sonde zum Mars schickte welche zuvor "im Ofen gebacken" wurde, bevor man ihn landen ließ.

Geheimer Mars

16. Ein Viking-Lander, 1976: kurz vor dem Backen bei Ofentemperatur damit er nach Leben auf dem Mars suchen kann. Seitdem wurde keine Raumsonde nach diesem Standard sterilisiert um Planeten zu schützen
Bildnachweis: NASA/JPL

Ebenso unterzeichneten die USA im Jahr 1967 den "Weltraumvertrag der Vereinten Nationen", welcher besagt wie Planeten während unserer Aktivitäten im Weltall geschützt werden sollten ... worin *ausdrücklich verboten* wird schädliche Kontamination anderer Monde und Planeten durch die Biologie der Erde auszulösen.

Da gibt es auch noch eine weitere Organisation, genannt COSPAR International Council for Science's Committee on Space Research welche die strikten Protokolle ausarbeitet die von Nationen die den Weltraum erforschen eingehalten werden müssen, einschließlich der Kategorien der Sterilisation für Raumfahrzeuge die befolgt werden müssen bevor diese auf irgendeiner Planetenoberfläche landen dürfen. Für den Mars und die Suche nach Leben muss COSPAR Kategorie IV befolgt werden, mit weiteren Unterkategorien, welche festlegen wieviel Sterilisation für die Sonde vorgeschrieben ist:

Kategorie IVa - Lander welche nicht direkt nach Leben auf dem Mars suchen (Opportunity und Spirit wurden als solche klassifiziert).

Kapitel 2: Wasser auf dem Mars

Kategorie IVb - Lander welche nach Leben auf dem Mars suchen, die jedoch nicht mit irgendwelchem flüssigen Wasser in Kontakt kommen (Curiosity). Diese Raumsonden müssen auf 300 Bazillus-Sporen pro Quadratmeter sterilisiert werden, und 300.000 für die gesamte Sonde, so wie für Kategorie IVa.

Kategorie IVc - Lander welche nach Leben in einer "besonderen Region" suchen. Auf dem Mars sind dies Regionen wo nachweislich flüssiges Wasser vorhanden ist, und wo die Temperatur ausreichend hoch ist sodass Wissenschaftler davon ausgehen, dass Leben existieren könnte und wo sich Organismen der Erde ausbreiten könnten. Lediglich die Viking-Lander wurden gemäß des Standards von Kategorie IVc sterilisiert, was durch die trockene Erhitzung auf 125° Celsius (257 Grad Fahrenheit) erreicht wurde um die Mikroben auf 30 Sporen für das gesamte Raumfahrzeug zu beschränken.

Selbstverständlich weiß die NASA alles hinsichtlich dieser Beschränkungen, denn sie muss die Anforderungen für die Sterilisation für jede Mission mit den Vertretern für den Planetarischen Schutz der COSPAR besprechen. Dies findet sogar vor dem Entwurf der Sonde statt, denn die Teile und Materialien müssen so gewählt werden dass sie den geforderten Sterilisationsprozeduren standhalten können.

Nun wissen wir warum Spirit, Opportunity und Curiosity absichtlich Gegenden vermeiden mussten wo Leben existieren könnte. Sie waren nicht ausreichend sterilisiert um auch nur in deren Nähe zu kommen.

Doch der wirkliche Kern der Sache liegt in diesen "besonderen Regionen" auf dem Mars, den Zonen von denen man ausgeht dass Mars-Leben theoretisch existieren könnte, bedingt durch das wahrscheinliche Vorhandensein von flüssigem Wasser und wärmeren Bedingungen. Und, sehr ausschlaggebend, wo Wissenschaftler glauben dass Mikroben der Erde ebenfalls Fuß fassen und gedeihen könnten, wenn sie erfolgreich vom Lander abspringen würden, auf "feuchten Marsboden".

Wie nun entscheiden sie genau welche Gegenden denn auf dem Mars als "besondere Regionen" angesehen werden sollen, jene die nicht mit Organismen der Erde kontaminiert werden dürfen?

Nun, während der Mars jedes Jahr näher untersucht wird und neue Studien und wissenschaftliche Beurteilungen hinsichtlich des Potentials des Planeten für das Vorhandensein von Leben gemacht werden wird COSPAR gemäß dieser sich entwickelnden Resultate aktualisiert, mittels des aktuellsten wissenschaftlichen Stands ... geliefert von der NASA ... welche dann dienstbeflissen neue Regionen des Planeten vorschlägt die als besondere Regionen bezeichnet werden sollten.

Die NASA sagt COSPAR in welche Zonen auf dem Mars sie nicht gehen sollte, denn dort könnte Leben sein.

Nun, dies kann als etwas verdächtig und sogar kontraproduktiv gesehen werden, besonders wenn man versucht, der Welt zu sagen dass man nach Leben sucht ... und aber absichtlich so vorgeht damit dies vermieden wird!

Jedoch macht dies insofern Sinn als dass die NASA-Wissenschaftler jene sind, die dazulernen, ihre Beobachtungen machen, um ihr Wissen über den Mars zu teilen. Wer ist also sonst noch da um COSPAR hinsichtlich besonderer Regionen auf den Stand der Dinge zu bringen? Doch könnten wir uns auch fragen was für ein vorteilhaftes Arrangement dies wäre, wenn man es vermeiden will, Leben zu finden.

Was stimmt also nicht mit diesem Bild? Nun, ich glaube dies erklärt sich aus der Abfolge der Missionen zum Mars. Mir scheint es dass, wenn sie wahrhaftig nach Leben suchen sollten, dann folgen die Missionen welche sie entsenden und die beschränkten wissenschaftlichen Ziele dieser Missionen einfach keiner logischen Richtung.

Sollte ich also nicht etwas ganz offensichtliches übersehen haben, dann sollte die Abfolge der Mission zur Entdeckung von Leben auf dem Mars ein einfacher zweistufiger Prozess sein, einer der in etwa wie folgt abläuft:

Schritt 1: Die NASA kartografiert "besonderer Regionen" auf dem Mars. Dies sind Gegenden wo potentiell Mars-Leben entdeckt werden kann (bereits ausgeführt)

Schritt 2: Die NASA entsendet eine astrobiologische Mission zu einer der besonderen Regionen um nach diesem Leben zu

Kapitel 2: Wasser auf dem Mars

suchen. Der Rover wird gemäß IVc-Standard sterilisiert um das Risiko der Verseuchung durch Erden-Organismen zu reduzieren (noch auszuführen)

So einfach ist das! Doch was wir stattdessen bekommen ist dies:

Schritt 1: Die NASA *vermeidet* die besonderen Regionen auf dem Mars. Dies sind Gegenden wo potentiell Leben entdeckt werden kann.

Schritt 2: Stattdessen schickt die NASA die Curiosity Mission (Curiosity Rover) in eine *"nicht-besondere Region"* um nach lebensförderlichen Bedingungen für *vorzeitliches* Leben zu suchen. Der Lander wird gemäß IVb-Standard sterilisiert und darf daher nicht in Regionen wo heutiges Leben gefunden werden könnte.

Wie wir sehen tut sie nicht das, was sie logischerweise tun sollte. Sie weiss wo flüssiges Wasser zu finden ist. Sie kennt die besten Zonen, dort wo nach gegenwärtigem Leben gesucht werden sollte. Doch sendet sie NICHT eine Mission zum Mars um dieses Leben zu finden.

Und sollten wir nach wie vor davon überzeugt werden müssen dass dies tatsächlich ist, das was hier vonstatten geht, dann müssen wir nur die Tatsache berücksichtigen dass die NASA immer noch nicht aktuelle Pläne hat um zu einer definitiven astrobiologischen Suche nach gegenwärtigem Leben überzugehen, denn ihre nächste milliardenschwere Rover-Mission ist Mars 2020, welche folgendes tun wird *(große Überraschung ...)*:

- Suche nach Zeichen für **vorzeitliches mikrobisches Leben** auf dem Mars
- In einer **"nicht-besonderen"** Region
- Sie wird gemäß **IVb-Standard** sterilisiert werden

Das Gleiche gilt für die Rover-Mission der Europäischen Raumfahrtagentur ESA, ExoMars 2020, welche ebenfalls gemäß dieses Standards sterilisiert werden wird und welche ebenfalls nicht in einer "besonderen Region" landen wird. Und dies trotz der Behauptung, dass eines der wissenschaftlichen Ziele für diese "Suche nach Leben" der Mission wie folgt ist:

"Das Erreichen einer Region mit großem exobiologischem Interesse für Anzeichen von vorzeitlichem oder gegenwärtigem Leben." [40]

Nun, wir wissen alle wohin sie ihre Rover schicken muss, falls sie ernsthaft an der Entdeckung von Leben auf dem Mars interessiert sein sollte, aber dorthin werden sie nicht gehen. Dies bedeutet dass wir folgendes daraus ableiten können:

- Sie werden ihre Raumsonde nicht in dem Maße sterilisieren um "besondere Regionen" betreten zu können und so nach gegenwärtigem Leben suchen zu können.

- Stattdessen zieht sie es vor mit der Suche nach vorzeitlichen Zeichen für mikrobisches Leben fortzufahren, eines welches vor Millionen von Jahren in nicht-besonderen Regionen lebte.

- Dass "besondere Regionen", wo Leben am wahrscheinlichsten gefunden werden kann, ganz eindeutig tabu sind.

Kurz gesagt: **Die NASA sucht <u>nicht</u> nach gegenwärtigem Leben auf dem Mars**.

Planetenforscher sind perplex und frustriert über diese Vermeidung des nächsten und sehr naheliegenden Schrittes der gemacht werden muss: [41]

Chris McKay: *"Es erscheint sinnlos dass Missionen zur Suche nach Leben in nicht-besondere Regionen geschickt werden, wenn doch die besonderen Regionen jene sind welche für mögliches Leben interessant sind."*

Nilton Renno: *"Wenn wir nach Leben suchen, dann sollten wir dorthin gehen wo Leben am wahrscheinlichsten ist."*

Und die Situation ist noch absurder geworden nachdem jetzt Wasser im Gale-Krater gefunden wurde, worin der Curiosity-Rover umherwandert.

Kapitel 2: Wasser auf dem Mars

Der Gale Krater wurde scheinbar als Landeplatz gewählt weil man nicht erwartete dort flüssiges Wasser in irgendwelchen signifikanten Mengen zu finden, oder Bedingungen wo gegenwärtiges Leben auf dem Mars zu finden wäre, oder wo ein neues Zuhause für Mikroben der Erde gegeben wäre welche auf der Curiosity mitgefahren sein könnten.

Tatsächlich half die Planetenschutzbeauftragte der NASA Catherine Conley sogar bei der Wahl der Landestelle selbst. Als jedoch einer ihrer Kollegen ihr ein Bild mit womöglich Wasser von Sol 707 (SM11) zeigte wurde sie davon beunruhigt und wies das Curiosity-Team an nach weiteren Anzeichen Ausschau zu halten um eine mögliche Kontamination zu vermeiden.[42]

Da die NASA nun keine andere Wahl hatte als nach spezifischen Anzeichen für Wasser zu suchen kam sie unvermeidlicherweise über etwas was wie eine kleine gefrorene Masse unterhalb einer Felsvorsprungs aussah, und sie entschied sich dazu es mit einem Laser an Bord zu untersuchen um Information über dessen chemische Zusammensetzung zu bekommen (SM19). Unglücklicherweise haben wir noch nicht die Ergebnisse, denn die Daten wurden für sechs Monate sequestriert (!), doch wenigstens veranlasste diese Entwicklung der Dinge die NASA dazu, sich widerwillig auf gegenwärtig vorhandenes Wasser zu konzentrieren.

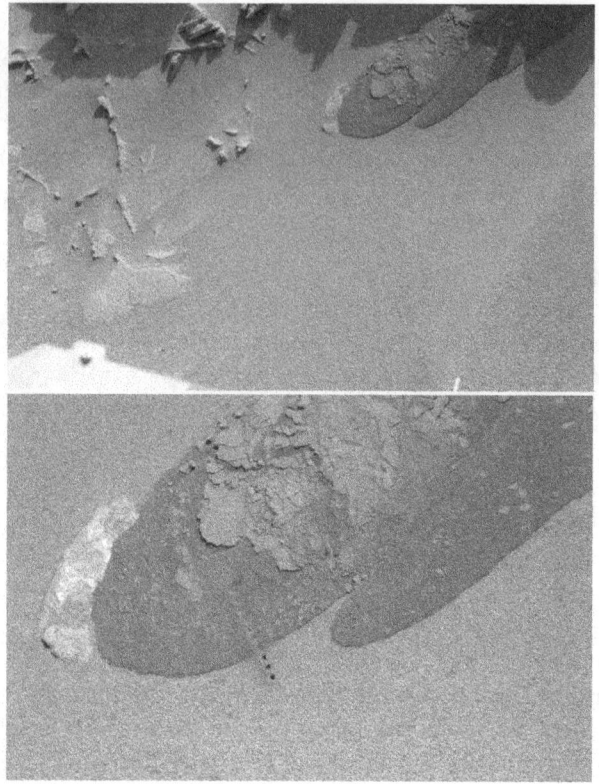

SM19. Mögliches gefrorenes Wasser wird mit dem Laser des Curiosity-Rovers untersucht (10cm)
Ort: Gale Krater, Sol 1349, Mai 2016
Bildnachweis: NASA/JPL-Caltech/MSSS

Während der Rover den Mount Sharp erklimmt kommt er einigen dunklen Schlieren (RSL) näher welche auf einigen Abhängen durch die HiRISE-Kamera an Bord des Mars Reconnaissance Orbiter entdeckt wurde. Zwei dieser RSL sind nahe genug sodass Curiosity sie erreichen kann, abhängig von einer Verlängerung der Mission. Das erklärte Ziel der Wissenschaft wäre es, Bilder dieser potentiellen Stellen mit Wasser aus einer Entfernung von mehreren Kilometern zu bekommen und zu sehen ob es irgendwelche saisonalen Veränderungen gibt, und um zu bestätigen ob diese tatsächlich salzige Ströme und nicht trockene Erdrutsche sind. Natürlich ist das, was Leute wirklich wissen wollen die Tatsache ob es irgendwelches Leben im Wasser gibt, doch wiederholte Conley ihr Problem der Einhaltung der Planetarischen Schutzprotokolle: [43]

> Kilometer entfernt – es ist unwahrscheinlich dass dies ein Thema wäre. Was die Annäherung betrifft, wir müssen vorher verstehen dass es ein Potential dafür gibt dass sich Erd-Organismen vom Rover ablösen, und dies wird uns sagen wie weit entfernt der Rover bleiben sollte.

Was also werden sie tun? Scheinbar findet eine hitzige Debatte darüber statt was die Planetarischen Schutzprotokolle betrifft, und die offensichtliche wissenschaftliche Notwendigkeit der Untersuchung dieses Wassers. Hoffen wir dass die Wissenschaftler welche tatsächlich nach Leben auf dem Mars suchen wollen diese Debatte gewinnen.

Nochmals, ich glaube dass wir es hier mit Verschleierung und Ausflüchten zu tun haben was dieses Thema betrifft, eines welches ein weltveränderndes Wissen und Entdeckungen offenlegen wird. Über die nächsten Monate hinweg werden wir sehen, wie sich dies weiter entwickelt. Meine Erwartungen jedoch gehen in die Richtung dass sie wahrscheinlich die Wissenschaft so unterbinden werden dass lediglich die "unglaubliche Entdeckung von flüssigem Wasser" auf dem Mars analysiert werden wird, und dass bestätigt und nochmals bestätigt werden wird dass es tatsächlich Wasser ist, und dass dies so lange wie möglich hinausgezögert werden wird..

Übrigens hätte der Bohrer der ChemCam an Bord von Curiosity potentiell den wasserdurchtränkten Marsboden nach Zeichen von Leben untersuchen können, doch bevor Curiosity gestartet wurde fällte man absichtlich die Entscheidung dass die Bohrer nicht gemäß eines höheren Standards der Sterilisation sterilisiert wurden.[44] Als die Planetenschutzbeauftragte davon erfuhr musste sie die Mission neu kategorisieren um Curiosity daran zu hindern jegliches Eis oder Wasser zu berühren. Die NASA hätte eine historische Entdeckung machen können, jedoch stellte jemand sicher dass dies nicht geschehen würde.

Dies ist eine verpasste Gelegenheit höchsten Grades. Den ganzen langen Weg zum Mars zurückzulegen, mit Kosten von

2.5 Milliarden Dollar, und dann nicht in der Lage sein, Wasser welches dort gefunden wird untersuchen zu können. Ich frage mich, wer diese Entscheidung traf.

Fassen wir zusammen. Wir werden mindestens zwei weitere zukünftige Lander auf dem Mars haben welche nicht in der Lage sein werden festzustellen ob es Leben auf dem roten Planeten gibt. Möglicherweise werden sie Zeichen für Leben im Marsboden finden, doch weil die wissenschaftlichen Instrumente nicht gemäß dem IVc-Standard sterilisiert worden sind wird man immer den Aufschrei hören *"Wir sind uns nicht sicher ... da ist die Möglichkeit der Kontamination durch Organismen der Erde ..."*

Es ist ziemlich unglaublich und tatsächlich recht aberwitzig, wenn ich dies anmerken darf, dass die Öffentlichkeit seit Jahren irregeführt wird zu glauben, die NASA suche nach Leben auf dem Mars, während sie die ganze Zeit absichtlich jene Gegenden vermeidet wo Leben gefunden werden könnte. Doch so stehen die Dinge. Wir werden auf unseren unbegrenzten Vorrat an Geduld zurückgreifen müssen. Währenddessen können wir jedoch weiterhin herausfinden, was sie tatsächlich vorhat.

Will die NASA Astronauten zum Mars bringen bevor sie Leben findet?

Also, über die nächsten fünf Jahre mindestens wird die NASA keine astrobiologische Mission auf dem Mars haben, eine die tatsächlich nach Leben suchen und es entdecken könnte ... und die Jahre vergehen weiterhin.

Jedoch plant sie gegen Mitte 2030 Astronauten zum Mars zu bringen, eine Aussicht welche sie scheinbar sehr viel mehr interessiert als Leben zu finden. Könnte es sein dass die NASA einfach nur zum Mars gelangen und ihn kolonisieren will bevor Leben entdeckt wird? Ist dies die wirkliche Priorität und der Plan?

Aber ich frage mich ob solch eine Vision sich verwirklichen soll, besonders durch die Tatsache dass private Firmen wie Elon Musk's SpaceX und Lockheed Martin (Rüstungsunternehmen) sich ebenfalls um eine Scheibe des Mars scharen. Die NASA

Kapitel 2: Wasser auf dem Mars

benutzt oft das Wort "Kooperation" wenn sie über den Privatsektor spricht, über dessen wachsende Rolle bei der Finanzierung des Raumfahrtprogramms. Wir sollten dies wohl am besten weiterhin im Auge behalten.

Im Jahre 2010 sagte Präsident Obama, er erwarte dass Astronauten in den Jahren um 2030 auf dem Mars landen werden, und der NASA-Verwalter Charles Bolden hat dieses Ziel ebenfalls bestätigt. In jüngerer Zeit sagte Ellen Stofan, Leiterin der Wissenschaftlichen Abteilung und Beraterin von Bolden, und machte dabei deutlich was sie über die Frage von Leben auf dem Mars denkt: [45]

"Ich glaube fest daran dass wir niemals die Frage ob es auf dem Mars Leben gibt oder nicht lösen werden, es sei denn wir bringen Wissenschaftler auf die Oberfläche des roten Planeten."

Der frühere Astronaut und Mitarbeiter für die wissenschaftliche Verwaltung der NASA, John Grunsfeld, betonte ebenfalls wie wichtig es sei dass wir . . . [46]

". . . astrobiologische und planetarische Wissenschaftler zum Mars schicken, um die Frage zu beantworten ob es gegenwärtig Leben auf dem Mars gibt."

Es scheint so als würde die NASA ihr schleppendes wissenschaftliches Programm der Suche nach Leben auf dem Mars von ihren Plänen der Erforschung für die Kolonisation des Planeten abhängig machen. Diese Richtlinie wurde offen dargelegt als wir den Film von Ridley Scott "Der Marsianer" sahen, der unverhohlen von der Raumfahrtbehörde promoviert wurde.

Ich meine, können wir ernsthaft glauben es wäre kein Zufall dass die Premiere von "Der Marsianer" nur vier Tage vor der Bekanntmachung, es gäbe flüssiges Wasser auf dem Mars, stattfand? Und sodann, zwei Wochen später, kam der Film in die Kinos der USA?

Ein Film worin übrigens absolut niemals die Frage auftaucht ob es auf dem roten Planeten Leben gibt. Der Fokus der Story ist einfach nur die Wissenschaft die damit zu tun hat wie auf dem

Mars eine Basis etabliert werden kann, und wie man überlebt. Ich bin mir sicher dies ist kein Zufall.

Hat die NASA eine zwingende Notwendigkeit zum Mars zu gelangen bevor Leben entdeckt wird? Ist es dies was hinter all den geologischen, nicht-astrobiologischen Missionen steckt, welche absichtlich nicht in der Lage sind, Leben zu entdecken? Dass sie alles tut um sicherzustellen dass keine der Missionen zu 100% in der Lage ist zu verkünden, auf dem Mars existiere Leben, nicht bis Astronauten dorthin gelangen?

Wie wir gesehen haben verzögert die Raumfahrtagentur weiterhin und absichtlich und verhindert die Möglichkeit der Entdeckung von gegenwärtigem Leben auf dem Mars, und scheinbar ist sie darauf aus die Entdeckung noch weiter in die Zukunft zu schieben, in die Jahre um 2030, wo sie hofft, Astronauten dort zu landen. Daher würde ich hier nicht die Luft anhalten was eine Bekanntmachung vor diesem Datum angeht. Wenn die NASA nicht wirklich auf dem Mars nach Leben sucht, lasst uns mit unserer eigenen Untersuchung fortfahren um zu sehen, was wir finden.

Ich glaube, wir haben genügend visuelle Beweise um ein paar Fragen hinsichtlich der Existenz von flüssigem Wasser auf dem Mars aufzuwerfen. Aber nun werden wir der Sache ein wenig mehr einheizen und fragen ob es Anzeichen gibt für etwas was wir auf der Erde normalerweise dort finden wo Wasser vorhanden ist – Vegetation.

Kapitel 2: Wasser auf dem Mars

[23] **NASA Counts Down the Hours to its Latest Mission: is there Life on Mars?** *(Artikel)*
https://www.theguardian.com/science/2012/jul/14/nasa-mission-to-mars
[24] **Mars Science Laboratory Launch** *(Medien-Kit)*
http://www.jpl.nasa.gov/news/press_kits/MSLLanding.pdf
[25] **A Passion for Mars** *(book),* Andrew Chaikin, s.208
[26] **NASA's Next Mars Rover to Land at Gale Crater** *(Artikel)*

Kapitel 2: Wasser auf dem Mars

http://www.nasa.gov/mission_pages/msl/news/msl20110722.html
[27] **Water on Mars Confirmed by Hoagland** *(Artikel)*
http://www.enterprisemission.com/kelp.htm
[28] **Evidence for Recent Groundwater Seepage and Surface Runoff on Mars** *(Schriftstück)*, M. Malin/K. Edgett
http://www.sciencemag.org/site/feature/data/hottopics/se260002330p.pdf
[29] **Mars Map Projection Plotting Approximate Locations of MOC Stain Images** *(Website)*, E. Palermo
http://palermoproject.com/Mars_Anomalies/MarsStainMap.html
[30] **Martian Water Stains or Dust Slides?** *(Schriftstück)*
E. Palermo/J. England/H. Moore
http://palermoproject.com/SeepsPaper.pdf
[31] **Flowing Water May Exist on Mars** *(Artikel)*
http://physicsworld.com/cws/article/news/2011/aug/04/flowing-water-may-exist-on-mars
[32] **The Hidden Truth: Water & Life on Mars** *(Buch)*, J. P. Skipper, Planetary Publishing (2010), s.155
[33] **NASA Spacecraft Data Suggest Water Flowing On Mars** *(Artikel)*
http://mars.jpl.nasa.gov/mro/news/whatsnew/index.cfm?FuseAction=ShowNews&NewsID=1144
[34] **Physical and Thermodynamical Evidence for Liquid Water on Mars** *(Schriftstück)*, Nilton O. Renno/ Brent J. Bos/et al.
http://www.lpi.usra.edu/meetings/lpsc2009/pdf/1440.pdf
[35] **University Researchers Discovers Liquid Saltwater on Mars** *(Artikel)*
http://www.michigandaily.com/content/2009-04-02/u-professor-discovers-liquid-salt-water-mars
[36] **Don Juan Pond, Antarctica: Near-surface CaCl2-brine Feeding Earth's Most Saline Lake and Implications for Mars** *(Artikel)*, http://www.nature.com/articles/srep01166
[37] **NASA Mission Overview** *(Website)*
http://mars.jpl.nasa.gov/programmissions/overview
[38] **NASA Weighs Use of Rover to Image Potential Mars Water Sites** *(Artikel)*

https://www.nasa.gov/feature/nasa-weighs-use-of-rover-to-image-potential-mars-water-sites

[39] **Searching for Life in Martian Water Will Be Very, Very Tricky** (Artikel)
http://www.scientificamerican.com/article/searching-for-life-in-martian-water-will-be-very-very-tricky/

[40] **Scientific Objectives of the ExoMars Rover** (Website)
http://exploration.esa.int/mars/45082-rover-scientific-objectives/

[41] **Should We Search For Life On Mars Before Sending Astronauts?: Unfortunately, NASA Doesn't Have a Good Game Plan** (Artikel)
http://www.popsci.com/we-should-probably-check-for-life-on-mars-before-we-send-astronauts-there

[42] **Martians Might Be Real. That Makes Mars Exploration Way More Complicated** (Artikel)
http://www.wired.com/2016/08/shouldnt-go-mars-might-decimate-martians/#slide-1

[43] Siehe Anmerkung 38

[44] **Drill Bits on Rover Could Contaminate Mars** (Artikel)
http://www.post-gazette.com/science/2012/09/16/Drill-bits-on-rover-could-contaminate-Mars/stories/201209160221

[45] **Send Astronauts to Mars to Find Evidence of Life, NASA's Top Scientist Says** (Artikel)
http://www.space.com/32909-mars-life-search-nasa-astronauts.html

[46] **NASA's Humans-to-Mars Plans Win Publicity But Lack Details** (Artikel)
http://spacenews.com/nasas-humans-to-mars-plans-win-publicity-but-lack-details/

Kapitel 3: Zeichen von Leben auf dem Mars

Existieren Mars-Bäume?

In diesem Kapitel werden wir nicht die Suche nach Mikroben und mikroskopischen Lebensformen auf dem Mars diskutieren, es gibt anderweitig umfangreiche Information über dieses Thema. Der Zweck dieses Buches ist es sich darauf zu konzentrieren wonach die NASA nicht sucht, und dazu werfen wir einen Blick auf ein paar Hinweise für pflanzliches Leben.

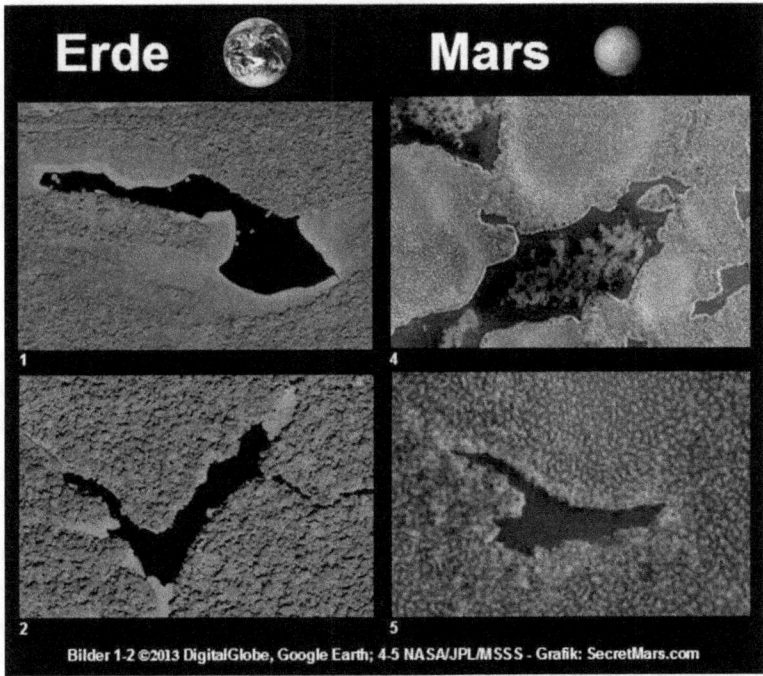

SM18. Vergleich Erde/Mars: Seen

Wenn wir nochmals auf die Vergleichsbilder unserer kleinen Tabelle schauen (SM18), dann werden Sie sehen dass zwei der Seen auf der Erde eindeutig Waldbewuchs an den Ufern zeigen. Doch was ist um die Mars-Seen herum, an den Ufern? Natürlich würden wir annehmen dass es sich um etwas geologisches handelt; lediglich Felslandschaft, Merkmale und Spuren von Schmelzwasser etc., doch ist es tatsächlich so?

Falls diese Seen Wasser enthalten – und wir müssen hier die vorsichtige Position einnehmen, 'falls' – wäre es sicherlich eine Möglichkeit dass sie *Mars-Vegetation* an ihren Ufern nähren.

Dies ist, was auf der Erde um Wasser herum passiert, und daher könnte es logischerweise ebenso auf dem Mars so sein. Wenn man die extreme Hypothese akzeptiert dass einige dieser 'Seen' tatsächlich aus flüssigem Wasser bestehen, dann müssten diese Seen von einer Quelle gespeist werden, denn auf dem Mars gibt es absolut keinen Niederschlag (obwohl es dort schneit!), daher müssten die Seen von Grundwasser oder Schmelzwasser gespeist werden, oder es sind wassergesättigte Salze.

Mit großen Mengen an Wasser, welches praktisch über den gesamten Mars hinweg im Boden enthalten ist, und mit genug Salz um seinen Gefrierpunkt niedrig zu halten, könnte man annehmen dass, sollte es einer Pflanze gelingen, Wurzeln zu fassen und sich von unterirdischem Wasser zu ernähren, dann könnten Vegetation und Organismen dort überleben und vielleicht an solchen Stellen gedeihen.

Ungeachtet der harschen Ultraviolettstrahlung, den überwiegend niedrigen Temperaturen, der extrem trockenen und hauptsächlich aus Kohlendioxid bestehenden Atmosphäre, hätte der Mars eine Vegetation entwickeln können welche sich anpassen konnte?

Wie ein Planetenwissenschaftler mir erklärte: "Wenn Leben erst einmal begonnen hat ist es sehr schwer es komplett zu vernichten."

Wäre es daher möglich dass zu einer Zeit, als die Seen und Flüsse des Mars nicht gefroren waren, sondern über Jahrmillionen hinweg existierten und flossen, dass solche Vegetation die entlang dieser Gewässer wuchs und sich von diesen Wassern nährte auf irgendeine Art und Weise überlebte indem sie sich an die heutigen harschen Bedingungen anpasste?

- Könnten zähe und widerstandsfähige Pflanzen heute auf der Marsoberfläche gedeihen?
- Könnte die knorrige Gegend um die sicherlich gefrorenen Seen herum möglicherweise eine Spezies von Gestrüpp oder Gebüsch sein?

Kapitel 3: Zeichen von Leben auf dem Mars

Wie zuvor bereits mit der Frage nach Wasser auf dem Mars, alles was wir haben um möglicherweise Beweise finden zu können sind die Bilder der NASA von der Marsoberfläche. Schauen wir nun welche Hinweise für die Existenz von Vegetation und Bäumen auf dem Mars möglicherweise vorhanden sind.

**SM20. Bäume auf dem Mars? NASA Beschreibung:
"Auftauendes Terrain, Südpolare Region" (6km)
– MOC/MGS**
Ort: Südpolare, Oktober 1999
Bildnachweis: NASA/JPL/MSSS

Dies ist ein Teil eines sehr viel längeren Filmstreifens welcher vom Mars Global Surveyor Orbiter (MGS) gemacht und der Welt im Jahre 2000 präsentiert wurde. Falls Sie dieses Bild noch nicht gesehen haben sollten – und dies trifft sicherlich für viele zu – dann entgeht Ihnen womöglich ein Ausruf des Erstaunens, denn dies sieht wirklich unglaublich aus.

Dieses Bild ist seitdem populär geworden als Beweis dafür dass Bäume und Wälder auf dem Mars existieren, und es ist verständlich, warum. Ich selbst war erstaunt und aufgeregt, als ich dieses Foto vor ein paar Jahren zum ersten Mal sah.

Sehen wir uns diese unglaublichen Formationen etwas genauer an (SM20.1):

SM20.1 Bäume auf dem Mars? (1.63km)

Die Auflösung dieses Bildes erlaubt unglücklicherweise nicht die Möglichkeit, nähere Details zu erhalten, doch eine genaue Untersuchung wird zeigen was augenscheinlich wie baumähnliche Äste aussieht, welche von einem Zentrum nach außen streben, ein sehr bekanntes Muster auf der Erde.

Ich glaube, dass die Ähnlichkeit mit lebenden, wachsenden Bäumen überwältigend ist. Und hier ist etwas Faszinierendes: das Ausmaß dieser Dinger ... die größte Formation dieses Bildes ist fast einen Kilometer breit!

Wenn dies lebende Pflanzen sind, dann müssen sie einen großen Vorrat an Grundwasser und Nährstoffen haben um so groß werden zu können, denn wir sehen in dieser Gegend keine Hinweise auf Wasser. Und hier handelt es sich um einen ganzen Wald dieser Dinger.

Als sich der verstorbene Science Fiction Autor Arthur C. Clarke diese Bilder ansah wurde er dazu veranlasst einen Kommentar abzugeben. In einem Radiointerview in Jahr 2001 sagte er: [47]

Kapitel 3: Zeichen von Leben auf dem Mars

"Ich meine es recht ernst wenn ich sage Sie sollten sich diese neuen Mars Bilder wirklich sehr gut ansehen. Etwas dort bewegt sich sogar und verändert sich im Verlauf der Jahreszeiten, was mindestens das Vorhandensein von Vegetation nahelegt."

Er sagte, diese Formationen im Besonderen sähen für ihn aus wie "Banyanbäume".

NASA-Wissenschaftler interpretieren sie als eine Art bizarrer Geologie; ein zyklisches Gefrieren und Auftauen als Erklärung für das Phänomen. Solch eine Erklärung reflektiert natürlich die vorherrschende wissenschaftliche Sicht hinsichtlich der Limitation des Mars als Habitat für Leben, und unter solch einer Beschränkung auf geologische Phänomene wird 'Leben' als Erklärung immer am Ende der Liste stehen.

Doch meine ich, dass sie in diesem Fall womöglich recht haben.

Wir haben auf dem Mars wirklich ein paar äußerst bizarre Formen gesehen die eine wissenschaftlich Erklärung fast unmöglich machen, denn viele der heutigen Bedingungen auf dem Mars sind fern von unserem Verständnis auf der Erde. Ebenso sind einige der Bilder, die von der Kamera des Mars Global Surveyor zurückgesandt wurden, nicht ganz das, was sie zu sein scheinen.

Abgesehen von optischen Dingen, wie auch Fragen der Interpretation, wie zum Beispiel der 'Inversion' – wobei ein Oberflächenmerkmal welches in Wirklichkeit in den Boden geschnitten ist visuell so erscheint als sei es über dem Boden erhoben – es gibt ein paar Fotos, die ich gesehen habe, die nicht so ganz richtig aussehen. Sie sind manipuliert worden, da ist etwas, was mich stutzen lässt über das, was ich zu sehen glaube.

Doch ist das Bild von möglichem Leben auf dem Mars so wichtig dass ich glaube, wir müssen etwas tiefer gehen. Da ist irgendetwas, was mich an diesem Bild von 'Mars-Bäumen' stört. Es scheint zu gut um wahr zu sein.

Und dies ist der Grund:

Geheimer Mars

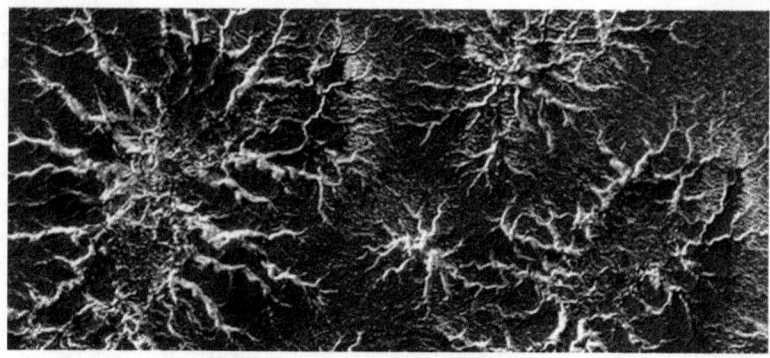

SM21. "Mars-Spinnen" – HiRISE/MRO
Ort: Südpolare, Januar 2011
Bildnachweis: NASA/JPL-Caltech/University of Arizona

Oben ist ein Bild von einem sogenannten 'arachnoiden' Terrain: spinnenförmige Formationen, ein häufiges Merkmal der Südpolaren Region während des Frühlings (SM21).

17. Der Frühling beginnt in der Südpolaren Region: Ströme aus Kohlendioxid vermischt mit Sand brechen aus dem Untergrund und schießen in den Himmel
Bildnachweis: Arizona State University/Ron Miller

Die gegenwärtige Erklärung für diese Erscheinungen beginnt mit der wärmenden Aktivität der Sonne welche die Oberfläche unter einer Schicht von Kohlendioxid-Eis erwärmt, eine die sich während des Winters bildete. Das Eis wird nun zu Gas, welches sich ausdehnt und jetzt unter Druck steht, das nach einem Schwachpunkt sucht durch den es entweichen kann, und welches dadurch als Geiser auf die Oberfläche sprudelt, Kanäle bildet und Staub aufwirbelt. Das Kohlendioxid-Eis gefriert dann und zieht sich in die Spalten zurück, und formt dabei diese bizarren Formen.

Kapitel 3: Zeichen von Leben auf dem Mars

Ich fand dieses Bild, das von der HiRise-Kamera an Bord der Mars Odyssey aufgenommen worden war (SM22):

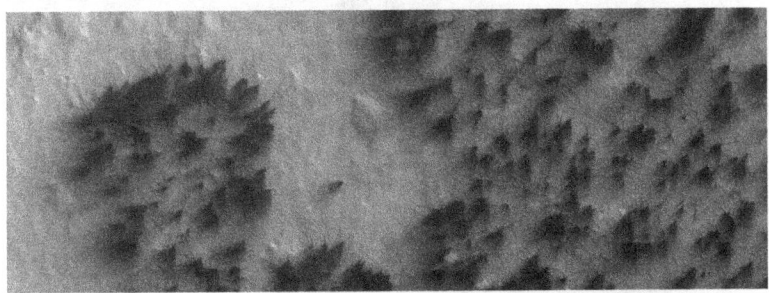

SM22. "Sternenausbruch-Spinnen" (2.8km) – HiRISE/MRO
Ort: Südpolare, Februar 2009
Bildnachweis: NASA/JPL-Caltech/University of Arizona

Es zeigt ein Terrain welches dem Bild unseres 'Waldes' erstaunlich ähnelt. Ich frage mich sogar ob diese Region im Besonderen ausgesucht wurde um dieses Thema zu begraben.

Die radialen, verästelten Formen zeigen sich hier deutlich, und wenn wir sie mit unserem 'Baum'-Bild erneut vergleichen, dann wird deutlich dass die 'dunklen Schatten' unter den 'Ästen' eine Illusion sind.

Das Bild des MGS, mit einer geringeren Auflösung, erzeugt den Anschein dass es sich um riesige Bäume und schattenwerfende Äste handelt, doch ein genauer Blick auf dieses Bild wird zeigen dass die dunklen Stellen nicht mit den Schattenformen, bedingt durch den Stand der Sonne, übereinstimmen, und stattdessen sehr viel eher mit den dunklen Stellen dieses HiRise-Bildes übereinstimmen, wo sie durch Staubfahnen, die vom Kohlendioxid welches aus Geisern kommt, hinterlassen werden.

Und hier ist eine Nahaufnahme davon (SM22.1):

Geheimer Mars

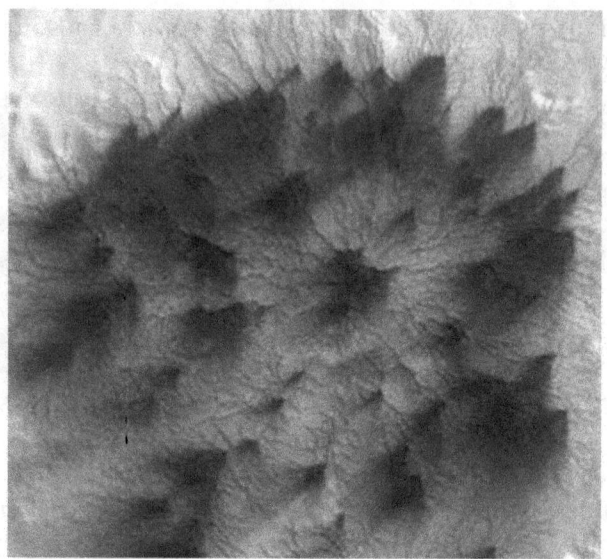

SM22.1 "Sternenausbruch-Spinnen" (750m)

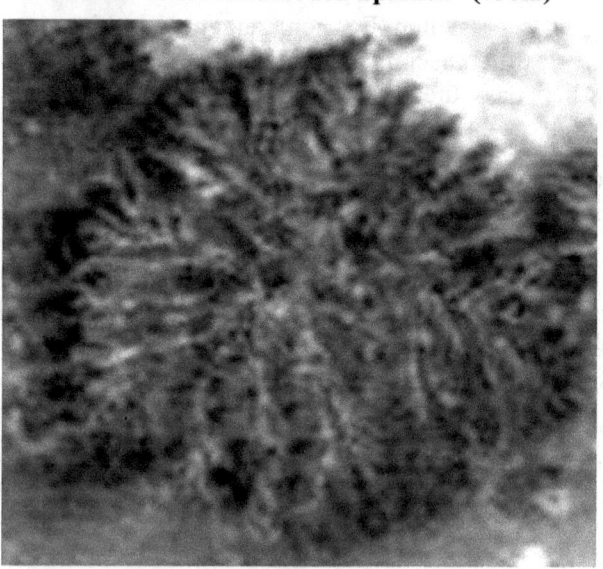

SM20.2 Bäume auf dem Mars? (750m)

Vielleicht hat es mit der Auflösung dieses Bildes des MGS zu tun, mit dem Licht und der allgemeinen Qualität dieses Fotos welches zu Konfusion und Fehlinterpretationen einlädt. Oder vielleicht wachsen die spinnenartigen Formationen, weiten sich aus und verändern sich so extrem dass sie ein wenig wie ein Baum aussehen können, so wie hier.

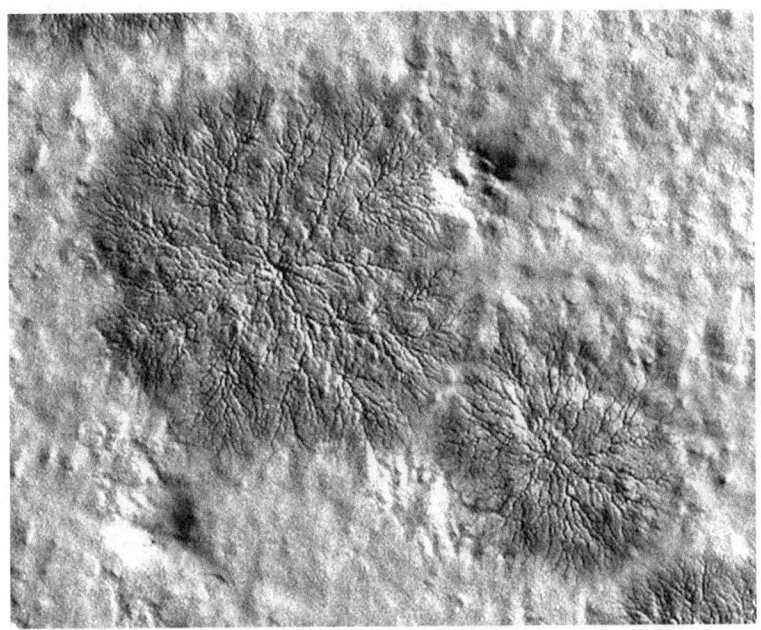

SM23. Sternenausbruch-Spinnen im Frühling: CO2-Eis verwandelte sich in Gas und hinterließ Risse auf der Oberfläche – HiRISE/MRO
Ort: Südpolare, Juli 2011; bildnachweis: NASA/JPL-Caltech/UA

Diese Bilder als Ganzes genommen könnten die einfachen zyklischen Veränderungen dieser Spinnen darstellen: Sie tauchen auf wenn das Kohlendioxid Gas unter dem Eis hervor strömt, Bodenmaterial aus dem Weg räumt und Ast-ähnliche Kanäle im Boden hinterlässt; das Gas gefriert und fällt zurück in die Spalten und hinterlässt hochreflektierende weiße Kanäle welche die Illusion von Graten erzeugen. Das Kohlendioxid-Eis verdunstet später und verschwindet, dabei hinterlässt es dunkle Kanäle im Boden, die wie eine Spinne aussehen (SM23).

Werden die NASA-Bilder zensiert?

Es gibt eine weitere Linie der Interpretation, die den Verdacht nahelegt dass die MGS-Bilder eindeutig gezahnt und nach oben gerichtet sind, wobei wiederum die neueren HiRise-Bilder Merkmale zeigen wo diese eher nahe am Boden sind, mit

'Kanälen', die tief in den Boden geschnitten sind, was möglicherweise auf einen absichtlichen Versuch der Inversion der Bilder hinweist, Bilder, auf denen sie nun nicht mehr wie Bäume aussehen.

Da dieses Buch nahelegt dass die Beweise für Leben auf dem Mars im schlimmsten Fall vertuscht und unterdrückt werden, und im besten Fall vermieden werden, wäre es für mich nicht verwunderlich anzunehmen dass möglicherweise eine Manipulation der Bilder vorgenommen wird, von jenen die diese Information nicht veröffentlichen wollen.

Werden die Bilder vom Mars digital manipuliert, bevor sie der wissenschaftlichen Gemeinschaft und der Öffentlichkeit zur Betrachtung weitergegeben werden? Wenn solch eine bedauerliche Situation wirklich existieren sollte, dann wären die Auswirkungen enorm und würden unsere heutige Welt der Wissenschaft in Aufruhr versetzen. Nun, beunruhigenderweise habe ich umfangreiche Beweise gesehen dass dies tatsächlich in der Vergangenheit der Fall war. In einem spezifischen Fall betraf dies Bilder vom Mond, wo anormale Objekte aus für die Öffentlichkeit bestimmten Bildern retuschiert worden waren (siehe Kapitel 5 "Die Außerirdische Verbindung"), also ist dies etwas, was wir nicht ganz ausschließen könne.

Im Besonderen basierten diese Beweise auf echten Fotografien, wohingegen alles, was wir heutzutage sehen in der überwiegenden Mehrheit der Fälle Bilder sind die alle von einer digitalen Quelle stammen. Wenn Bilder einmal in Datenflüsse und Zahlen verwandelt werden ist eine viel umfangreichere Manipulation möglich, sollten demnach verdächtige Agenturen daran interessiert sein, muss ich sagen dass dies sicherlich im Rahmen des Möglichen liegt, dass Daten, die vom Mars kommen durch einen 'Sanitär-Filter' passieren der danach suchen würde ob anormale Objekte zu sehen sind und die retuschiert werden bevor sie bei den Wissenschaftsteams für die Analyse ankommen.

Wenn man bedenkt was hier in diesem Buch nahegelegt wird – dass Entdeckungen von Zeichen außerirdischer Intelligenz absichtlich versteckt werden – dann wäre solch ein Programm eines Informations-Blackouts, der Unterdrückung und Manipulation von Daten, notwendigerweise in Operation. Aber bedeutet dies dass

Kapitel 3: Zeichen von Leben auf dem Mars

jedes Bild vom Mars vor unseren Augen möglicherweise suspekt ist? Nein, ganz und gar nicht, es gibt so viele tausend Fotos vom Mars dass kein einziger Mensch während seines Lebens sich jemals alle ansehen könnte. Dies bedeutet dass eine Manipulation aller Fotos nur durch ein Computerprogramm ausgeführt werden könnte, eines welches sie erkennen, isolieren und hoffentlich retuschieren würde, mit einer Art Anomalie-Erkennungs-Algorithmus. Dabei müsste man auch vorsichtig sein damit kein Verdacht geschöpft würde. Solch eine Kombination von fehlerhafter Technologie und einer furchtsamen Grundhaltung wird jedoch immer etwas übersehen.

Sind es nun Bäume auf dem Mars oder sind sie es nicht? Ich für meinen Teil stehe hier in diesem Fall auf der Seite der Planetarischen Geologen. So gerne ich auch Beweise für die Existenz von Bäumen auf dem Mars sehen würde, ich glaube nicht, dass dies Beweise sind. Die Tatsache dass diese häufig sichtbaren Mars-Spinnen exakt die gleichen radialen, verästelten Formen zeigen wie unsere Bäume, zusammen mit den allgemeinen Problemen der Bildauflösung, und solchen Themen welche ebenfalls in unserem Gebilde berücksichtigt werden müssen, bedeutet dass wir dieses Foto im Besonderen als Beweis für die Existenz von Leben auf dem Mars vermeiden sollten, und dass wir stattdessen wohl ein Merkmal sehen welches als 'arachnoides Terrain' bezeichnet wurde: spinnenartige Formationen, verursacht durch entweichendes Kohlendioxid-Gas unter den Eisplatten, während des Frühlings auf dem Mars.

Dies sind keine Bäume. Doch glaube ich in diesem Fall dass die NASA der Öffentlichkeit hätte entgegenkommen und diese Information etwas robuster präsentieren können. Sie hätte sicherlich wissen müssen dass dieses Bild von 'Mars-Bäumen' auf dem Internet umherging, doch soweit ich weiß wurde nichts unternommen um diese Angelegenheit zur Ruhe zu legen, und die Sache klar und eindeutig zu präsentieren, damit die Öffentlichkeit alle Fakten darüber erfahren könne.

Die Wahrheit ist schließlich das, was wir am meisten wollen. Die Wahrheit darüber, was auf dem Mars ist. Und obwohl es jene gibt die offizielle Bekanntmachungen ablehnen, nur weil sie 'öffentlich' sind, Tatsache ist dennoch dass hochspezialisierte und ausgebildete und erfahrene Wissenschaftler der NASA doch meist recht gut wissen worüber sie reden.

Wenn wir daher eine wahrhaftige Untersuchung über die Realität auf dem Mars wollen dann ist meine Ansicht dass wir dazu die etablierte Wissenschaft im Großen und Ganzen mit an Bord nehmen müssen, um dann zu schauen was sie vielleicht übersehen hat, oder genauer ausgedrückt, wo sie entschieden hat, nicht nachzusehen, aus welchen Gründen auch immer.

Mars-Vegetation und pflanzliches Leben

Nachdem wir nun das bekannteste mythische Foto mit Mars-Bäumen entlarvt haben, gibt es denn ernsthaftere Kandidaten für mögliches pflanzliches Leben auf dem roten Planeten?

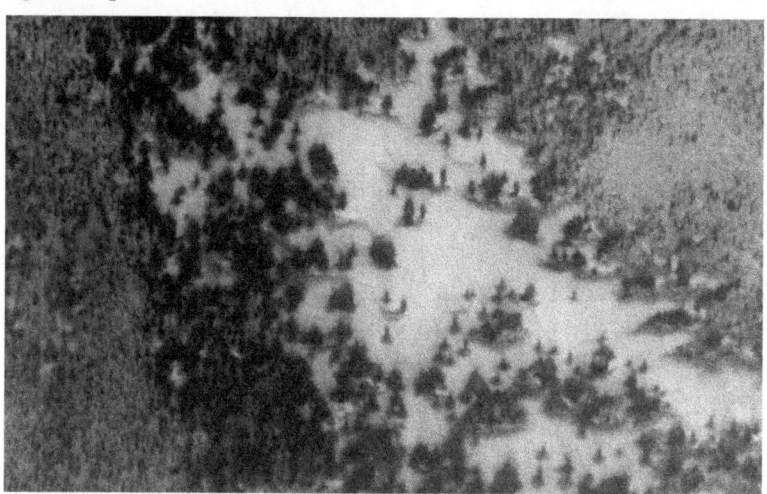

SM24. "Alpenlandschaft" (4km) – MOC/MGS
Ort: Südpolare, Aug 2001; entdeckt von J. P. Skipper; Bild: NASA/JPL/MSSS

Hier ist ein interessantes Beispiel (SM24). Es möge vergeben sein dass man beim Anblick dieses Fotos an eine malerische Alpenlandschaft mit Schnee und Kiefern auf der Erde erinnert wird. Jedoch zeigt eine genauere Untersuchung dieses Bildes weiter unten dass eine Reihe von großen und kleinen Objekten aus dem Boden treten und vertikal nach oben streben, so wie es Bäume tun würden, und daher rührt auch der Eindruck dass diese tiefliegenden Gegenden mit 'Gebüsch' bewachsen sind.

Kapitel 3: Zeichen von Leben auf dem Mars

SM24.1 "Alpenlandschaft" (detail)

Ebenso sehen wir Hinweise für wurzelähnliche Auswüchse welche entlang der Basis der Bäume kriechen – ein weiteres Zeichen dafür dass wir wahrscheinlich lediglich das übliche arachnoide Terrain sehen welches mit dieser südpolaren Region assoziiert ist. Es könnte jedoch klug sein, vorläufig noch nicht die Möglichkeit für solche wurzelähnliche Strukturen vollkommen auszuschließen.

Hier ist ein weiteres sehr interessantes Bild (SM25):

SM25. "Mars-Gebüsch" (4.5km) – MOC/MGS
Ort: Südpolare, Mai 2005; entdeckt von J. P. Skipper; Bild: NASA/JPL/MSSS

Die Art, wie die dunklen Bereiche sich ausweiten und zusammenklumpen ist ein bekanntes Merkmal das uns an die Büsche und die Vegetation der Erde erinnert. Es scheint weniger ein geologisches Merkmal zu sein als ein biologisches Phänomen.

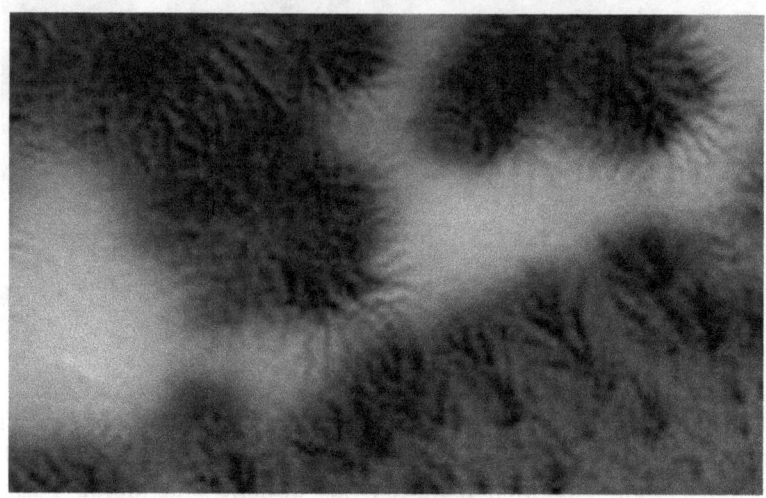

SM25.1 "Mars-Gebüsch" (1km)

Hier ist eine Nahaufnahme (SM25.1). Wiederum sehen wir hier verästelte Auswüchse, die aus den 'Büschen' kommen und sich über die hellere Oberfläche erstrecken, ähnlich einem wachsenden Lebewesen. Nachdem wir nun wissen dass diese Merkmale durch entweichendes Kohlendioxid-Gas – den 'Spinnen' – verursacht wird, müssen wir uns dessen gegenwärtig sein wenn wir potentielle Vegetation wie diese Erscheinungen beobachten, und sollten eine große Bandbreite an möglichen bizarren Formationen erlauben, die das Resultat des Auftauens der polaren Regionen des Mars im Frühling ist.

Arthur C. Clarke erwähnte die saisonalen Bewegungen, die auf dem Mars beobachtet wurden, die dunklen Flecken, die sich von der polaren Region aus während der warmen Monate ausbreiten und sich dann bei zunehmender Kälte zurückziehen, was viele Personen über lange Zeit hinweg dazu veranlasste anzunehmen, dies sei ein Zeichen für mögliche Vegetation die kommt und geht, während sie aus dem Eis geschmolzenes Grundwasser nutzt und so für das Leben vorteilhafte Bedingungen schafft. Durch das Auftauchen der Spinnen während dieser Jahreszeit, und den ausgelösten

Kapitel 3: Zeichen von Leben auf dem Mars

Kohlendioxid-Geisern, welche Staub ausstoßen und die 'sich bewegenden dunklen Stellen' verursachen, spricht man heutzutage wenig über Vegetation als Erklärung für diese Beobachtungen der Marsoberfläche, doch vielleicht ist man hier etwas zu weit gegangen.

Denn wenn die Sonne den Boden unterhalb der Kohlendioxid-Eisschicht erwärmt und es in Gas verwandelt, wie es bei der Entstehung der Spinne der Fall ist, könnte die Sonne dann dort auch Wasser-Eis schmelzen und dabei ein Habitat für potentielles Leben bilden, eines welches zyklisch erweckt wird? Könnte es sein dass beide Szenarios hier zutreffen und womöglich auch eine Art von resultierendem Leben in der näheren Umgebung ermöglichen? Es wäre hier sicherlich angebracht die Möglichkeit der Existenz von Vegetation in einer lebensförderlichen Nische, wo Wasser in flüssigem Zustand existiert und die Sonne all die nötige Wärme liefert, nicht ganz auszuschließen.

SM26. NASA: "Auftauender dunkler Fleck" (3km) – MOC/MGS
Ort: Südpolare, Okt 2010; entdeckt von J. P. Skipper; Bild: NASA/JPL/MSSS

Im nächsten Beispiel (SM26) haben wir Symptome von Schmelzungen in einem hexagonalen Muster, sichtbar in den hellen Bereichen unten im Bild, doch was ist dieses dunkle, grillartig geformte Material das sich bis dorthin erstreckt?

Eine Nahansicht zeigt eine sehr interessante Textur der parallelen, rohrförmigen Merkmale, die sehr organisch aussehen und eine große Ähnlichkeit mit Heckenreihen hier auf der Erde aufweisen (SM26.1). Die spitzen, verästelten Auswüchse können natürlich kristalliner Natur sein, oder Felsgestein, oder ein exotisches Phänomen welches sich über Jahrmillionen entwickelte, ohne Unterbrechungen, und mit der "Freiheit" sich in das zu entwickeln was die Natur des Mars zu bieten hat.

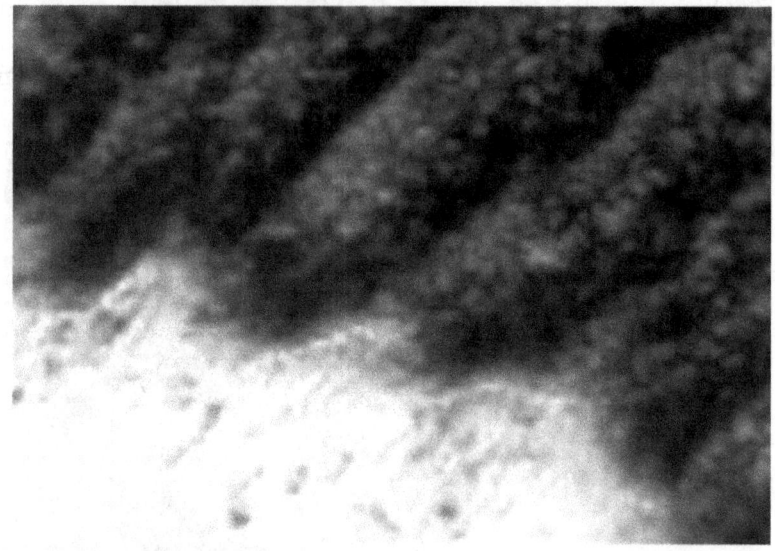

SM26.1. Detail von dunklen "Hecken" (1.4km)

Ob es nun Lebensformen oder Geologie ist, ich jedenfalls finde keinen Grund dafür warum es der NASA so leicht fällt diesen Ort zu vermeiden.

Abgesehen von der Schwierigkeit bei der Identifizierung potentieller Hinweise für Vegetation auf dem Mars durch Bilder, die nicht genug Detail zeigen, da ist ein weiterer Problembereich, einer den ich schon vorher erwähnte – die 'optischen Illusionen'. Das Studium von Bildern aus der Umlaufbahn kann schon Sachen mit den Augen machen!

Kapitel 3: Zeichen von Leben auf dem Mars

Wie wir schon mit den 'Bäumen' zeigten, etwas was aussieht als erhebe es sich über den Boden kann genauso gut eine Formation sein die in den Boden hinein geschnitten ist. Es ist eine Illusion des Auges, ausgelöst durch Inversion, wo man etwas im umgekehrten Relief sieht als es in Wirklichkeit ist.

Dieses Problem wird verschärft durch 'Umdrehen', wo die Orientierung des Bildes und seiner originalen orbitalen Ausrichtung verändert wird. Dies kann ein Wechsel von Nord-Süd, Süd-Nord, oder Ost-West, West-Ost sein, etwas, was die visuelle Information für den Betrachter durcheinander bringt. Man sollte annehmen dass die Bilder der öffentlichen NASA-Websites immer die korrekte Ausrichtung zeigen sollten, doch ist dies scheinbar nicht immer der Fall.

Zusammenfassend muss ich hier sagen dass die Bilder welche potentielle Beweise für Vegetation nahe am Boden zeigen die Möglichkeit für Fehlinterpretationen der Geologie beinhalten, ganz einfach durch die visuellen Schwierigkeiten, die auftauchen wenn man sie korrekt beurteilen will, und daher glaube ich dass sie vorerst nicht als eindeutige Beweise betrachtet werden sollten, nicht bis wir wesentlich bessere Bilder bekommen. Dies heißt jedoch nicht dass ich diese Bilder als Beweis für eventuell vorhandene Vegetation ausschließe, ich bin lediglich nicht davon überzeugt dass die Bilder es schon als solche sind, begründet durch das, was ich hier sehe.

Das nächste Bild fällt in die gleiche Kategorie (SM27). Es könnte ein aufregender Beweis für pflanzliches, biologisches Leben sein was über die Marsoberfläche kriecht, oder wiederum ein weiteres Beispiel für die exotische Geologie des Mars. Dieses Bild ist besonders interessant durch die verschlungenen Formen von Farnen, welche uns dazu einladen ein dickes verwobenes Geflecht von Vegetation zu sehen – die sich, nebenbei bemerkt, über viele Kilometer erstreckt. Jedoch wird bei näherer Untersuchung der umliegenden Zonen dieser Region mittels des originalen MSSS-Bildes deutlich dass die helle Farbe und die visuellen Bedingungen eher auf geologische Erscheinungen hinweisen.

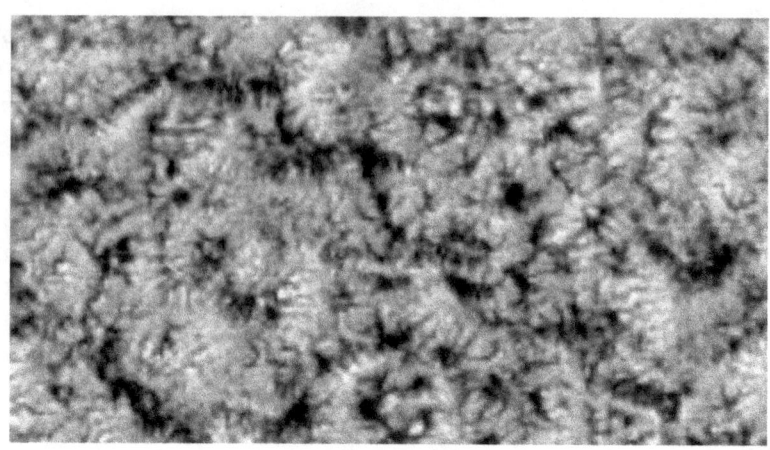

SM27. Mars-Vegetation oder Geologie? (700 m) – MOC/MGS
Ort: Südpolare, Juni 2005
Entdeckt von J. P. Skipper
Bild: NASA/JPL/MSSS

Hier ist ein seltsames Bild welches eine Art Wachstums-Schema zeigt, es erinnert an die bakteriellen Sporen die in einer Petrischale gedeihen (SM28):

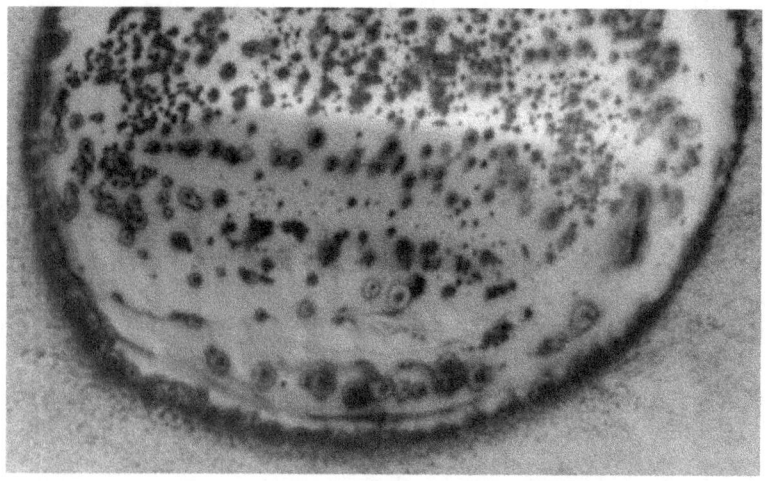

SM28. Mars-"Petrischale" (3.7km) – MOC/MGS
Ort: Südhöhe Breite, Oktober 1999
Entdeckt von J. P. Skipper
Bildnachweis: NASA/JPL/MSSS

Kapitel 3: Zeichen von Leben auf dem Mars

Die konventionelle Erklärung dafür ist die, dass wir auf eine Masse aus Kohlendioxid-Eis schauen welche auf einem Sockel Krater sitzt, und dass die dunklen Flecken lediglich der Boden ist der langsam erscheint, während das Eis verschwindet. Bis wir dort landen können um es uns näher anzusehen müssen wir generelle Erklärungen akzeptieren. Doch ich wundere mich schon. Es sind die runden Formen in diesem Bild, die mich neugierig machen.

Skipper hat eine radikale und interessante Idee um sie zu erklären.[48] Er legt nahe dass dies tatsächlich eine Masse aus Wasser-Eis ist, nicht Kohlendioxid-Eis, und dass dieser Krater von einem unterirdischen Reservoir aus flüssigem Wasser gespeist wird auf welchem diese Masse sitzt. Darüber hinaus, dass diese Situation ein Habitat worin Mikroorganismen auftauchen geschaffen hat, die in den vielen rundlichen, dunkel umrandeten Formen, die wir sehen können, leben, von denen er sagt es könnten flache Lachen aus Schmelzwasser sein.

Hier ist eine Nahaufnahme (SM28.1):

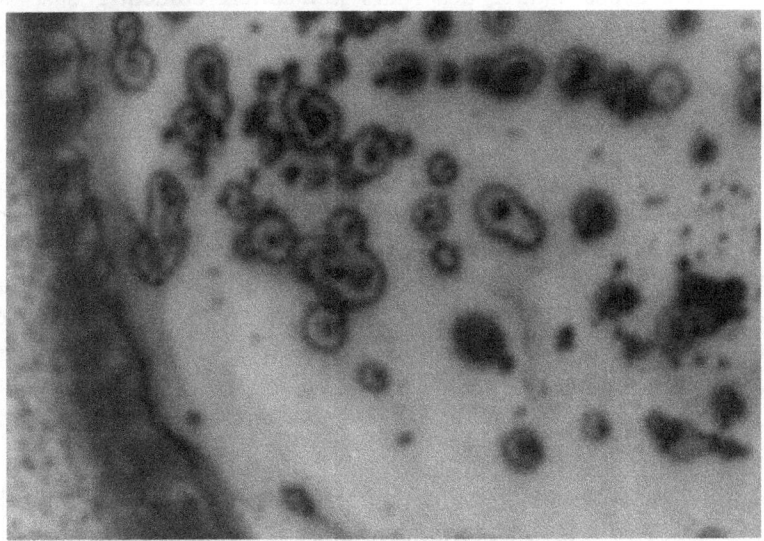

SM28.1 "Mars-Petrischale" (900m)

Durch den Wasserreichtum auf dem Mars muss zu einem Zeitpunkt mikrobisches Leben damit begonnen haben dieses Wasser zu nutzen und zu gedeihen, und früher oder später werden wir meiner Meinung nach Beweise dafür finden. Ob dieses Bild selbst solches

Leben enthüllt kann ich nicht sagen, doch glaube ich dass es lohnenswert ist unsere Erwartungen darüber, was wir möglicherweise entdecken werden zu erweitern, anstatt lediglich alle äußerst ungewöhnlichen Merkmale auf dem Mars als 'schmelzendes Kohlendioxid-Eis' zu katalogisieren.

Ich glaube, diese vorherrschende Einstellung wird sich ändern wenn erst einmal mikrobisches Leben auf dem Mars als Tatsache akzeptiert wird. Dann werden sich Wissenschaftler diese ungewöhnlichen Merkmale etwas genauer ansehen und aktiv nach weiteren Spuren von Leben suchen. Bis dieses neue Paradigma jedoch akzeptiert werden wird, dass der Mars erwiesenermaßen Leben enthält, werden Wissenschaftler wohl kaum über ihre Wohlfühlzone hinaus gehen. Doch, wiederum und nochmals, was für eine faszinierende Gegend ist dies, wo die NASA mit einer Raumsonde landen könnte um wer weiß was zu entdecken.

Beweise für Mars-Fossilien

Das Wissenschaftslabor des Mars konstatiert eindeutig dass wir keine Fossilien von Tieren auf dem Mars finden werden. Es ist überraschend dass sie sich da so sicher sein können, nachdem der Planet einst Ozeane, Seen und Flüsse hatte, und daher die Möglichkeit bestand dass sich Leben über Mikroben hinaus entwickeln konnte.

Es gab genügend Wasser, also waren die Bedingungen zur Erhaltung von Lebewesen durch Schlamm, Sedimente etc. damals jenen auf der Erde sehr ähnlich. Daher meine ich dass es irrational ist wenn Wissenschaftler davon ausgehen dass keine Möglichkeit besteht irgendwelche Reste von jenem Leben auf ihren Erkundungen mit den Raumsonden Spirit, Opportunity und jetzt Curiosity, welche über die Marslandschaft dahinschlendert, zu finden.

Die Unterscheidung eines Fossils von einem Stein ist selbst auf der Erde ein schwieriges Unterfangen, aber ein trainiertes Auge weiß, wonach es schauen muss. Ich frage mich, ob irgendwelche Paläontologen die Bilder des Mars nach Zeichen von Fossilien untersuchen. Nachdem die NASA nicht glaubt, dort irgendwelche Fossilien zu finden, nehme ich an dass niemand damit beauftragt wurde um nach ihnen zu suchen. Genau so wie auch, zumindest öffentlich, keine Archäologen angeheuert werden um die Bilder

Kapitel 3: Zeichen von Leben auf dem Mars

nach Zeichen von begrabenen Zivilisationen zu studieren. Sie haben hinsichtlich dieser Themen einen verschlossenen Geist, und zwar über Dinge von denen ich glaube sie sollten seriöses wissenschaftliches Interesse erwecken. Es liegt an ihnen darauf eine Antwort zu finden.

SM29. Mars-Schädel? (12cm) – Spirit Rover
Ort: Gusev-Krater, Sol 513, Juni 2005
Entdeckt von J. P. Skipper u. E. Lucena
Bildnachweis: NASA/JPL/Cornell

Dieses menschenähnliche Schädel-Objekt ist wahrscheinlich nur ein seltsam geformter Stein (SM29), aber ist die Überzeugung der NASA, dass kein Zeichen von Tieren oder intelligentem Leben auf dem Mars gefunden werden wird, aufgrund einer offenen, wissenschaftlichen Einstellung oder aufgrund kurzsichtiger Vorurteile?

Sind Sie auf eine Überraschung vorbereitet?

Hier ist ein Bild welches als möglicher Beweis für Skelettreste eines kleinen rattenähnlichen Tieres gesehen wird (SM30):

SM30. Skelett eines kleinen tieres? (9cm) – Spirit Rover
Ort: Gusev-Krater, Sol 823, April 2006
Bildnachweis: NASA/JPL/Cornell

Die Form und Krümmung dieses Objekts ist in der Tat höchst suggestiv hinsichtlich der Wirbelsäule eines Tieres, doch sollten wir auch das Aussehen der Steine in dieser Gegend berücksichtigen.

Kapitel 3: Zeichen von Leben auf dem Mars

Eine Prüfung des originalen Rover-Fotos und der geologischen Natur der Landschaft offenbart viel poröses vulkanisches Gestein in der näheren Umgebung, einige sind halb im Sand vergraben, wie zum Beispiel diese hier (18):

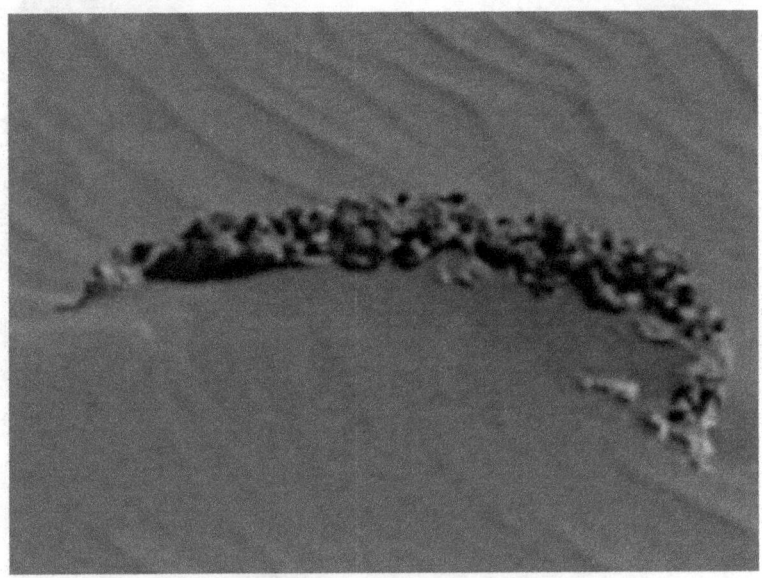

18. Poröses vulkanisches Gestein – Spirit Rover
Ort: Gusev-Krater, Sol 853
Bildnachweis: NASA/JPL/Cornell

Die zufällige Gegebenheit dass solch ein Stein wie 'Skelettüberreste' aussehen kann ist daher recht wahrscheinlich, und dieser Beweis sollte auch dementsprechend eingestuft werden. Doch es ist ein interessantes Objekt über welches man vielleicht eine offene Meinung beibehalten sollte.

Schauen wir uns nun ein Beispiel der Marsoberfläche mit einem Sortiment an kleinen Steinen und umherliegenden Fragmenten an (SM31).

Es sieht aus wie zehntausende andere Bilder vom Mars die eine Unzahl an Steinen zeigen, mit einer endlosen Varietät an Formen, halbvergraben im Sand oder frei herumliegend.

Ist da irgendetwas ungewöhnliches an dieser so gewöhnlich aussehenden Szene? Etwas, was aussieht als wäre es fehl am Platz?

SM31. Ein Feld mit Fossilien? (0.5m) – Spirit Rover
Ort: Gusev-Krater, Sol 016, Januar 2004
Entdeckt von J. P. Skipper
Bildnachweis: NASA/JPL/Cornell; Grafik: M. J. Craig

Sieht zunächst nicht allzu interessant aus, das heißt, bis wir einen besseren Blick bekommen und hineinzoomen. Mehrere interessant aussehende Dinge kommen da zutage ...

Kapitel 3: Zeichen von Leben auf dem Mars

SM31.1 Feld mit Fossilien? Objekte 1 (1cm) & 2 (2.5cm)

Die obigen Beispiele wurden von einigen Forschern als Beweis für fossile Schädel kleinerer Lebewesen präsentiert (SM31.1).

Hier ein paar Nahaufnahmen (SM31.2):

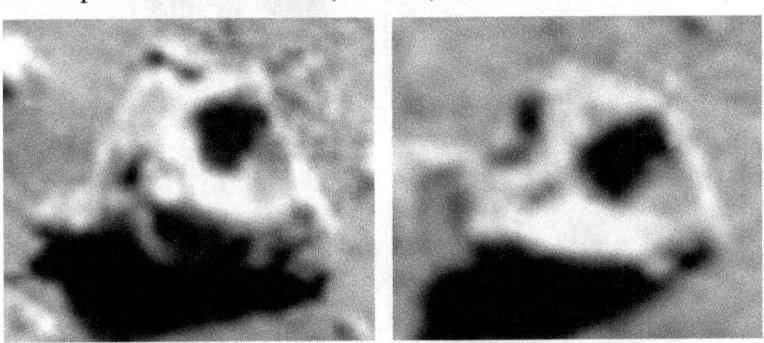

SM31.2 Feld mit Fossilien? Objekte 1 & 2 (detail)

Ich zeigte diese Bilder einem Paläontologen, der mir sagte, sie sähen für ihn nicht nach Schädeln aus, und der sie abtat. Da er ein Profi ist, der solche Dinge identifizieren kann, muss ich seine erlauchte Meinung respektieren. Interessanterweise wollte er nicht namentlich mit meinem Buchprojekt assoziiert werden, nachdem er darüber erfuhr, daher habe ich ihn hier nicht namentlich erwähnt.

Die meisten Wissenschaftler, die ich um ihre Meinung über eine Reihe von Themen dieses Buches aufsuchte waren freundlich und hilfsbereit, und ich erkenne dies hoch an, denn ihr beruflicher Status und ihr Ruf unter Kollegen ist hier auf dem Spiel. Es könnte für sie eine gewaltige Blamage werden, wenn herauskäme dass ein Wissenschaftler mit einem dubiosen, nicht-akademischen Buch über den Mars in Zusammenhang gebracht werden sollte, und vielleicht besonders wenn dieser Wissenschaftler einer Universität angehören sollte welche von der NASA finanzielle Mittel für die Forschung erhält. Wer würde denn schon bei klarem Verstand seinen Zahlmeister vor den Kopf stoßen? Wie auch immer – zurück zu diesem Bild.

Hier sind die Beispiele die ich vom Ausgangsbild hervorgehoben habe, und es gibt sicherlich viel mehr als nur diese (SM31.3):

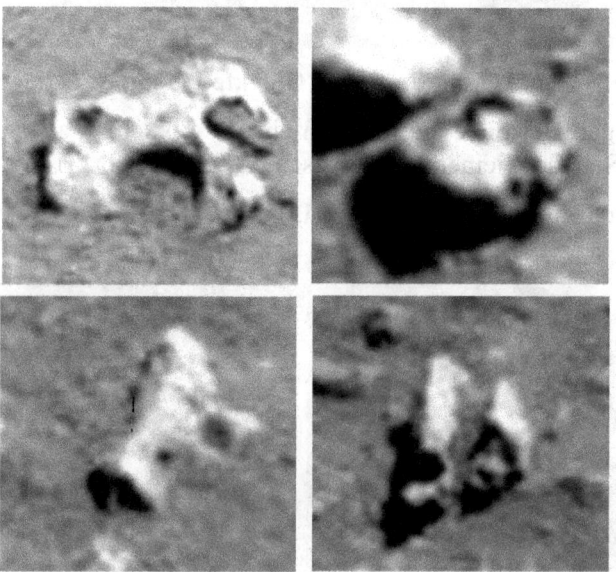

SM31.3 Feld mit Fossilien? Objekte 3-6 (1- 4 cm)

Ich bin nicht dazu qualifiziert um festzustellen ob diese Objekte Fragmente von Fossilien sind oder nicht, denn die Identifizierung und Unterscheidung zwischen Fossilien und Steinen ist ein höchst spezialisiertes Feld welches höchstwahrscheinlich eine Inspektion vor Ort benötigt, und eine viel genauere Untersuchung als es diese Bilder ermöglichen können. Jedoch können wir als Amateure

Kapitel 3: Zeichen von Leben auf dem Mars

sicherlich ungewöhnliche Formen isolieren und erkennen, und daher können wir etwas entdecken was womöglich nicht in das Feld der Geologie gehört.

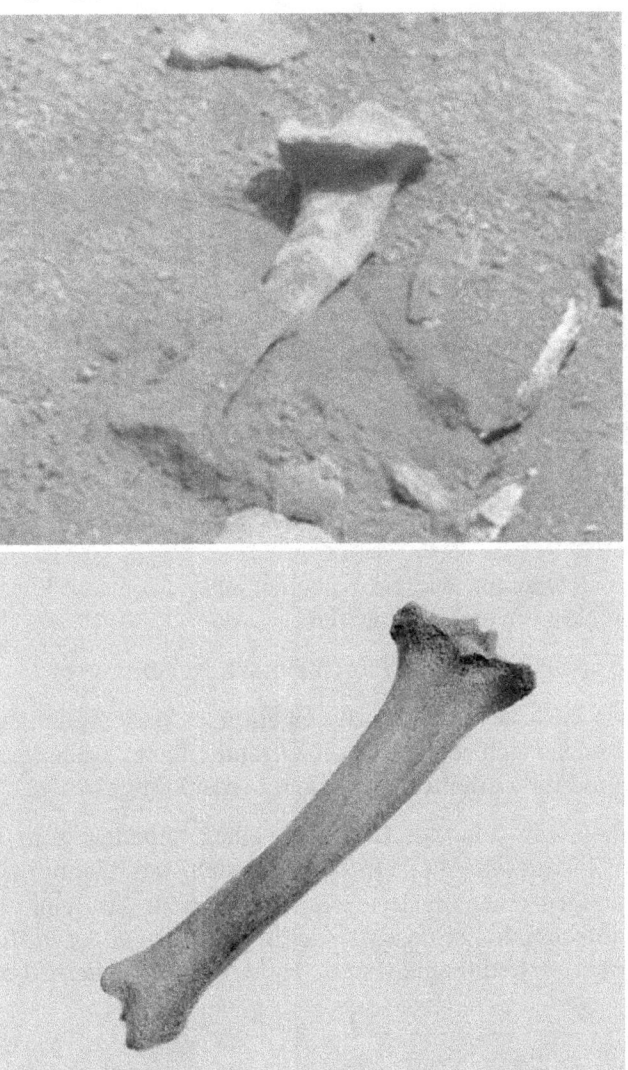

SM32. Versteinerter Oberschenkelknochen? (10cm) – Curiosity
Ort: Gale Krater, Sol 719, August 2014;
Entdeckt von Jason Hunter
Bildnachweis: NASA/JPL-Caltech/MSSS
19. Versteinerter Oberschenkelknochen eines Bisons (30cm) – Erde

Potentielle Fossilien wurden ebenfalls auf NASA-Bildern des Curiosity-Rovers entdeckt, welcher im Jahr 2012 auf dem Mars landete. Hier ist ein sehr interessantes Beispiel (SM32). Es sieht sehr nach einem Hüftknochen eines Tieres aus, sowohl dem Charakter als auch der Form nach.

Im Jahr 2014 erhielt dieses Bild etwas Aufmerksamkeit seitens der Medien, doch wurde es vom NASA-Team abgetan als ein durch Wasser und Erosion geformter Stein. Ihrer Meinung nach könnten niemals große Fossilien auf dem Mars gefunden werden, denn der Mars habe nicht genug Sauerstoff dafür.[49]

Jedoch, zu ihren großen Überraschung, wurden zwei Jahre später im Gale Krater Manganoxid-Mineralien entdeckt, was nahelegte dass der Mars einstmals jede Menge Sauerstoff hatte um große Fauna zu erhalten.[50]

Also könnten Dinausurierknochen-Sammler dennoch etwas zu tun bekommen auf dem Mars. Und womöglich sollten die Wissenschafter ihren Augen etwas mehr trauen, denn sie hätten sagen können:

"Nun, es sieht schon wie ein Knochen aus ... schauen wir uns dies näher an, bloß um sicher zu gehen".

Doch sie taten es nicht, sie fuhren einfach weiter.

Hätten sie ihn analysiert um zu beweisen, es ist lediglich ein Stein, dann hätten sie sich selbst und die Öffentlichkeit darüber erleuchten können, und ihr Verhalten wäre nicht verdächtig gewesen.

Hier haben wir was die Überreste eines Schädels sein könnten (SM33). In diesem Fall könnte es sich um Zähne aus dem Kieferknochen einer mysteriösen Mars-Kreatur handeln. Natürlich ist es wahrscheinlicher dass dies lediglich miteinander verflochtene Schichten von Sedimenten sind. Halten wir trotzdem die Augen offen.

Kapitel 3: Zeichen von Leben auf dem Mars

SM33. Schädel und Zähne? (15cm) – Curiosity Rover
Ort: Gale Krater, Sol 107, November 2012
Entdeckt von Thomas M. S. Jensen
Bildnachweis: NASA/JPL-Caltech/MSSS

Hier ist ein weiteres potentielles Fossil eines Tieres, diesmal sehen wir was ein vielsagendes Anzeichen für Wirbel sein könnte, denn was wie Knochen aussieht ist parallel ausgerichtet (SM34). Ich schätze, dieses Objekt ist lediglich um die 15 cm lang, das heisst es würde sich um ein kleines Tier handeln, von der Größe einer Ratte etwa.

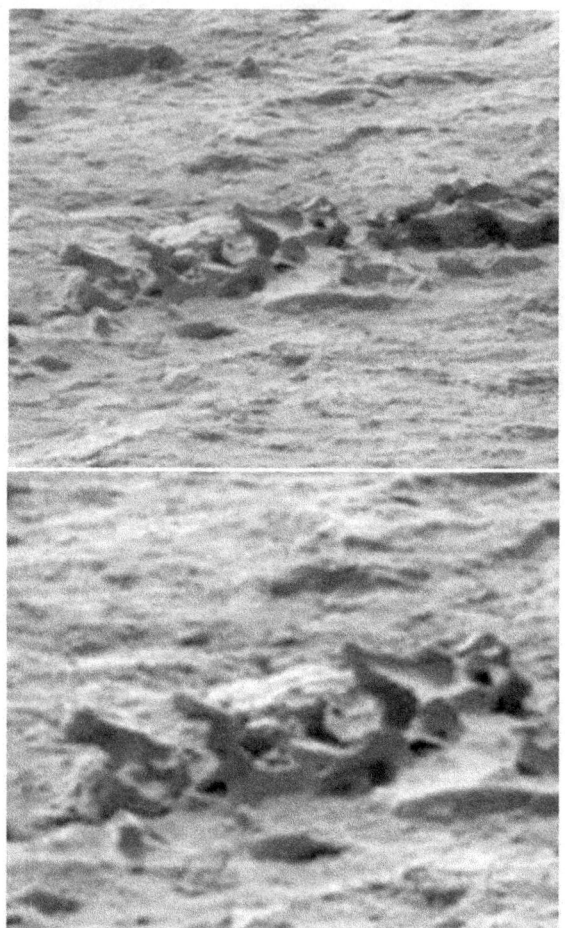

SM34. Skelett eines Tieres? (15cm) – Curiosity Rover
Ort: Gale Krater, Sol 109, 2012; Bildnachweis: NASA/JPL-Caltech/MSSS

Ich glaube, dass das nächste Bild, entdeckt von Michael Ivey, ein sehr guter Kandidat für ein Mars-Fossil ist (SM35). Wie Sie im Bild sehen können überrollte das Rad des Curiosity-Rovers beinahe dieses sehr kleine und möglicherweise sehr wertvolle Objekt! In der Tat, wenn wir uns das Detail der Vergrößerung ansehen, dann sollten wir uns wirklich darüber wundern dass die Curiosity-Wissenschaftler keinen Versuch unternommen haben es zu untersuchen.

Kapitel 3: Zeichen von Leben auf dem Mars

SM35. Ammonitenfossil? (5-6cm) – Curiosity Rover
Ort: Gale Krater, Sol 518, Januar 2014; entdeckt von Michael Ivey
Bildnachweis: (oben und links unten) NASA/JPL-Caltech/MSSS
(unten rechts) © 2016 Sedgwick Museum of Earth Sciences, U. of Cambridge,
reproduziert mit Erlaubnis; Grafik: M. J. Craig

Ausgelöst durch seine klare und bezeichnende Form machte ich eine Online-Suche nach Fossilien der Erde, welche jener Erscheinung auf dem Mars ähneln könnten, und ich war sehr erstaunt als dann ein Bild eines 'entkräuselten Ammoniten' vor meinen zugegebenermaßen untrainierten Augen erschien. Doch meine ich Sie werden mir zustimmen dass die Ähnlichkeit in Form und Erscheinung einfach verblüffend ist.

Ammoniten waren marine Weichtiere welche zuerst vor etwa 240 Millionen Jahren auf der Erde auftauchten, bis sie zur Zeit der Dinosaurier ausstarben. Durch ihre charakteristischen gerippten, spiralförmigen Schalen sind sie die bekanntesten und am weitesten verbreiteten Fossilien unseres Planeten. Da die Habitate dieser Kreaturen in den vorzeitlichen Ozeanen der Erde lagen, und da der Gale Krater ganz sicherlich einmal eine mit Wasser gefülltes Biotop war – möglicherweise ein riesiger See – sollten wir, so meine ich, damit beginnen, die Möglichkeit anzuerkennen dass dort fossile Reste gefunden werden.

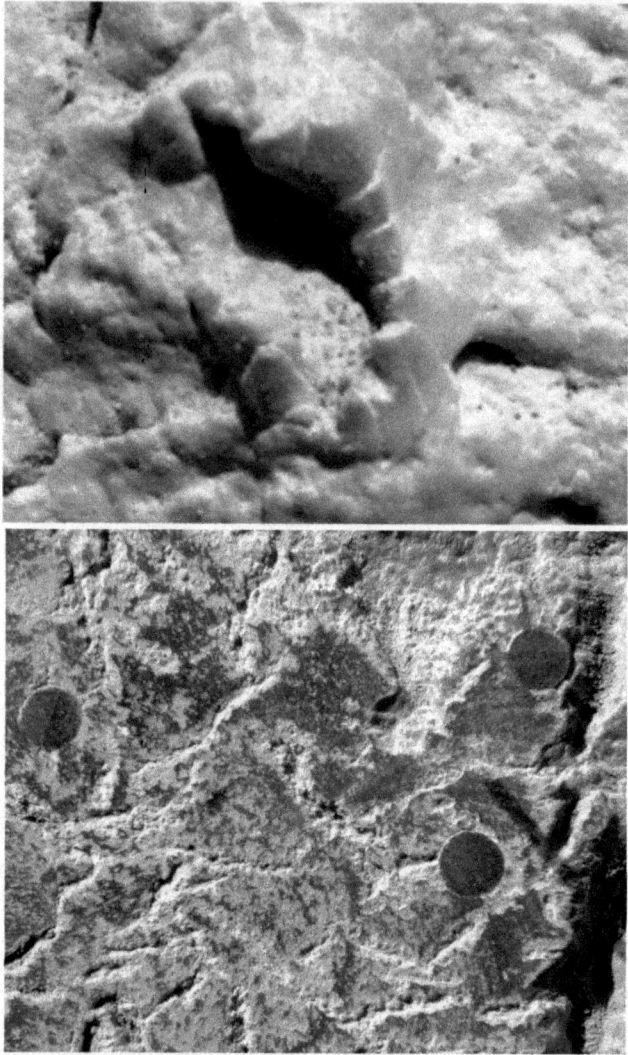

SM36. Mögliches Krinoiden-Fossil, zerstört durch die NASA? (1cm) – Opportunity Rover
Ort: Meridiani Planum, Sol 034, Februar 2004; Bild: NASA/JPL/Cornell/USGS

Es stimmt, die NASA-Wissenschaftler sind nach wie vor übereinstimmend der Meinung dass lediglich Mikroben jemals auf dem Mars gelebt haben, dass sich komplexeres Leben wohl niemals

Kapitel 3: Zeichen von Leben auf dem Mars

entwickelte, doch meine ich, dass es eine recht hohe Wahrscheinlichkeit gibt dass wir hier falsch liegen ... besonders, nachdem wir uns den nächsten Kandidaten ansehen, den ich Ihnen nun zeigen werde.

In der ersten Hälfte des Jahres 2004, ein paar Tage nachdem der Opportunity-Rover auf dem Mars gelandet war, wurde er zu einer nahegelegenen Felsnase geschickt um deren Beschaffenheit zu untersuchen. Doch bevor er mit der Arbeit begann wurden ein paar mikroskopische Aufnahmen von der Oberfläche des Felsens gemacht ... und sie enthüllten eine potentiell frappante Entdeckung – ein mögliches Fossil, ähnlich einem frühen Krinoiden der Erde! (SM36)

Es war der Forscher Richard C. Hoagland dem die Ehre gebührt, sowohl für die Aufmerksamkeit, die er auf dieses potentielle Fossil lenkte, sowie für das außerordentliche Verhalten vom JPL MER Opportunity-Team. Ebenso bemühte er sich, die Medien auf diese Angelegenheit aufmerksam zu machen, doch ohne Erfolg.[51]] Jedoch brachte in jüngster Zeit, 2014, der frühere NASA-Wissenschaftler und Professor Richard B. Hoover diese Geschichte wieder hervor, als er in einem Interview erklärte, er glaube die NASA hätte ein potentielles Fossil *vorsätzlich zerstört*, und so bestätigte er die Entdeckung und Behauptung Hoagland's.

Professor Hoover, der im Jahr 2011 aus der NASA ausschied, arbeitete früher im NASA Marshall Space Flight Center, in den Bereichen Astrobiologie und Astrophysik. Er hält mehrere US-Patente inne, verfasste viele Berichte über Astrobiologie, Extremophile, Solar-Physik, Röntgen/EUV-Optik und Meteoriten, und war der NASA Erfinder des Jahres 1992. Er leitete Forschungen über mikrobische Extremophile in der Antarktis, Mikrofossilien und chemische Biomarker in präkambrischen Gesteinen und kohlenstoffhaltigen Chondrit-Meteoriten. Es ist weitläufig bekannt für seine Behauptung, er habe in Meteoriten versteinerte Mikroorganismen gefunden. Die Referenzen dieses Wissenschaftlers sind daher tadellos, und aus diesem Grund ist das, was er in diesem Interview zu sagen hat eine Bombe: [52]

> **Im Jahr 2004 machte Opportunity eine Aufnahme worin die strukturellen Merkmale sichtbar sind welche mit den auf der Erde vorkommenden Krinoiden**

übereinstimmen. Krinoiden sind komplexe Organismen, keine Bakterien, es sind Echinoderme oder Stachelhäuter (Meerestiere wie Seegurken und Seelilien, welche in allen Tiefen der Ozeane vorkommen), wie ein Seestern etwa; heute haben wir lebende Echinoderme auf der Erde.

SM36.1 Krinoid der Erde, Vergleich

Ich verbrachte viel Zeit beim Sammeln von Fossilien, und ich habe viele Krinoid-Kronen gesammelt, also den Kopf des Krinoids, im Gegensatz zum Stamm, und als ich mir dies ansah erkannte ich sofort dass es sich um einen

Kapitel 3: Zeichen von Leben auf dem Mars

Krinoid handelte. Ich zeigte ihn Kollegen und Freunden, ein Freund von mir, der ein Buch über Krinoiden geschrieben hat, schaute kurz hin und wusste sofort dass es ein Krinoid war.

Was nun hier so faszinierend ist, wir haben möglicherweise eine Versteinerung eines sehr interessanten Organismus in einem Stein auf dem Mars, und dreieinhalb Stunden nach der Aufnahme dieses Fotos wurde der Stein vom Schleifer-Instrument zerstört, an der Stelle, wo das Fossil gewesen war ... ich sollte "mögliches Fossil" sagen ... es wurde zu Staub zermahlen ... eindeutigerweise wurde die Entscheidung getroffen das Schleifgerät des Rovers einzusetzen um die Oberfläche dieses Objekts wegzuschleifen und die Struktur zu zerstören.

Ich befragte David McKay (ein führender Planeten-Wissenschaftler des NASA Ames Research Center) darüber, er sagte, er wüsste alles darüber, und dass dies getan worden war um in das Innere zu schauen, um nach Kohlenstoff oder so zu suchen. Nun, das Problem ist dass jeder, der über das Gebiet der Paläontologie Bescheid weiss, der weiss dass man keinen Kohlenstoff finden muss um ein Fossil zu finden ... **wenn ein Paläontologe auf der Erde einen Stein mit einem interessanten Fossil findet, dann wird das eingesammelt. Es gäbe niemals einen Paläontologen der sagen würde "Hey, das könnte eine neue Gattung von Leben auf der Erde sein. Wo ist mein Gesteinshammer, ich werde es in Stücke schlagen ... es macht keinen Sinn.** [vom Autor hervorgehoben]

Also ist die gewaltige hier auftauchende Frage: "Weshalb befragte das MER Opportunity-Team nicht einen professionellen Paläontologen, um sicherzustellen dass sie nicht ein wertvolles Fossil zerstörten?" War es Inkompetenz? In der Tat, warum war kein Paläontologe in diesem Team für solch einen Fall? Ist denn nicht der Sinn all dieser teuren Missionen die Suche nach Leben? Und sicherlich würden sie es nicht wagen irgendwelche Hinweise für Leben zu zerstören welches von ihren Rovern gefunden wird?

Oder vielleicht passieren hier dunklere Angelegenheiten. Legt dieses Ereignis nahe, dass Leute in strategischen Positionen

Anweisungen haben, wissenschaftliche Information welche der bereits geplanten Agenda folgen zu unterbinden, zu unterwandern oder zu verdunkeln?

SM36.2 Mögliche Krinoid-Versteinerung von der NASA zerstört?

Soweit ich weiss hat kein gegenwärtiger Angestellter der NASA des Curiosity-Teams ausgesagt dass wir vielleicht Fossilien im Gale Krater finden, dass sie ebenfalls Fossilien auf NASA-Fotos identifiziert haben welche zur Erde geschickt wurden, in diesem Fall Mikrofossilien.

Die Geobiologin Nora Noffke untersuchte sogenannte 'mikrobial induzierte Sedimentstrukturen' (MISS) und wurde auf diesem Gebiet zu einer Expertin. Diese Strukturen werden gegenwärtig in Gegenden mit flachen Gewässern gefunden, wie Seen und Küstengegenden, auf der gesamten Erde, und auch während des Großteils der Erdgeschichte. Sie bestehen aus regelrechten Teppichen aus Mikroben-Kolonien die in der Lage sind Sedimente umzuformen, sodass sie über die Zeit hinweg charakteristische und wiedererkennbare Merkmale bilden.

Kapitel 3: Zeichen von Leben auf dem Mars

**20. Felsen am Gillespie-See: vorzeitliches Heim
für Mikrofossilien? – Curiosity Rover**
Ort: Gale Krater, Sol 126, Dez 2012; Bildnachweis: NASA/JPL-Caltech/MSSS

Nachdem sie einige der Bilder des Curiosity-Rovers im Gale Krater untersucht hatte (20) fand sie morphologische Ähnlichkeiten zwischen Sedimentstrukturen des Mars, die sie auf den Bildern sah, und mikrobischen Strukturen, die an verschiedenen Orten in Deutschland, der USA, Afrika und Australien gefunden wurden: [53]

> Ich verbrachte mehrere Wochen mit der Studie gewisser Bilder, Zentimeter für Zentimeter, machte Skizzen und verglich sie mit Daten von terrestrischen Strukturen. Also habe ich seit 20 Jahren daran gearbeitet, ich wusste, wonach ich suchen musste.

In ihrer Abhandlung, veröffentlicht im Journal "Astrobiology",[54] beschrieb Noffke wie Strukturen, die sie im Marsgestein fand durch Salz, Wasser oder Winderosion geschaffen worden sein könnten, doch sagte sie:

> Wenn die Mars-Strukturen nicht biologischen Ursprungs sind, dann wären die Ähnlichkeiten hinsichtlich Morphologie und auch die Verteilung der Muster ... ein außerordenlicher Zufall.

Ebenso beschrieb sie einen Plan zur Bestätigung des potentiell biologischen Charakters ihrer Entdeckung auf dem Mars, eine davon die Benutzung des SAM-Instruments des Curiosity-Rovers um möglicherweise wichtiges organisches Material oder chemische Spuren zu identifizieren. Jedoch argumentierte Chris McKay, Mitglied von Curiosity's SAM- und ChemCam-Team dass, weil diese Sediment-Regionen auf dem Mars sehr alt seien wären jegliche biologischen, organischen Spuren schon vor sehr langer Zeit verschwunden.

Er sagte ebenso dass die Benutzung des Instruments jetzt etwas beeinträchtigt war, bedingt durch den Grad der Kontamination, womöglich durch die Landung verursacht – dass in der Tat das Instrument nicht verlässlich war um akkurate Resultate zu liefern.

Was hat der Rest des Curiosity-Teams über die Entdeckung von potentiellen Mikrofossiline auf einigen ihrer Bilder durch Nora Noffke zu sagen?

Der Wissenschaftler des Mission Project, Ashwin Vasavada von der NASA/JPL, sagte sie sähen nichts was nicht durch natürliche Prozesse hätte entstehen können, und dass, ihrer Meinung nach, der Stein lediglich fluvialer Sandstein sei.[55] Er erklärte dass da ein paar der Mitglieder des Teams wären die mit scharfem Auge nach Zeichen für biologische Prozesse suchten (!), aber dass sie in diesem Fall keinen Grund hätten anzunehmen dass die Gegend irgendwie besonders sei, oder dass sie näher untersucht würde.

Doch waren diese Wissenschaftler auf diesem Gebiet wirklich qualifiziert dazu um solch eine Einschätzung zu machen? Hatten sie wohl erneut einen enormen Irrtum begangen indem sie schon wieder Zeichen für vorzeitliches Leben auf dem Mars ignoriert hatten? Dies läuft darauf hinaus ob denn die NASA tatsächlich Millionen von Kilometern zum Mars flog, nur um eine potentielle Goldmine an Entdeckungen über Leben auf dem Mars zu ignorieren?

Vielleicht hätten sie ein paar Paläontologen oder Geobiologen dabei haben können die ihnen über die Schulter schauen könnten, und dann wäre die Existenz von vorzeitlichem Leben auf dem Mars schon eine Tatsache, eine worüber wir in unseren Schulen lernen, oder worüber wir in unseren wissenschaftlichen Büchern lesen

Kapitel 3: Zeichen von Leben auf dem Mars

können, um so unser Verstehen über das Leben im Universum zu vertiefen.

Nachdem wir nun gesehen haben wie die NASA angesichts potentieller Fossilien die von ihren Rovern entdeckt werden reagiert, können wir verständlicherweise räsonieren dass sie ein grundsätzliches Problem mit der Entdeckung von Leben auf dem Mars hat – wir sahen dies ebenfalls angesichts der Zurückhaltung bei der Suche nach Leben in flüssigem Wasser, welches sie ebenso untersucht haben könnte.

Die folgende Kategorie an Beweisen, wo sie sich weigert, zuzugeben dass die überhaupt möglich sind, und die sie willkürlich abtut als lediglich 'Fantasien, Vorstellungsvermögen oder Pareidolie' – sind die NASA-Bilder, die womöglich Lebensformen oder Artefakte auf dem Mars zeigen.

Mars Artefakt oder Beweis für biologisches Leben?

Wir müssen davon ausgehen dass alle Bilder gründlich untersucht werden. Denn, ich meine nur, wenn Milliarden ausgegeben werden um Raumsonden und teure Kameras zu anderen Planeten zu schicken um Bilder von den Gegenden wo gelandet wird zu machen, und sie dann zur Erde zurückzuschicken, wo sie unter ebenfalls hohen Kosten bearbeitet, archiviert und der Öffentlichkeit präsentiert werden, nun, dann sollten wir erwarten können dass sie jedes kleinste Detail aus den Bildern herausquetschen und bis aufs Letzte ausreizen was von ihnen gelernt werden kann, von diesen unendlich wertvollen Bildern die von einem anderen Planeten zur Erde zurückgeschickt wurden. Doch sind sie es denn wirklich?

Hier ist ein weiteres Bild des Spirit-Rovers, sogar mit noch mehr erstaunlichen Objekten welche eine ernsthafte Erklärung erforderlich machen (SM37). Innerhalb von etwa einem Meter Durchmesser finden wir mehrere seltsam geformte Objekte welche scheinbar wenig mit den Steinen drumherum zu tun haben. Für mein Auge passen sie einfach nicht in den allgemeinen Charakter des steinigen Terrains und sind daher unserer Aufmerksamkeit wert – besonders das sehr seltsame Objekt links im Bild (Nummer 1).

Geheimer Mars

SM37. Trümmerfeld? (1.25m) – Spirit Rover
Ort: Gusev Krater, Sol 527, Juni 2005
Bildnachweis: NASA/JPL/Cornell

Dieses Bild hier absolut faszinierend (SM37.1). Ist dies vielleicht eine Art Kreatur die wir vor uns haben? Es sieht sehr nach einem 'Aal' aus, und man könnte annehmen er sei von einer unterirdischen Wasserquelle ausgestoßen worden und verendete dann in der luftlosen tödlichen Mars-Atmosphäre.

Falls es kein Lebewesen ist, es könnte auch ein gebogenes, möglicherweise metallisches Objekt sein, denn das Ganze hat den Anschein eines klar definierten, hergestellten, eckigen Objekts. Angesichts solch eines erstaunlichen Objekts suchte ich nach weiteren Bildern um seine einmalige Form zu bestätigen.

Kapitel 3: Zeichen von Leben auf dem Mars

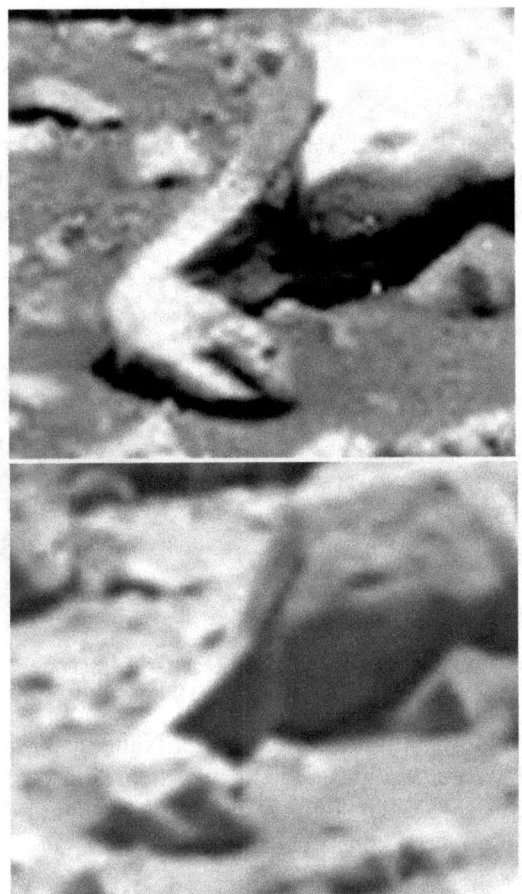

**SM37.1 Trümmerfeld? Objekt 1:
"Der Aal/ Werkzeugschlüssel" (20cm)**
Entdeckt von Rolf Varga

Dies ist ausschlaggebend um zu bestätigen ob ein Objekt so mysteriös ist wie es zu sein scheint. Die Änderung des Blickwinkels, während der Rover fährt und Fotos macht, kann auf dramatische Weise die Perspektive eines Objektes verändern und eine bessere Bewertung seiner tatsächlichen Form erlauben.

In diesem Fall wurden die Bilder zuerst vom Spirit-Rover an Sol 527 (27. Juni 2005) gemacht, nach wie vor das Bild mit der besten Qualität, und dann ein paar Tage später an Sol 540-41, wobei der Blickwinkel sich leicht verändert hat und die Schatten zugenommen haben. Später wurde aus den Bildern der Rover-Kamera ein Farb-Mosaik angefertigt, mit folgendem Objekt (SM37.1 unteres Bild).

Diese späteren Bilder bestätigen die generelle Form dieses Aal-ähnlichen Kuriosität, und legt auch eine 3D-Auswertung dieses Objektes nahe. Da jedoch das Bild mit der besten Qualität nach wie vor jenes von Sol 527 ist werden wir es als das zunächst verlässlichere Bild ansehen.

SM37.2 Trümmerfeld Objekte 2 & 3: (L) "Die Laterne" (20 cm) und (R) "Der Eimer" (10 cm)

Das nächste ungewöhnliche Objekt in der Nähe des 'Aals' ist etwas was aussieht wie ein hohles Objekt mit mehreren Öffnungen oder Einkerbungen (SM37.2L). Es erzeugt den Anschein als handele es sich um ein eindeutig künstliches Objekt, vielleicht verbogen und nicht in seiner ursprünglichen Form.

Weiter rechts davon ist noch ein interessantes Teil von etwas was nicht wie normale Steine auf der Marsoberfläche aussieht. Hier ist eine große Ähnlichkeit mit einem Maschinenteil oder einem metallenen Gehäuse offensichtlich (SM37.2R).

Eine Untersuchung dieses Bildes welches mit Sol 527 während der Mission des *Spirit* um den Gusev Krater herum aufgenommen wurde offenbart ein Sortiment aus Teilen die nicht wie normale Steine aussehen. Für mich sieht dies wie ein chaotisches Trümmerfeld mit verstreuten mechanischen Fragmenten eines größeren technischen Apparates aus – ein Vehikel oder ein Fahrzeug – eines welches möglicherweise durch eine Explosion oder ein Naturereignis wie eine Überschwemmung zerstört wurde,

Kapitel 3: Zeichen von Leben auf dem Mars

denn wir wissen, dass der Mars in der Vergangenheit katastrophale Überflutungen erlitten hat.

Wissenschaftler der NASA geben sicherlich zu dass die Möglichkeit eines vorzeitlichen Tsunamis auf dem Mars besteht, doch sind sie auch darauf vorbereitet die Existenz von zerstörten Resten einer Technologie auf der Oberfläche des Mars zu erwägen, mit all den unglaublichen Folgen die solch ein Eingeständnis mit sich brächte?

Carl Sagan sagte einmal: "Außerordentliche Behauptungen benötigen außerordentliche Beweise" – eine Aussage die oft von Leuten zitiert wird welche die Hypothese verspotten dass eine hoch entwickelte Zivilisation einmal auf dem Mars hätte existieren können. Sie wird in wissenschaftlichen Kreisen, und ganz sicher von der NASA, einfach nicht ernsthaft behandelt; es ist eine zu befremdliche und zu absonderliche Idee. Meine Argumentation hier ist, warum sollten die möglichen Beweise für die Existenz einer vergangenen Zivilisation auf dem Mars denn als 'außerordentlich' eingestuft werden?

Die meisten rationalen Denker und Kosmologen ziehen den Rückschluss dass Zeichen für intelligentes außerirdisches Leben zu gegebener Zeit im Universum gefunden werden. Die Formel von Professor Drake besagt dass es alleine in unserer Galaxis bis zu 20.000 Zivilisationen geben könnte. Da nun die NASA mit ihrem Kepler-Projekt schon entdeckt hat dass bisher 132 Planeten von der Größe der Erde sich innerhalb der als optimal bewohnbaren Zone für Leben angesehenen Bereiches in unserer Milchstraße befinden bleibt es weiterhin ein Mysterium warum die NASA und die Gemeinschaft der Planetenwissenschaftler den Mars in unserem eigenen Sonnensystem von der Möglichkeit dass einmal intelligentes Leben dort gedieh ausschließen sollte.

Besonders wenn mögliche Beweise für die Existenz einer Zivilisation ihnen vielleicht ins Gesicht starren ... *durch die Kameras ihrer eigenen Mars Rover.*

SM38. Schrott, Artefakt? (5cm) – Spirit Rover
Ort: Gusev Krater, Sol 015, Januar 2004
Bildnachweis: NASA/JPL/Cornell

Dies ist ein seltsames eckiges Teil von etwas was auf einem Schrotthaufen auf der Erde nicht fehl am Platze ware (SM38). Sollte es sich nicht um ein Stück Technologie handeln, oder etwas was zum Rover gehörte und runterfiel, oder vielleicht ein Teil des Airbags, dann könnte es womöglich eine Art Vegetation oder vielleicht eine ausgestorbene Lebensform sein.

Was für mich ärgerlich ist ist die Tatsache dass, wenn die NASA weiß was es ist, dann muss ihr klar sein dass solch eine Art Objekt ein paar Fragen aufwerfen wird seitens der Öffentlichkeit. Daher würde ich gerne eine Website sehen wo auf solche seltsamen Bilder wie diese ganz spezifisch eingegangen wird und wo die Öffentlichkeit schnell darüber aufgeklärt werden kann. Vielleicht wissen all die NASA-Angestellten der Mission genau was dies ist, ich aber weiß es nicht, und ich will es wissen.

Die folgenden Hinweise von alten Viking-Bildern sind eine bizarre Präsentation welche eine zusätzliche Dimension in diese Untersuchung bringen.

Ich vermute dass dieses Bild einer der Auslöser für die Enthüllung einer ganz neuen Welt auf der Oberfläche des Mars sein wird, eine die von Wissenschaftlern nicht erwartet wurde (SM39). Es wurde von Tim Beech entdeckt, mit weiteren Analysen von J. P. Skipper. Wenn das Detail in diesem Bild bestätigt werden kann, dann haben wir hier vielleicht etwas sehr bedeutendes. Mein einziger Vorbehalt ist ob die Bildvergrößerung die von der NASA durchgeführt wurde

Kapitel 3: Zeichen von Leben auf dem Mars

wirklich eine 'Flüssigkeit' ist, oder ob der Anschein der Künstlichkeit durch exzessive Bildmanipulation hervorgerufen wurde.

SM39. Beschädigter Behälter mit hervortretender Flüssigkeit oder eine Lebensform? (15cm) – Viking Lander 1
Ort: Chryse Planitia, Mai 1977; entdeckt von Tim Beech
Original Bildnachweis: NASA/JPL; bearbeitung: Tim Beech

Was wir hier vor uns haben ist ein Graben welcher von einem der Roboterarme der Viking 1 Lander gemacht wurde, nachdem er etwas Bodenreich für Analysen eingesammelt hatte. Etwa bei der Hälfte des Grabens, links, ist etwas was aussieht als käme eine Art helle Flüssigkeit aus dem Stein, von der gegenüberliegenden Seite des Grabens. Falls dies wirklich so sein sollte, und die Vergrößerung des Bildes wirklich eine Flüssigkeit zeigt, dann müssen wir annehmen dass der mechanische Arm dies ausgelöst haben muss indem er dagegen stieß.

Weiter entfernt und rechts vom Graben ist etwas was ein Fragment von etwas Größerem sein könnte, vielleicht wurde es vom Roboterarm mitgeschleift.

Das ganze Szenario ist ein einladender Anblick – ein 'Stein' der innen flüssig ist – sicherlich eine höchst ungewöhnliche Geologie, selbst für den Mars. Aber wenn wir es hier wirklich mit einer Flüssigkeit zu tun haben, dann ist es fast sicher dass dies ein künstlicher Behälter ist, oder eine sehr seltsam geformte Art von Vegetation.

Ist es möglich dass die Mars Rover der NASA über die Landschaft trudeln und bei der Verfolgung ihrer wissenschaftlichen Missionen für die Erdlinge daheim einheimische Lebensformen des Mars zerstören?

Ich bin sicher dass die Astrobiologen der NASA beim Gedanken daran entsetzt sein werden, doch Ignoranz bleibt einfach Ignoranz, bis zum Zeitpunkt wo man die Augen etwas weiter öffnet.

Hier ist ein weiteres Beispiel für etwas was etwas organisches auf der Oberfläche des Mars zeigt, oder vielleicht ein künstliches Objekt (SM40). Es sieht wie ein gekrümmtes Rohr aus, eine rohrförmige Protuberanz die sich über den Boden erhebt und die auch möglicherweise mit einer rechteckigen Struktur direkt hinter ihr verbunden ist. Eine grobe Kalkulation der Distanz zum Rover besagt dass diese seltsame Anomalie etwa einen Meter lang ist.

Es ist schwer sich eine ungewöhnlichere geologische Form vorzustellen. Viel eher scheint es dass es keine ist . . .

Kapitel 3: Zeichen von Leben auf dem Mars

SM40. Metallrohr oder Lebensform? (1m) – Spirit Rover
Ort: Gusev Krater, Sol 229, August 2004
Bildnachweis: NASA/JPL/Cornell

Und wie steht es mit diesem seltsamen Etwas mit "Schwimmhäuten" (SM41)? Diese seltsame kleine geometrische Form kann man nahe des Spirit-Landeplatzes und des abgestoßenen Hitzeschildes sehen, daher ist es fast sicher dass dies ein kleines Teil der Raumsonde ist, welches sich entweder löste oder beim Landevorgang abgestoßen wurde, und dies kann sicherlich von einem NASA-Ingenieur bestätigt werden. Falls nicht, was ist es sonst?

Geheimer Mars

**SM41. Müll einer NASA-Raumsonde oder was? (10cm)
– Spirit Rover**
Ort: Gusev Krater, Sol 36, Februar 2004
Bildnachweis: NASA/JPL/Cornell; Grafik: M. J. Craig

Bevor wir dieses Kapitel schließen, werfen wir doch noch einen kurzen Blick auf etwas was von vielen als Beweis für lebendes, atmendes Leben auf dem Mars angesehen wird.

Beweise für Leben auf dem Mars: real oder Fantasie?

Dieses sehr seltsame Objekt wurde zuerst auf einem Bild des Curiosity-Rover entdeckt, vom Forscher Will Farrar. Es wurde sodann durch andere Personen prozessiert um mehr Detail zu bekommen, und sodann enthüllte es eine bizarre und gefährlich aussehende Seespinne, komplett mit mehreren Beinen und einem Skorpion-ähnlichen Schwanz!

Wenn wir uns jedoch aufmachen um die tatsächliche Größe des Dinges zu bestimmen – und ich schätze es ist nicht größer als 5 Zentimeter – dann sinkt dieses Bildnachweis ganz beträchtlich auf dem Gefährlichkeits-Barometer für Menschen!

Aber was ist nun wirklich auf diesem NASA-Bild zu sehen?

Kapitel 3: Zeichen von Leben auf dem Mars

SM42. "Die Seespinne auf dem Mars" (5cm)
– Curiosity Rover
Ort: Gale Krater, Sol 710, August 2014; entdeckt von Will Farrar
Bildnachweis: NASA/JPL-Caltech/MSSS; Grafik: M. J. Craig

Als potentielle Entdeckung einer exotischen Lebensform oder Pflanze auf dem Mars wird die Wichtigkeit von genauer und korrekter 'Bildbearbeitung' deutlich, und man muss sich die Frage stellen ob vielleicht dieses Bild eher 'verschönert' als betont wurde;

es übertrieb vielleicht die sichtbaren Details statt seine wirkliche Natur offenzulegen.

Denn, wie wir im originalen NASA-Bild sehen können (SM42.1), da ist nicht allzu viel Definition und Schärfe, und wenn wir zoomen und vergrößern, dann tauchen eckige, lineare JPEG-Kompressionsartefakte auf und dominieren.

Keith Laney, ein Spezialist für digitale Bild- und Softwareanwendungen und für die MOC-Bildaufbearbeitung für das Projekt des NASA-Ames MOC MER2003 Landungsprojekts, kritisierte mehrere berüchtigte Fotos die absichtlich von gewissen Leuten manipuliert und übertrieben wurden.[56] Diese Leute wollten die Aufmerksamkeit der Medien, und Werbeeinkünfte durch Youtube-Videos, indem verfälschte Bilder zirkuliert wurden.

Kurz gesagt, sie wussten dass durch das Erfinden einer "Kreatur" in einem NASA-Bild ein Strom von Interesse und Aufmerksamkeit der Öffentlichkeit und der Medien die Folge war. Solch niederes Verhalten schädigt in den Augen der Öffentlichkeit die Glaubwürdigkeit hinsichtlich dieser Forschung, und es spornt nur zu weiteren Herabwürdigungen von seriösen Funden an.

Sie können daher recht deutlich sehen wie das Bild dieser Seespinne auf künstlerische Weise (SM42) von den Daten des Originalbildes (SM42.1) ausgehend angefertigt wurde.

Was hier am meisten enttäuscht ist die Tatsache dass im Schatten dieses Felsüberhangs sehr wohl eine mysteriöse und lebendige Kreatur oder Vegetation sein könnte, wenn es doch nicht ein erodierter Stein sein sollte.

Hoffentlich wird der Curiosity-Rover diesen Ort zu einem späteren Zeitpunkt wiederbesuchen um einen näheren Blick auf diese Seltsamkeit zu werfen ... falls sie noch dort sein sollte.

Kapitel 3: Zeichen von Leben auf dem Mars

**SM42.1 "Die Seespinne auf dem Mars"
(originales NASA-Bild)**

Ein weiteres Bild welches übertriebene Aufmerksamkeit der Medien auslöste was ein mysteriöses, Gespenst-ähnliches Bild einer Frau (SM43). Es zirkulierte überwiegend in witzigen Artikeln worin man sich lustig machte über die 'Leute mit übertriebener Vorstellungskraft', und die natürlich an solches Zeug glauben, oder etwa nicht?

Geheimer Mars

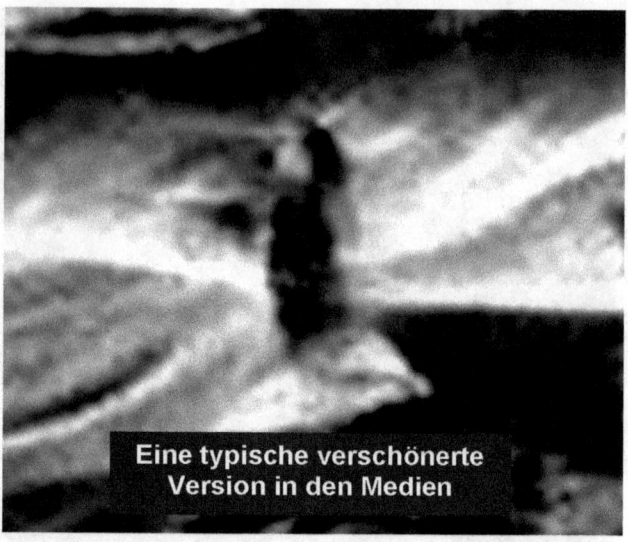

SM43. "Das Gespenst der Mars-Lady" (10cm) – Curiosity Rover
Ort: Gale Krater, Sol 1001, Mai 2015
Bildnachweis: NASA/JPL-Caltech/MSSS; Grafik: M. J. Craig

SM43.1 "Das Gespenst der Mars-Lady"
(NASA-Original)

Es wäre schon beruhigend sehen zu können dass Journalisten gute Forschung auf diesem Gebiet betreiben könnten um ihren Lesern reale Information bieten zu können, nicht zum Zweck solcher

Kapitel 3: Zeichen von Leben auf dem Mars

dämlichen Stories. Doch scheinbar werden die Fäden in der Hand der Puppenspieler nur in eine Richtung ziehen wenn es darum geht wie die Medien das Thema von Leben auf dem Mars präsentieren.

SM43.2 "Gespenst der Mars-Lady" (Zeitraffer)

Es ist nicht schwer die Wahrheit über diese Bild aufzudecken. Wie auch bei allen anderen Bildern des NASA-Rovers, alles was man hier wissen muss ist der Name des Rovers welcher das Bild machte (Curiosity) und dem Mars-Tag an dem das Bild gemacht wurde

(Sol 1001). Dann geht man zur Datenbank für die NASA-Bilder.[57] Vor sich werden Sie all die Bilder sehen die von der Mast-Kamera an diesem Tag gemacht wurden, in zeitlicher Abfolge. Sodann können Sie darauf klicken und sich jedes Bild genauer ansehen, bis Sie finden, was Sie suchen.

Das "Gespenst der Mars-Lady" erscheint auf mehreren Bildern und, bedeutsamerweise, zu verschiedenen Tageszeiten, man kann also jegliche Veränderung von Licht und Schatten verfolgen, und dies ist wichtig um herauszufinden was hier vor sich geht. Wie die zeitliche Abfolge der Bilder zeigt, was wir hier haben ist lediglich ein Felsbrocken der seine Erscheinung verändert, so als während des Tages zu unterschiedlichen Zeiten mehrere Schattenbilder verursacht wurden. Der Rest wurde der menschlichen Vorstellungskraft überlassen, und unserem Instinkt der Identifizierung von gut bekannten Formen innerhalb von Objekten, besonders von menschlichen Merkmalen.

Hier ist ein weiteres Objekt welches Aufsehen erregte als es zuerst entdeckt wurde (SM44). Die meisten Leute sahen hier eine Frau oder eine Meerjungfrau. Dort sitzt sie, anmutig, auf der Kante eines Steins, Arm erhoben, doch ... sie ist wohl ziemlich klein. Die Entfernung von der Kamera der Spirit-Sonde kann einfach festgestellt werden, sie beträgt etwa fünf Meter, das heißt dieses Objekt ist lediglich 5 cm klein!

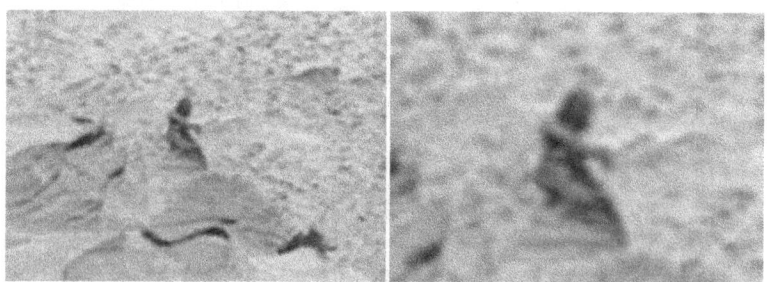

SM44. "Frauenstatue auf dem Mars" (5 cm) – Spirit Rover
Ort: Gusev Krater, Sol 1364-67, November 2007
Entdeckt von Marcela Bravo
Bildnachweis: NASA/JPL-Caltech/Cornell

Nun, da gibt es ein paar Menschen die glauben dass kleine Leute auf dem Mars leben, aber wenn dies so wäre, dieses Objekt ist mit Sicherheit nicht eines von ihnen. Die Sache ist, damit die Kamera

Kapitel 3: Zeichen von Leben auf dem Mars

dieses Bild machen konnte hätte das Objekt etwas eine Minute lang absolut stillgestanden haben ... denn dieses Bild besteht aus Blau-, Grün- und Infrarot-Filtern, und jede der Aufnahmen benötigt eine PAUSE zwischen der nächsten[58]. Des weiteren hatte die Nav-Cam an Bord des Spirit ebenfalls drei Tage früher eine Aufnahme dieses Panoramas gemacht ... und die Figur hatte sich nicht von ihrer Position bewegt.

Dies bestätigt, aus meiner Sicht, dass es sich nicht um eine Lebensform handelt. Jedoch bleibt die Möglichkeit dass es sich um eine kleine Statue oder Figur handelt.

Aufgrund des Materials welches ich Ihnen im nächsten Kapitel präsentieren werde würde ich sicherlich nicht die Möglichkeit von Miniatur-Kunstwerken die auf der Marsoberfläche gefunden werden können ausschließen. In diesem Fall jedoch, der "'Frauenstatue auf dem Mars", handelt es sich wahrscheinlich nur um einen seltsam geformten verwitterten Stein.

Kommen wir nun zum wichtigsten Thema dieses Buches: Beweise für eine intelligente Zivilisation auf dem Mars.

Kapitel 3: Zeichen von Leben auf dem Mars

[47] **Mars Gone Wild** *(Artikel)*
https://www.wired.com/2004/08/mars-5/
[48] **The Hidden Truth: Water & Life on Mars** *(Buch),* J P Skipper s.157
[49] **Bone up on Mars Rock Shapes** *(Webpage),*
http://mars.jpl.nasa.gov/msl/multimedia/images/?ImageID=6538
[50] **Mars' Atmosphere Was Likely More Oxygen-Rich Long Ago** *(Artikel),*http://www.space.com/33296-mars-atmosphere-oxygen-curiosity-rover.html
[51] **The Curious Case of the NASA Crinoid Cover-Up** *(Artikel)*
http://www.enterprisemission.com/_articles/03-08-2004/crinoid_cover-up.htm
[52] **Former NASA Scientist Claims Conspiracy About Mars Photo** *(Video)* https://www.youtube.com/watch?v=6E7aqCaekDA

[53] **Potential Signs of Ancient Life in Mars Rover Photos**
(Artikel), http://www.astrobio.net/news-exclusive/potential-signs-ancient-life-mars-rover-photos/
[54] **Ancient Sedimentary Structures in the <3.7 Ga Gillespie Lake Member, Mars, That Resemble . . .** *(Schriftstück)*
http://online.liebertpub.com/doi/abs/10.1089/ast.2014.1218?journalCode=ast
[55] **Mars Microbe Traces Spotted by Rover? Probably Not, Curiosity Team Says** *(Artikel)*
http://www.space.com/28218-mars-rover-curiosity-signs-life.html
[56] **Alien Crab Fake** *(Website)*
http://thehiddenmission.com/wholelotoffaking/goingon/aliencrabfoundonmars.html
[57] **NASA Curiosity Raw Image Database** *(Website)*
http://mars.nasa.gov/msl/multimedia/raw/
[58] **Teeny Little Bigfoot on Mars** *(Artikel)*
http://www.planetary.org/blogs/emily-lakdawalla/2008/1305.html

Kapitel 4: Zeichen einer Zivilisation auf dem Mars

Vielen Menschen, Wissenschaftlern und Akademikern wird es unangenehm werden beim Gedanken an eine Zivilisation die auf dem Mars existiert haben könnte, denn es wird ihre Mainstream-Wissenschaft mit ihren Konzepten über nicht nur die Geschichte dieses Planeten sondern darüber wie das Leben selbst entstand und wie es sich über das Sonnensystem ausbreitete auf den Kopf stellen, einschließlich hier auf der Erde selbst. Denn wenn eine intelligente Zivilisation einst auf dem Mars lebte und es bis zur Raumfahrt schaffte, dann hätte ihr Besuch auf unserem Planeten und ihr Einfluss auf die Entwicklung des Lebens auf der Erde sehr umfangreiche Implikationen.

Aber wenn wir kleine Beweisstücke im Marsboden finden die sehr künstlich aussehen – und diese Beweise nicht von NASA's eigener Raumsonde stammen – dann müssen wir eine einleuchtende Schlussfolgerung ziehen: Eine intelligente Zivilisation auf dem Mars ist dafür verantwortlich dass sie dort sind. Sehen wir nun ob diese Hypothese untermauert werden kann.

Künstliche Objekte im Gusev Krater (Spirit)

21. Der Spirit-Rover: gelandet im Gusev Krater Januar 2004 – (künstlerische Darstellung)
Bildnachweis: NASA/JPL

Wir haben bereits mehrere Bilder die schon vom Spirit-Rover gemacht wurden und die scheinbar ein paar erstaunlich künstlich aussehende Merkmale haben gesehen, doch sind die Bilder die ich Ihnen nun zeigen werde eine höhere Kategorie und zwingen zu einer noch ernsthafteren Einschätzung dass was wir hier tatsächlich betrachten ganz reale Beweise für mechanische, technologische Überreste auf der Marsoberfläche sind.

SM45. Das "Zahnrad" (10cm) – Spirit Rover
Ort: Gusev Krater, Sol 288, Oktober 2004; entdeckt von Larry Roy
Bildnachweis: NASA/JPL/Cornell

Unfassbarerweise haben wir hier etwas was aussieht wie ein Teil einer Maschine das halb im Sand vergraben ist! Es ist etwa 10 cm groß und wir können deutlich eine Art Zahnradmechanismus mit den gewohnten Zähnen in gleichmäßigen Abständen entlang der Außenseite des Randes erkennen. Es gibt tatsächlich ein paar

Kapitel 4: Zeichen einer Zivilisation auf dem Mars

Fossilien die eine ähnliche Form wie dies haben können, daher sollte dies ebenfalls als eine mögliche Erklärung in Betracht gezogen werden, doch scheint mir dies ein gutes Beispiel für eine technologische Vergangenheit auf dem Mars zu sein.

SM46. Metall-Kiste oder Gehäuse? (13cm) – Spirit Rover
Ort: Gusev Krater, Sol 1419, Dezember 2007; entdeckt von Maya
Bildnachweis: NASA/JPL/Cornell

Es ist nur seltsam weshalb der Rover nicht dorthin geschickt wurde um das Objekt näher zu untersuchen, und dennoch halten sie inne und untersuchen gewöhnliche ordinär aussehende Steine die sie aus irgend einem Grund geologisch interessanter finden.

Wenn wir die Tatsache akzeptieren dass Objekte mit geraden, rechtwinkligen und geometrischen Merkmalen eher künstlichen als geologischen Ursprungs sind, schauen wir doch einmal welche weiteren Beweise wir zusammentragen können.

Der Gusev Krater scheint einige Anomalien zu beherbergen. Der Spirit Rover wanderte an anderen Stellen in diesem gigantischen, 160-km breiten Krater umher und fand ein offensichtlich sehr quadratisches, hohles und sicherlich künstlich hergestelltes Teil, ähnlich einem Gehäuse aus Metall (SM46). Des weiteren sind da auch zwei weitere Objekte mit geometrischer Regelmäßigkeit. Wie der aufgewühlte Boden zeigt fuhr der Rover über dieses Gebiet, und wir müssen uns fragen ob nicht vielleicht jemand bei der NASA sich entschloss sich dies einmal näher anzuschauen.

Vielleicht sollten wir anfangen uns zu fragen welche Mission der Spirit wirklich in diesem Krater hatte; ich meine nur, warum landete die NASA überhaupt dort? War da etwas ungewöhnliches an diesem Krater? Hatte eine Analyse etwa hohe Werte für Magnetismus, die Präsenz von Metall oder etwas anderes mysteriöses gezeigt?

Und was hat es mit dem folgenden erstaunlichen Fund auf sich (SM47)?

Dieses Teil kommt aus dem Boden, umgeben von normalen Steinen, und in totalem Kontrast mit der natürlichen Geologie drumherum. Die eckigen und geometrisch proportionalen Dimensionen sind etwa einen halben Meter breit und suggerieren, wie auch die glänzende Oberfläche, eine künstliche Herkunft.

Doch abgesehen von der Tatsache dass es ungefähr wie das Steuerruder eines Flugzeugs aussieht, oder der Kiel eines Bootes, oder sogar wie ein Metronom, wer weiß schon was dies wirklich ist; doch sicherlich hat es den Anschein eines maschinell hergestellten Objekts.

Kapitel 4: Zeichen einer Zivilisation auf dem Mars

SM47. Künstliches Objekt? (7cm) – Spirit Rover
Ort: Gusev Krater, Sol 1402, Dezember 2007; entdeckt von Kevin Brant
Bildnachweis: NASA/JPL-Caltech

Und was sollen wir hiermit anfangen?

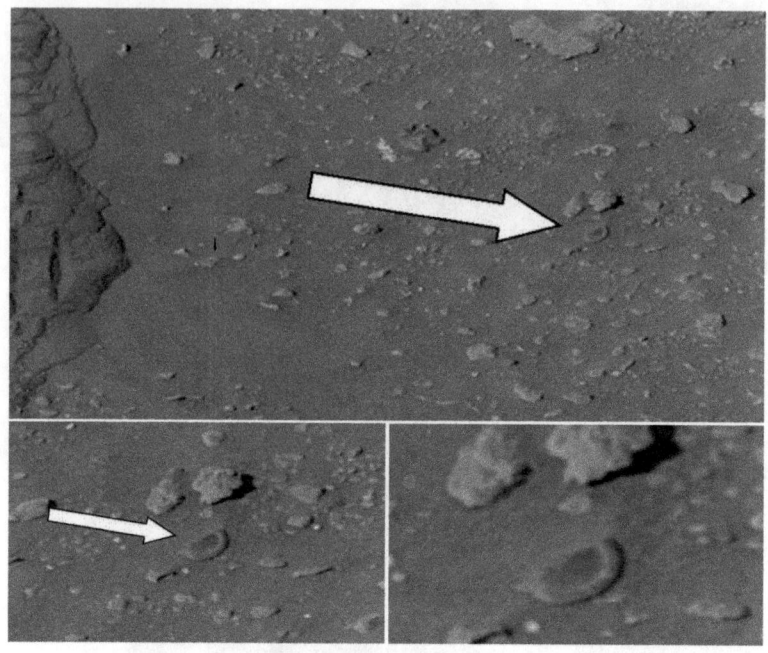

SM48. Eine kleine gebrochene Münze? (2cm) – Spirit Rover
Ort: Gusev Krater, Sol 843, Mai 2006
Entdeckt von Marcus Johannsen
Bildnachweis: NASA/JPL/Cornell; Grafik: M. J. Craig

Stellen Sie sich vor Sie würden spazieren gehen und Sie fänden dieses rundliche Objekt am Boden (SM48). Was würden Sie denken was das ist? Sicherlich würden wir innehalten, nach unten greifen und es aufheben, in der Annahme es wäre vielleicht eine Münze oder etwas von Wert.

Ausgehend von diesem Bild könnten wir annehmen wir sähen einen zerbrochenen Teller, oder etwas von dieser Größe, jedoch, wenn wir die Abdrücke der Reifen des Rovers im Boden mit diesem Objekt vergleichen, dann sehen wir dass es für einen Teller (für Menschen) zu klein ist. Jedoch brauchen wir eine Erklärung für diese sehr präzise Krümmung, denn es sieht sicherlich danach aus als hätte dies einstmals eine komplette Scheibe sein können.

Kapitel 4: Zeichen einer Zivilisation auf dem Mars

Künstliche Objekte im Gale Krater (Curiosity)

**22. Mars Science Laboratory "Curiosity"
am Gale Krater– (Selfie)**
Bildnachweis: NASA/JPL-Caltech

Schauen wir nun was der Curiosity-Rover entdecken konnte, seit er im August 2012 im Gale Krater landete – obwohl "Entdeckung" vielleicht eine Fehlbezeichnung ist um die gähnende Abwesenheit an Neugier (engl. curiosity) für alles was nicht eindeutig wie ein Stein aussieht zu beschreiben; der Rover fährt herum, im blinden Rausch irgendwohin zu gelangen, egal wohin, scheinbar; bloß nicht anhalten und die interessantesten und einmaligen Objekte auf seinem Pfad untersuchen.

Wenn Sie sich die anormalen Objekte ansehen die ich Ihnen jetzt zeigen werde, dann werden Sie sich wohl fragen "Was zum Teufel machen die bloß dort bei der NASA? Schaut sich irgendjemand überhaupt diese Bilder an?"

Nun, die Leute die sich ganz sicher wohl bemühen diese Bilder zu untersuchen sind die unabhängigen Forscher und Fahnder zuhause, sie tun das Beste um die Arbeit zu machen welche die Archäologen der NASA ausführen sollten. Sie sind nicht in Archäologie ausgebildet, aber sie haben sich bei stundenlanger Betrachtung von NASA-Fotos darin gebildet und suchen nach Zeichen für seltsam aussehende Objekte auf der Marsoberfläche. Ihre Augen wurden geschärft bei der Entdeckung von Dingen welche die meisten Menschen übersehen würden.

Beispielsweise wurde vom Forscher Rami Bar Ilan hervorragende Arbeit geleistet, er widmete systematisch ein paar tausend Stunden der Analyse von Mars-Bildern um potentiell riesige und wichtige Entdeckungen zu machen. Und da sind viele andere Leute die enormen Zeitaufwand für diese Studien aufgebracht haben, wie z.B. Mike Bara, Keith Laney, Thomas M.S. Jensen, Will Farrar und andere Abenteuer-Seelen.

Wenn die NASA endlich zugeben darf dass die Überreste einer Mars-Zivilisation womöglich im Gale Krater und anderswo existieren, dann hoffe ich doch dass all diese Leute in der Öffentlichkeit anerkannt werden, denn trotz des Spottes seitens der NASA und vielen anderen in der Gemeinschaft der Wissenschaft, sie suchten einfach weiter, katalogisierten ihre Funde und machten sie damit zukünftigen Forschern und der Menschheit im Allgemeinen zugänglich.

Sie werden auf den folgenden Seiten einige der Entdeckungen sehen. Natürlich werden ein paar Wissenschaftler und Akademiker über ihre Bemühungen spotten und jedes der Objekte als Pareidolie oder Fantasie abtun, wenn sie jedoch nicht Willens sind sich mit ihnen zu beschäftigen und sich diese Bilder ernsthaft anzusehen, dann muss dies eben die untrainierte Öffentlichkeit tun, so gut sie kann.

Ich fordere jeden der unvoreingenommen ist dazu auf ALLE dieser folgenden Objekte als "erodierte Steine oder von der Natur geformt" abzutun. Einige könnten genau dies sein, diese Möglichkeit – ja Wahrscheinlichkeit – räume ich durchaus ein, jedoch sollten wir hier nicht um den heißen Brei reden und uns stattdessen vollkommen darüber einig zu sein welche tiefgreifenden Konsequenzen aus dieser Untersuchung und Forschung resultieren: Wenn auch nur EIN Objekt unter dieser Sammlung an Anomalien künstlich oder hergestellt sein sollte, dann werden wir uns den ungeheuren Konsequenzen dieser Tatsache stellen müssen, und nicht ihr ausweichen und so tun als existierte sie nicht.

Kapitel 4: Zeichen einer Zivilisation auf dem Mars

SM49. "Die Radnabe" (20-25cm) – Curiosity Rover
Ort: Gale Krater, Sol 064, Oktober 2012
Bildnachweis: NASA/JPL-Caltech/MSSS

Also beginnen wir mit einer sonderbaren rundlichen Formation die ich "Die Radnabe" genannt habe (SM49). Hier kommen die Einschränkungen des zweidimensionalen Bildes zu tragen, denn wir sind neugierig ob dieses Objekt tatsächlich so rund ist wie es aus diesem Blickwinkel zu sein scheint. Vielleicht ist dessen Form auf der anderen Seite ganz anders. Dennoch ist es interessant genug mit seinen drei parallelen Ebenen und rundem Loch um einen Besuch des Rovers verdient zu haben, um es zu untersuch.

Das nächste kleine Objekt ist faszinierend (SM50). Nicht länger als etwa zehn Zentimeter sind da scheinbar drei oder vier sternförmige Speichen um eine turbinenförmige Struktur herum. Das Bild ist nicht scharf genug um diese Details mit Sicherheit bestimmen zu können, doch trotzdem ist es interessant.

SM50. "Die Mini-Turbine" (5-10 cm) – Curiosity Rover
Ort: Gale Krater, Sol 1000, Mai 2015; entdeckt von Rami Bar Ilan
Bildnachweis: NASA/JPL-Caltech/MSSS

Das nächste Bild erregte etwas Aufsehen unter den paranormalen Medien, jene die darauf erpicht sind zu glauben dass ägyptisch gestylte Pyramiden majestätisch und intakt auf dem Mars standen (SM51).

Dummerweise ist es so dass wenn wir ein Bild einer Pyramide sehen, dann nehmen die meisten von uns an dass sie ziemlich groß sein muss, denn wir sind daran gewöhnt diese riesigen Strukturen auf der Erde zu sehen, und außerdem bemüht man sich in vielen Artikeln nicht darum dem Leser irgendwelche hilfreiche Information zu bieten damit er sich ein Urteil bilden kann. Stattdessen betonen sie den "Wow-Faktor".

Kapitel 4: Zeichen einer Zivilisation auf dem Mars

SM51. Kleine Pyramide (10 cm) – Curiosity Rover
Ort: Gale Krater, Sol 978, Mai 2015; entdeckt von Rami Bar Ilan
Bildnachweis: NASA/JPL-Caltech/MSSS

Tatsache ist dass diese Pyramide etwa zehn Zentimeter hoch ist, obwohl ich nicht ausschließe dass wir hier lediglich die Spitze sehen können, der Rest könnte im Sand vergraben sein. Jedoch werden pyramidenähnliche Formen gewöhnlicherweise zwischen Steinen gefunden, da sie über die Jahrtausende hinweg zerbrechen und scharfkantige Formen bilden. Obwohl wir hier bei dieser kleinen Form scheinbar recht glatte und symmetrische Seiten haben, wir können nicht sehen was dahinter ist, daher können wir nicht bestätigen ob es einer weiteren Untersuchung wert ist. Dennoch, intrigierend.

SM52. Das "C" (5 cm) – Curiosity Rover
Ort: Gale Krater, Sol 817, November 2014; entdeckt von Rami Bar Ilan
Bildnachweis: NASA/JPL-Caltech/MSSS; Grafik: M. J. Craig

Das nächste Objekt welches ich vorstellen möchte (SM52) ist verblüffend, denn es ist sehr nahe der Kamera von Curiosity, und die Wissenschaftler der Mission müssen es gesehen und darüber diskutiert haben. Es ist klarerweise gewinkelt und in einer C-Form, symmetrisch und proportional; ich ziehe es vor anzunehmen dass sie diese Form mit Absicht mittels eines Lasers zugeschnitten haben. Keine Ahnung.

Und nun werden wir uns in die Surrealität begeben, und dieses nächste Bild wird sicherlich Ihre Gutgläubigkeit testen, wie es das für mich immer noch tut (SM53).

Kapitel 4: Zeichen einer Zivilisation auf dem Mars

SM53. "Der Türbolzen" (5cm) – Curiosity Rover
Ort: Gale Krater, Sol 440, November 2013; entdeckt von Michael Ivey
Bildnachweis: NASA/JPL-Caltech/MSSS

Es sieht danach aus als sähen wir hier einen kleinen Türbolzen auf dem Mars. Doch da dies so unwahrscheinlich ist, besonders weil er so sehr unserem typischen Türbolzen auf der Erde ähnelt, bin ich überzeugt davon dass die Erklärung eine optische Illusion oder so etwas sein muss. Und der Grund weshalb ich das sage ist die Art wie dieses Objekt in der Nische sitzt, parallel zum Felsen – so als wäre der Felsen ausgefräst worden, damit es hineinpasst. So als wäre es dort platziert worden!

Ich suchte nach weiteren Bildern, in der Hoffnung es gäbe vielleicht schärfere Fotos, womöglich aus einem anderen Blickwinkel, vergleichshalber, doch von den sechs Bildern die ich fand ist jenes welches wir hier sehen immer noch das klarste und schärfste Bild, obwohl die anderen wenigstens bestätigten dass das Objekt rechteckig ist. Nun, ich werde bei diesem Bild nichts ausschließen, doch sagt mir der Verstand dass dies nicht ist was es zu sein scheint. Natürlich kann ich mich irren.

SM54. Räder und Achse? (15cm) – Curiosity Rover
Ort: Gale Krater, Sol 729, August 2014; entdeckt von Thomas M. S. Jensen
Bildnachweis: NASA/JPL-Caltech/MSSS; Grafik: M. J. Craig

Das muss sicherlich der unglaublichste Fund von allen sein (SM54). Entdeckt wurde dies von Mikey Scrøder Jensen, er fand was man nur als durch eine Achse verbundene Räder beschreiben kann! Wenn wir jemals der Natur eine unausführbare Aufgabe geben könnten, um Gestein so zu erodieren dass es wie ein künstliches Objekt aussieht, dann wäre eine Achse mit Rädern sicherlich darunter. Frustrierenderweise ist dieses Objekt zu weit weg um näher untersucht werden zu können. Ich hätte es fast aufgrund der fehlenden Details nicht gezeigt. Doch es ist so faszinierend und aufreizend dass ich einfach musste, besonders weil deutlich ein innerer Kreis gezeigt wird, innerhalb der Struktur des gegenüberliegenden "Rads" welches die allgemeine Erscheinung des Objekts bestätigt.

Kapitel 4: Zeichen einer Zivilisation auf dem Mars

Sicherlich könnte dies lediglich eine Täuschung durch die Perspektive oder das Resultat von Bild-Pixeln die sich vergnügen sein, aber es wird eine Art von künstlichen Kleinteilen in diesem Bild suggeriert, gleich hinter den Rädern, was die Möglichkeit bestärken könnte dass wir genau das sehen was es zu sein scheint: einen kleinen Satz von Rädern – vielleicht ähnlich den Stützrädern eines Kinderfahrrads. Da bekommen wir aber wohl einen Gedanken oder zwei.

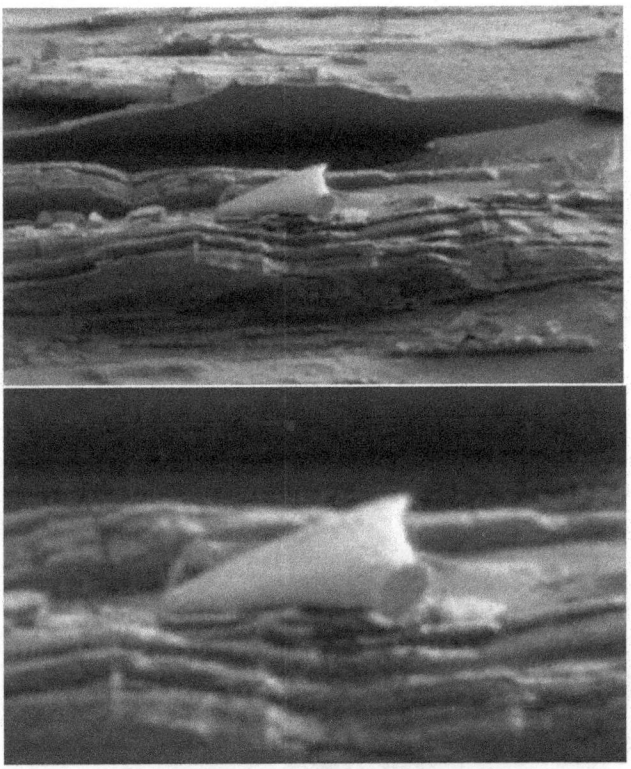

SM55. "Die Düse" (7cm) – Curiosity Rover
Ort: Gale Krater, Sol 821, Nov 2014; Bildnachweis: NASA/JPL-Caltech/MSSS

Wir fahren fort mit einem wirklich bizarren, dreieckig geformten Objekt welches perfekt in einer rundlichen Spitze endet (SM55). Es ist nicht sehr groß, lediglich etwa 7 Zentimeter, doch warum bloß wurde dieses Ding nicht vom Curiosity Rover untersucht? Man kann mir nicht weismachen dass niemand die auffallende Form bemerkt hat, und wenn sie wirklich wissen was es ist, warum haben sie ihr Wissen nicht mit uns geteilt?

Wenn wir hier wirklich über die vorzeitlichen Reste einer Zivilisation die einmal im Gale Krater heimisch war schlurfen, wir müssten dann irgendwann über Gebäude stolpern, Mauern und Umschließungen, oder Reste von Wänden und vielleicht Statuen. Jedoch kann es schwierig sein solche Zeichen für Bewohnung zu finden, sollten katastrophale und sehr zerstörerische Kräfte gewaltet haben, und aus diesem Grund kann es sein dass wir eher nur sehr kleine Teile und Reste finden die zu jener Zivilisation gehört haben.

SM56. Mauerwerk? (25cm) – Curiosity Rover
Ort: Gale Krater, Sol 991, Mai 2015; entdeckt von Rami Bar Ilan
Bildnachweis: NASA/JPL-Caltech/MSSS

Das nächste Objekt könnte sehr wohl ein Beispiel für Reste von Mauerwerk sein (SM56), denn wir sehen eindeutig drei mögliche Anzeichen für Handarbeit: eine symmetrische, dreieckige Form,

Kapitel 4: Zeichen einer Zivilisation auf dem Mars

eine parallele Fläche, und ein quadratisches Ende. Wenn eine einstmals bewohnte, mechanisch und technologisch aktive Stadt vollkommen zerstört worden ist, was könnten wir dann an Dingen vorfinden welche aus dem Schutt herausragen und wohl Staub angehäuft hätten, vielleicht auch Sedimente von Gewässern die einmal den Krater überschwemmt haben und dann austrockneten, vielleicht in einem sich wiederholenden Zyklus.

SM57. Trägerklemme? (5cm) – Curiosity Rover
Ort: Gale Krater, Sol 528, Januar 2014; Bildnachweis: NASA/JPL-Caltech/MSSS

Ist es tatsächlich das was wir heute auf dem Mars erforschen etwas was zurückgelassen wurde, aus einer vergangenen Ära? Ein chaotisches Durcheinander aus Geologie, vermischt mit verbliebenen Artefakten? Oft sind diese nicht vom Gestein und Sediment zu unterscheiden, doch manchmal, ab und zu, macht der NASA-Rover Aufnahmen von echten künstlichen Objekten welche den Zahn der Zeit überstanden haben. Vielleicht etwas was einmal angefertigt und von echten lebendigen Marsianern benutzt wurde, vor sehr langer Zeit?

Vielleicht etwas so gewöhnliches wie eine Klemme?

Ich erinnere mich als ich zuerst dieses Objekt sah (SM57), im März 2014, das Gefühl der Selbstverständlichkeit das ich beim Fund eines so gewöhnlichen und funktionalen Gegenstandes der aus einem Hügel auf dem Mars herausragt hatte. Er zeigt eine einfache, pragmatische Perspektive darüber was hier vielleicht geschehen war, welcher Grad der Zerstörung geschehen haben musste um diese Zivilisation auszulöschen. Und ein Gefühl der Trauer. Wir können nicht die Möglichkeit ausschließen dass wir hier nur eine Illusion vor uns haben, eine die durch die Perspektive und den Schatten hervorgerufen wird, doch irgendetwas hier lässt die Klingel schrillen.

SM58. Mechanische Beschlag? (7cm) – Curiosity Rover
Ort: Gale Krater, Sol 109, November 2012; entdeckt von Coach Billy Carson
Bildnachweis: NASA/JPL-Caltech/MSSS; Grafik: M. J. Craig

Das nächste anormale Objekt (SM58) hat ebenfalls einen unverwechselbaren mechanischen Charakter, einen den die meisten von uns erkennen werden. Jawohl, beide sind klein, jedoch sind sie

Kapitel 4: Zeichen einer Zivilisation auf dem Mars

vielsagend, durch die einfache Tatsache ihrer Existenz auf dem Boden dieses 150-Kilometer breiten Kraters des Mars.

SM59. Dreieckiges Artefakt? (40cm) – Curiosity Rover
Ort: Gale Krater, Sol 595, April 2014; entdeckt von Rami Bar Ilan
Bildnachweis: NASA/JPL-Caltech/MSSS

Die letzten zwei Objekte die ich vorstellen werde sind von den Kameras des Curiosity Rovers aufgenommen worden, und sie sind so eindeutig mechanischer Natur dass ich wirklich nicht weiss was ich sonst darüber sagen soll. Für mich sagen die Bilder alles was zu sagen ist.

Das erste (SM59) sieht aus wie ein angefertigtes Artefakt mit einer dreieckigen Basis mit runden Kanten. Jemand der Erfahrung mit Mechanik hat könnte womöglich genauere Details identifizieren. Ich suchte nach anderen Bildern welches es zeigen, es gab zwei, aber beide waren praktisch identisch, daher konnte ich das Objekt nicht aus einem anderen Winkel betrachten, was hilfreich gewesen wäre.

SM60. Handkurbel? (15cm) – Curiosity Rover
Ort: Gale Krater, Sol 1051, Juli 2015
Entdeckt von Rami Bar Ilan und Gerald Turner
Bildnachweis: NASA/JPL-Caltech/MSSS; Grafik: M. J. Craig

Das letzte Objekt kann auf einfachere Art und Weise beschrieben werden (SM60). Es übersteigt die Vorstellungskraft einen Grund zu finden weshalb niemand den Rover sofort zurückschickte um es zu untersuchen. Man braucht nicht viel Fantasie um hier eine Art Kurbelmechanismus zu sehen. Die Vergrößerung zeigt viel zu zahlreiche komplexe geometrische Details dafür. Was es genau ist, oder was seine Funktion hätte sein können, ist zu diesem Zeitpunkt nicht wichtig.

Das herauszufinden, zu untersuchen und festzustellen wird die Aufgabe von Archäologen vor Ort sein, zu einem zukünftigem Zeitpunkt. Was im Moment wichtig ist ist die Tatsache dass dies entweder ein Gerät oder ein außergewöhnliches erodiertes Stück Stein oder Sediment ist. Ich lasse hier Sie entscheiden.

Kapitel 4: Zeichen einer Zivilisation auf dem Mars

Aufgrund der vorangegangenen Bilder glaube ich dass die Curiosity-Mission eindeutig eine sehr ausgeprägte Direktive bei ihrer Zielsetzung hat: ganz einfach alles zu ignorieren was ein künstliches Objekt sein könnte, und daran vorbeifahren. Keine Aufmerksamkeit ihm gegenüber, außer in den Fällen wo es einfach als Illusion oder Erosion abgetan werden kann, wie zum Beispiel ein unscharfes Bild eines Steines der wie das Gespenst einer Frau aussieht. Etwas worüber man sich ohne weiteres lustig machen kann.

Mars-Technologie, Raumschiff-Trümmer, oder Geologie?

Man sollte die Möglichkeit berücksichtigen dass diese verstreuten Objekte, sollten sie nicht irgendwie doch zur momentan operierenden Raumsonde auf dem Mars gehören, ebenfalls die Reste von vorausgehenden fehlgeschlagenen amerikanischen und russischen Missionen sein könnten, Missionen die bruchlandeten oder in der Atmosphäre auseinander brachen. Dies setzt voraus dass einige Teile intakt auf der Oberfläche einschlugen, in diesem Fall wäre es für die Designer und Ingenieure dieser Raumsonden möglich die Teile auf die wir hier aufmerksam machen zu identifizieren und so ein paar unserer Mysterien zu lösen.

Ebenso müssen wir uns bewusst sein dass Geologie sicherlich geometrische, künstlich aussehende Formen hervorbringen kann, und daher können wir nicht die Möglichkeit ausschliessen dass die meisten dieser Objekte einfach nur natürliche Kuriositäten sind. Vielleicht können Geologen hier ein paar Beispiele aus der Natur zeigen um uns weiterzuhelfen. Abgesehen davon gibt es nicht viel zu erwägen um diese mysteriösen Objekte zu erklären, abgesehen von Unregelmäßigkeiten bei der Aufnahme und optischen Täuschungen.

Die Vielfalt von möglicherweise künstlichen Objekten die wir gesehen haben legt nahe dass eine zerstörende Kraft für deren willkürliche und chaotische Zerstreuung verantwortlich gewesen sein musste, ein natürliches oder ein technologisches Ereignis oder Disaster vielleicht (oder, falls die Marsbewohner ähnlich den Erdbewohnern waren, das Resultat von Krieg?).

Die für mich einleuchtendste und vernünftigste Erklärung ist dass diese Objekte vom Mars selbst stammen. Die Rover fuhren vorbei und deren Kameras filmten die Reste einer Mars-Zivilisation die noch immer sichtbar waren, halb vergraben im Boden (was auch immer unter der Oberfläche liegen mag, es beflügelt die Fantasie …).

Da ist jedoch eine Beobachtung hinsichtlich dieser Objekte die mich sehr stört, und das ist der Ort wo sie gefunden wurden. Wir müssen uns folgende Frage stellen:

"Wie hoch ist die Wahrscheinlichkeit dass so viele Beispiele von künstlich aussehenden Objekten *entlang der von den NASA-Rovern genommenen Pfaden* entdeckt wurden?"

Diese Fahrzeuge fuhren über die Oberfläche und machten von lediglich einer kleinen Fläche des roten Planeten Aufnahmen, und dennoch haben wir so viele Beispiele für scheinbar geometrisch geformte, künstliche Objekte gesehen. Falls dies ein zufälliger Schnappschuss der Mars-Oberfläche ist, dann müssen die Hinweise für eine technologisch fortgeschrittene Vergangenheit, verteilt über den gesamten Planeten, kolossal sein. Entweder dies, oder die Beweise sind in Wirklichkeit selten, dann muss die NASA ungeheueres 'Glück' gehabt haben als sie die Landeplätze für die Raumsonden festlegte und so über diese Beweise stolperte.

Eine alternative Argumentation wäre dass die Tatsache dass solche Objekte fast überall dort gefunden werden wo die Rover vorbeifahren zeige dass sie nur ungewöhnliche Steine sein können, denn als Zufälle wären es einfach zu viele. Jegliche Objekte, die als solche identifiziert würden, könnten nur das Resultat von Fantasie oder Pareidolie sein. Eine logische Schlussfolgerung, doch sie setzt voraus dass es niemals eine vorzeitliche Zivilisation auf dem Mars gegeben hat, und daher könnte man keine Artefakte finden.

Eine andere Alternative ist natürlich dass jemand bei der NASA gerade diese Landeplätze aussuchte, weil sie hofften dort etwas ausserordentliches zu finden. Dass nach einer geheimen Auswertung diese Gegenden eben wegen jener großen Auffälligkeiten die untersucht werden sollten ausgewählt wurden, vielleicht wegen der hohen Anteile an Metall, oder wegen der magnetischen Eigenschaften oder Anomalien. Doch wenn dies der Fall sein sollte, dann sind sie sicher nicht mit uns im reinen was sie wirklich finden und mit den Mars-Rovern untersuchen.

Kapitel 4: Zeichen einer Zivilisation auf dem Mars

Die Konsequenzen die diese Möglichkeiten aufwerfen sind enorm, denn dies legt nahe dass in Sachen Mars eine zweigleisige Untersuchung stattfindet:

1. Eine *prosaische* Mission die sich auf Geologie, Klima, vorzeitliches Wasser und mikrobisches Leben konzentriert, mit Ergebnissen die der Mainstream-Wissenschaft und der Öffentlichkeit zum Konsum vorgelegt werden.

2. Eine *heimliche* Mission, um die wahre Realität und Geschichte des Lebens auf dem Mars und seiner technologischen Vergangenheit zu erforschern, mit Ergebnissen, die der Wissenschaft und der Öffentlichkeit vorenthalten werden.

Dies ist keine reine Spekulation, sondern eine Auswertung die mit den Fakten und Beobachtungen die wir inzwischen vom Mars Exploration Program kennen übereinstimmen: Etwas stimmt hier nicht. Ausserordentliche Beweisstücke werden ignoriert, und wir müssen uns fragen "warum?" Wenn lebhafte und gesunde Neugier angeblich für die Erforschung des Weltraums so wichtig sind, warum fehlen sie dann hier so eklatant?

Warum können sich unsere Wissenschaftler an der Idee, einen weiteren Steinbrocken anzubohren, so erregen, wenn ein künstlicher Zahnradmechanismus dort auf dem Sand des Mars liegt? Aus der Neugier und Leidenschaft wird totale Stille.

Oder ist es einfach so dass, wenn jemand mit offenem Mund am Monitor sitzt und auf ein unglaubliches künstliches Objekt schaut welches aus dem Sand hervorschaut, dass ihm jemand auf die Schulter tippt?

SM61. Erde/Mars Vergleich: Artefakte

Kapitel 4: Zeichen einer Zivilisation auf dem Mars

Arbeiten wir weiterhin an der Fallakte. Hier ist ein anderes, sehr interessantes Bild vom Opportunity Rover, welches suggeriert dass wir hier ein künstlich hergestelltes Objekt betrachten (SM62):

SM62. Steinhügel auf dem Mars? (1m) – Opportunity Rover
Ort: Meridiani Planum, Sol 2467, Januar 2011
Bildnachweis: NASA/JPL/Cornell

Es sieht schon sehr wie eine dieser südamerikanischen Pyramiden aus, aber sehr alt, verwittert, beschädigt. Die Tatsache dass links des großen Objekts etwas ist was aussieht wie ein weiteres kleineres Objekt, ähnlich dem grösseren, aber viel verwitterter, legt diese Möglichkeit nahe.

Jedoch ist der Abstand zur Rover-Kamera im Vergleich viel geringer, vielleicht nicht mehr als ein paar Meter. Ebenfalls sehen die Auswüchse, die über das Objekt nach oben streben, aus wie oft vorkommendes vulkanisches Gestein, daher ist es wohl wahrscheinlicher dass es sich um solches Gestein handelt und nicht um eine künstliche Konstruktion, ein natürlicher Erosionsprozess der womöglich diese pyramidenförmige Form schuf.

Jedoch ist die Form sehr ebenmässig, und es gibt Ähnlichkeiten zwischen ihnen und jenen alten Lesesteinhaufen ('cairns') und Tempeln die von verschiedenen Stämmen der Britischen Inseln errichtet wurden, daher würde ich die Möglichkeit dass es sich hier tatsächlich um ein künstlich erzeugtes Artefakt handelt eher verneinen.

SM63. Fundament eines Gebäudes? (6-7m) – Curiosity Rover
Ort: Gale Krater, Sol 528, Januar 2014
Bildnachweis: NASA/JPL-Caltech/MSSS

Hier ist ein interessantes terrassenförmiges Merkmal welches bei "Dingo Gap" (SM63) zu sehen ist, die gleiche Region wo das kleine Klampen-ähnliche Objekt gefunden wurde. Möglicherweise

Kapitel 4: Zeichen einer Zivilisation auf dem Mars

sind parallele Ebenen aus Stein zu sehen welche das Fundament eines Gebäudes nahelegen.

Hier haben wir also eher kleine Beweisstücke dafür dass der Mars möglicherweise einmal von einer intelligenten Spezies bewohnt wurde, eine welche dazu imstande war Dinge herzustellen. Zumindest ein kleines Münze, ein quadratische Kisten, ein paar Maschinenteile, und vielleicht ein paar kleine Monumente aus Stein und eine Stein-Terrasse. Wir sehen hier also, dass Objekte mit geometrischen Proportionen und eckigen Merkmalen uns möglicherweise einen Leitfaden dafür geben, dass etwas von einer intelligent geführten Hand angefertigt wurde.

Dies sind mitnichten unumstößliche Beweise, denn geologische Prozesse können sicherlich hier und da geometrisch geformte Steine hervorrufen, und optische Täuschungen sind immer eine Möglichkeit; das Spiel von Licht und Schatten, Perspektive, etc. kann trügerisch sein.

Ebenso ist da das psychologische Problem der sogenannten Pareidolie. Dies ist der Effekt wenn ein menschliches Gehirn entscheidet willkürlichen Formen Sinn zuzuordnen. 'Wenn es wie ein Tablett aussieht, dann muss es auch ein Tablett sein'. Insgesamt gesehen ist dies der Grund weshalb ich es vorziehe mehr Gewicht auf die Nähe der Objekte zueinander zu legen, denn dies macht es wahrscheinlicher dass sie einen gemeinsamen Ursprung haben und nicht einfach nur zufällig sind.

Je mehr Beweisstücke wir finden welche geometrische Formen haben desto robuster wird unsere Beweislage werden, also verfolgen wir dieses Schema – dass gerade, geometrisch proportionale Formen einen künstlichen Ursprung nahelegen – und wir sehen uns nun ein paar Objekte an die auf einer Linie liegen, in der gleichen Richtung, anstatt uns auf die Merkmale des Objekts an sich zu konzentrieren.

Die Natur ist natürlich in der Lage recht gerade Linien hervorzubringen, durch eine Reihe von geologischen Prozessen, daher sollten wir nicht zu vorschnell sein. Was für unser Verständnis 'künstlich' ausmacht ist das Umfeld worin sich diese Geradlinigkeit befindet; ein hoher Grad an außergewöhnlichkeit der nicht so ohne weiteres durch Geologie erklärt werden kann.

Wie stehen also die Chancen drei ähnlich große und geformte rundliche Objekte in einer Reihe zu finden, 240 Meter voneinander entfernt, auf dem Planeten Mars (SM64)?

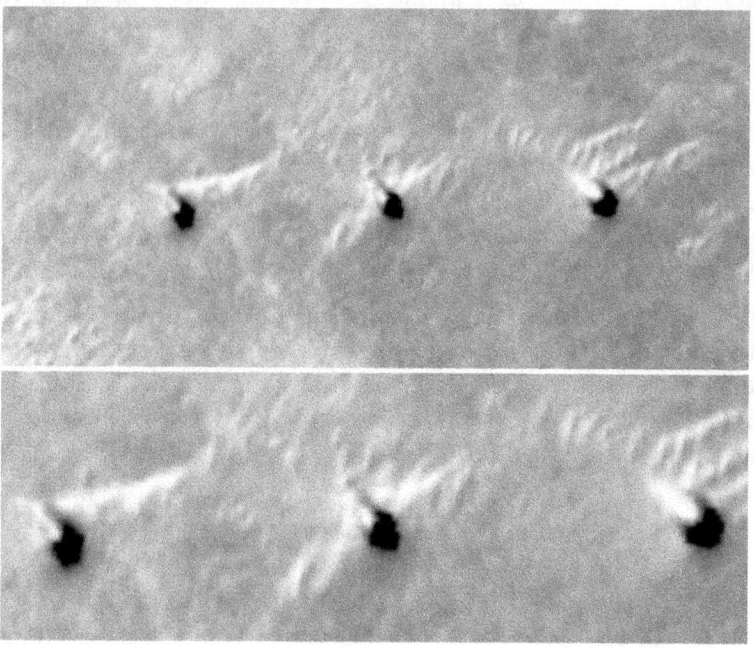

SM64. Natürliche oder künstliche Hügel? (20-25m pro Objekt) – MOC/MGS Orbiter
Ort: Terra Meridiani, April 1999; Bildnachweis: NASA/JPL/MSSS

Obwohl ich keine Ahnung habe was diese Objekte sind, und obwohl sie verdächtig künstlich aussehen, ich bin mir sicher dass die Natur so etwas zustande bringen kann, also sollten wir unsere Begeisterung im Zaum halten. Doch wie wäre es wenn *dreizehn oder mehr* gleich voneinander entfernte Objekte auf eben diesem Planeten gefunden würden? Ich lege nahe dass hier die Natur wohl etwas überfordert ware . . .

Kapitel 4: Zeichen einer Zivilisation auf dem Mars

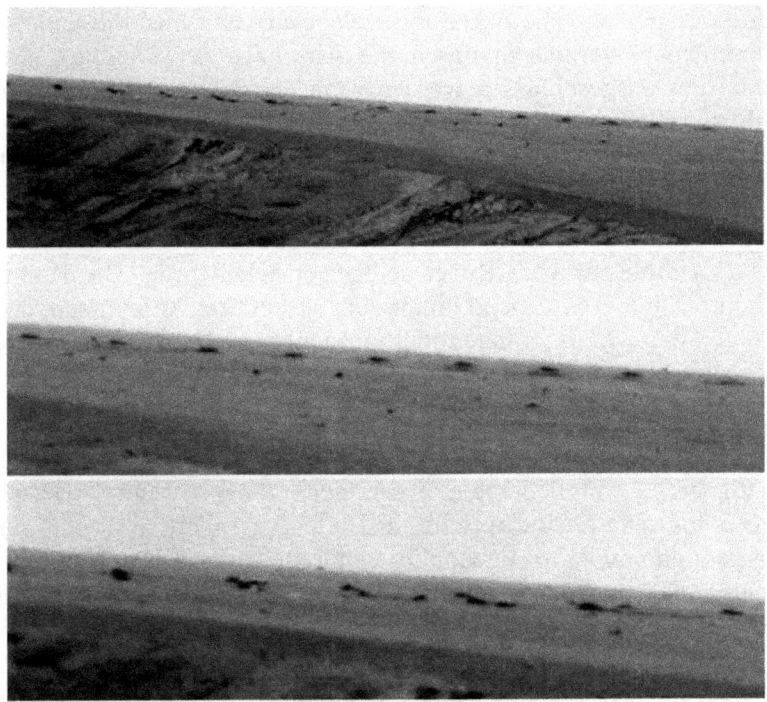

SM65. Vom Rover hinterlassene Spur, oder etwas anderes? (25m) – Opportunity Rover
Ort: Meridiani Planum, Sol 1070, Januar 2007
Bildnachweis: NASA/JPL-Caltech

Nahe des Horizontes auf diesem Bild sehen wir eine Reihe von einander ähnlichen Objekten mit gleichem Abstand zueinander. Beim rechten Teil der Reihe sehen wir dass die ersten Objekte sich extrem ähnlich sind hinsichtlich Form und Größe, wohingegen sie weiter links mehr länglich werden und das Erscheinungsbild variiert.

Hier sollte es eigentlich eine sehr offensichtliche Erklärung dafür geben, und durch die geradlinige Formation ist der erste Gedanke dass es sich natürlich um den Opportunity Rover selbst handelt. Es könnte einfach ein Pfad sein den er hinterließ als er daran vorbeifuhr. Es könnten auch Markierungen sein welche von einem kleinen Meteoriten hinterlassen wurden, einer der womöglich die Oberfläche streifte und diese Auswürfe machte bevor er zum Stillstand kam.

Eine weitere rationale Erklärung welche aufkommt ist die Spur von Einschlägen, verursacht durch die Air- bags der Landung, doch kann dies ausgeschlossen werden wenn wir herausfinden dass das Bild am Victoria Krater am Tag Sol 1070 der Opportunity-Mission gemacht wurde. Das heisst, der Rover hatte schon vor über tausend Mars-Tagen seinen Landeplatz verlassen.

Schlussendlich denke ich dass die wahrscheinlichste Erklärung jene ist dass die Spur vom Rover selbst gemacht wurde. Die Kamera machte von dieser Gegend hinter dem Krater drei Aufnahmen, doch wurden diese Markierungen nicht im täglichen Bericht der Mission erwähnt.[59]

Wenn die vernünftigen Alternativen versagen dann wird es ein Puzzle werden hier herauszufinden was los ist. Wir müssten dann extremere Möglichkeiten erwägen, wie zum Beispiel technologische Geräte welche im Boden verankert sind, oder eine Prozession von Fahrzeugen, oder von Lebewesen. Ich habe wirklich keinen blassen Schimmer. Aber die Vernunft sagt mir dass es eine vom Rover selbst gemachte Spur ist. Tatsache ist dass die NASA wissen muss was dies ist, denn es ist zu offensichtlich und nicht zu übersehen, also ist eine banale Erklärung so gut wie sicher. Ich fragte über dieses Bild auf der Website der NASA, aber bisher hat noch niemand geantwortet.

Im höchst unwahrscheinlichen Fall dass die NASA nicht schon weiß worum es sich bei diesen Objekten handelt müssten wir sie dann fragen warum sie den Rover noch nicht dorthin geschickt hat um es herauszufinden.

Wir begannen diese Spurensuche nach Hinweisen indem wir zuerst auf ein paar kleinere Dinge schauten welche nahe des Rovers sind; sodann sahen wir etwas größere Objekte in größerer Entfernung. Wir werden nun einen anderen Maßstab anlegen, wobei wir jedoch von den Bordkameras des Mars Exploration Rover zu den Kameras der orbitalen NASA Raumsonde schalten.

Großangelegte künstliche Mars-Konstruktionen

Da wir nun Dinge gefunden haben die wie Kleinteile von Maschinen und die Reste von hergestellten Artefakten aussehen die auf dem Boden des Mars liegen, wie steht es um die Chancen woanders größere Teile zu finden? Wenn es einmal eine

Kapitel 4: Zeichen einer Zivilisation auf dem Mars

Zivilisation auf dem Mars gab die eine planetarische Katastrophe erlitt, könnte es noch intakte Reste ihrer Technologie geben? Ein ungeheurer Ansporn für die NASA und ihre Zulieferfirmen um zum Mars zu gelangen: die Entdeckung von alter Mars-Technologie!

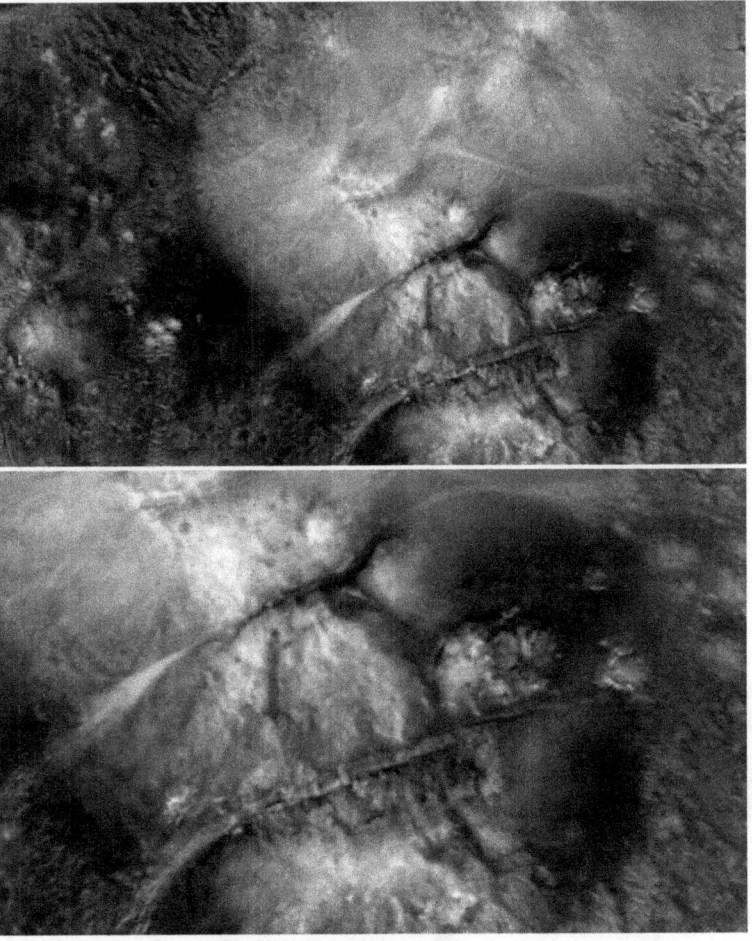

**SM66. Großangelegte Rohrkonstruktionen? (4.5km)
– MOC/MGS Orbiter**
Ort: Aram Chaos, Januar 2000; entdeckt von J. P. Skipper
Bildnachweis: NASA/JPL/MSSS

Dieses Bild wurde von J. P. Skipper[60] entdeckt, aufgenommen von der orbitalen Mars-Kamera (Mars Orbiting Camera, MOC) an Bord des Mars Global Surveyor, ein außerordentliches Bild. Es ist ein unglaubliches Bild, man ist hin und her gerissen zwischen Technologie und einer bizarren, komplexen Geologie.

Bemerkenswert sind hier die zwei Pipeline-ähnlichen Strukturen die scheinbar Flüssigkeit durch eine Düse spritzen. Die obere Pipeline ist scheinbar gerade dabei die Flüssigkeit (Wasser?) zu versprühen, falls uns dieses Bild wirklich ein erhöhtes 'Spray' zeigen sollte und nicht einfach eine Illusion auf Bodenebene.

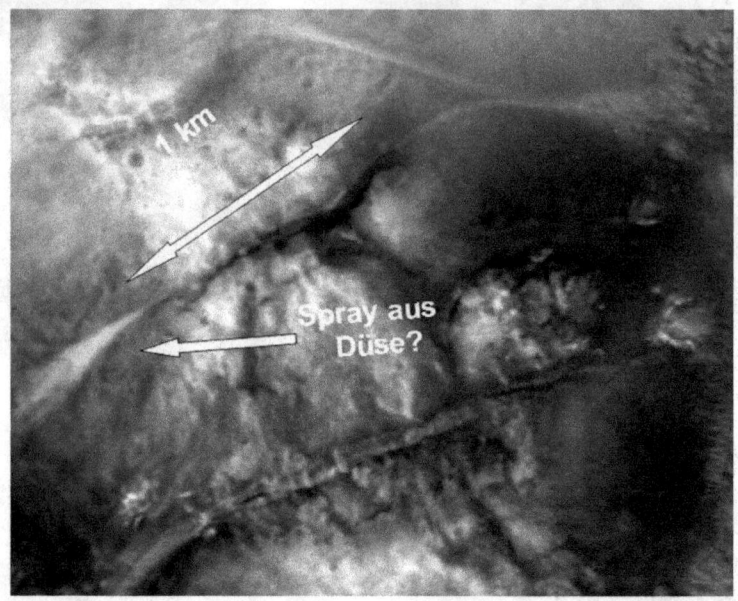

SM66.1 Detail der "Rohre"

Wenn wir näher hinschauen, so meint Skipper, sieht man dass die Düsen scheinbar mit möglichen 'Blasen' oder Kuppeln verbunden sind. Der Sack der unteren Pipeline sieht, verglichen mit der oberen Blase, etwas entleert aus. Ebenso sehen wir etwas weiter oben, über diesen zwei Pipelines, die Andeutung eines möglichen dritten Sacks der 'austrocknete' und nicht mehr funktioniert. Diese Merkmale sind jedoch wesentlich unklarer.

Doch wie groß sind diese Strukturen? Der Filmstreifen des MOC hat eine Breite von 2.91 km, daher können wir berechnen dass diese Düsen etwa einen Kilometer oder länger sind und die Öffnung der Düse einen Durchmesser von etwa 15 Metern hat. Das wäre ein mächtiger, donnernder Strahl der aus der Düse kommt; ein gewaltiger Schaum der gefriert und in die Mars-Atmosphäre verdunstet.

Dies kann natürlich alles Unsinn sein wenn es lediglich eine weitere geologische Sonderbarkeit ist. Für mich sehen die Objekte im Bild sehr organisch und natürlich aus. Was könnte diese rohrförmigen Formationen erklären?

Ich frage mich ob vielleicht eine Quelle mit unterirdischem Wasser über längere Zeit nach oben strömte und beständig an die Oberfläche trat, ausgelöst durch die atmosphärischen Bedingungen auf dem Mars, und formte dann eine Reihe von geologischen Stufen die in diesen 'Pipelines' resultierten. Natürlich wird das Wasser verdunsten oder gefrieren wenn es der Mars-Atmosphäre ausgesetzt wird, daher könnten diese Rohre natürliche Strukturen sein die über einen längeren Zeitraum entstanden und ständig mit Wasser-Eis versorgt wurden, oder vielleicht Mineralablagerungen.

Ich tendiere hier eher zu einer geologischen Erklärung, aber da hier scheinbar mehrere strukturierte Elemente in der Nähe dieser 'Rohre' sind habe ich auch meine Zweifel. Falls sie technischen Ursprungs sind kann man annehmen dass sie vor langer Zeit verlassen wurden und vielleicht doch noch funktionieren; der Zweck war wohl das Ausnutzen eines natürlichen, zyklischen Prozesses, wie das Anzapfen einer Quelle. Und obwohl es nicht mehr funktioniert, immer noch kommt das Wasser an die Oberfläche und macht diese bizarren Gebilde.

Natürlich ist dies alles wilde Spekulation, aber es sind verblüffende Hinweise die man berücksichtigen sollte, daher ist es schon angebracht ein wenig zu mutmaßen. Wir sollten nicht vergessen dass dieses Bild zweideutig genug ist um Fragen aufkommen zu lassen was denn hier wirklich zu sehen ist; was aussieht wie 'Pipelines' und 'Dome' kann sehr wohl eine Illusion auf Bodenebene sein, verursacht durch die Perspektive und die Bildauflösung. Es wäre klug hier vorerst innezuhalten bis mehr Information über diese Angelegenheit verfügbar ist.

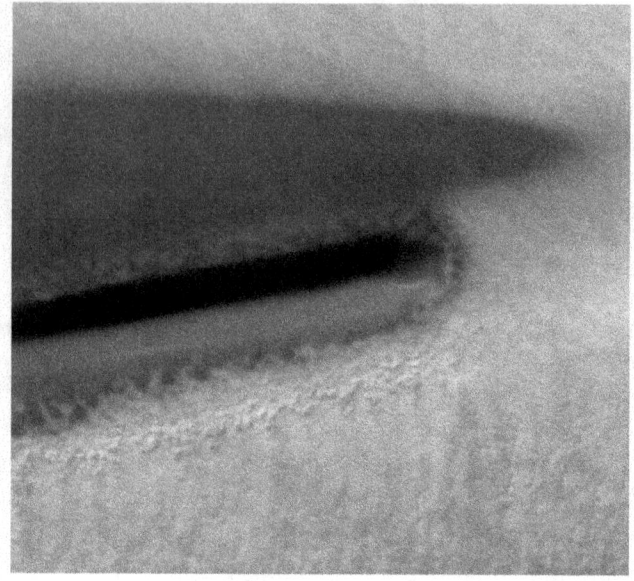

**SM67. Untertunnelung auf dem Mars? (1.9 km)
– MOC/MGS Orbiter**
Ort: Südpolare, Februar 2000; entdeckt von J. P. Skipper
Bildnachweis: NASA/JPL/MSSS

Falls dies ungewöhnlich sein sollte, der nächste Beweis für eine hochtechnisierte Präsenz auf dem Mars ist geradezu surrealistisch. (SM67) Ich habe wirklich etwas gezögert bevor ich dieses Bild in dieses Buch aufnahm, ich vermutete es handele sich um eine Illusion, hervorgerufen durch die Perspektive oder so. Aber sehen Sie es sich selbst an.

Die ebenfalls von Skipper entdeckte Formation[61] wird in der offiziellen MSSS Bildbeschreibung als "Mulde mit dunklem Boden in Südpolarer Region" beschrieben. Ich habe dieses Bild auf die Seite gedreht um irgendwie die gerade Linie welche die Wissenschaftler 'sehen' zu finden – aber ich bin nicht überzeugt. Die Leute vom MSSS sagen dass die vollkommen geraden, dunklen Merkmale in Wirklichkeit eine 'Mulde' sind – eine Senke im Boden. Doch der Schatten dahinter legt nahe dass dies ein Objekt ist welches hervorsteht, über die Oberfläche hinaus. Auch kann der Eindruck entstehen dass dies eine Art Rohr oder Schlauch ist der sich in den Grund hinein gräbt!

Kapitel 4: Zeichen einer Zivilisation auf dem Mars

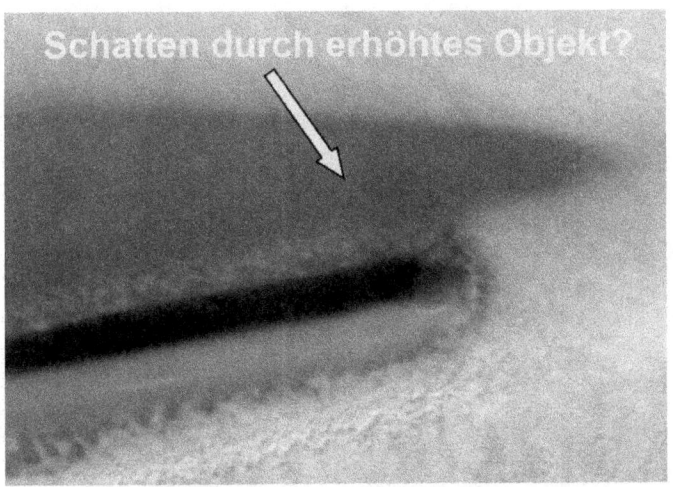

SM67.1 Detail des Objekts und "Schatten"

Ich würde dies vorsichtigerweise nicht als eventuell künstliche Objekte betrachten, wäre da nicht der geradlinige Charakter dieses Objekts. Und wenn wir wirklich etwas sehen was über die Oberfläche hinaus geht, wie es die Geologen sagen, eine Mulde welche in den Boden hinein gegraben ist, dann könnten wir womöglich eine Art mechanisches Gerät vor uns haben, eines was vielleicht gerade dabei ist die Oberfläche des Mars zu untergraben.

Diese vorläufige Möglichkeit wirft natürlich die unglaubliche Frage auf: "Gibt es heute auf dem Mars intelligente Lebewesen?" Nun, wenn das was wir hier sehen korrekt ist, dann ...

Weiter unten von diesem dunklen und geraden Merkmal sehen wir parallele Abdrücke im Boden. Dieses Muster suggeriert dass das 'Gerät' schon dort war und seine Arbeit gemacht hat. Könnte es sein dass es eine Art unterirdisches Tunnelsystem anlegt? Die total geradlinige Richtung, der glänzende Schein der Oberfläche und die gerillte vordere Seite deuten auf ein künstliches, angefertigtes Gerät hin. Die Form des Objektes ist ähnlich den heutigen Hochgeschwindigkeitszügen, aber ich frage mich doch schon sehr ...

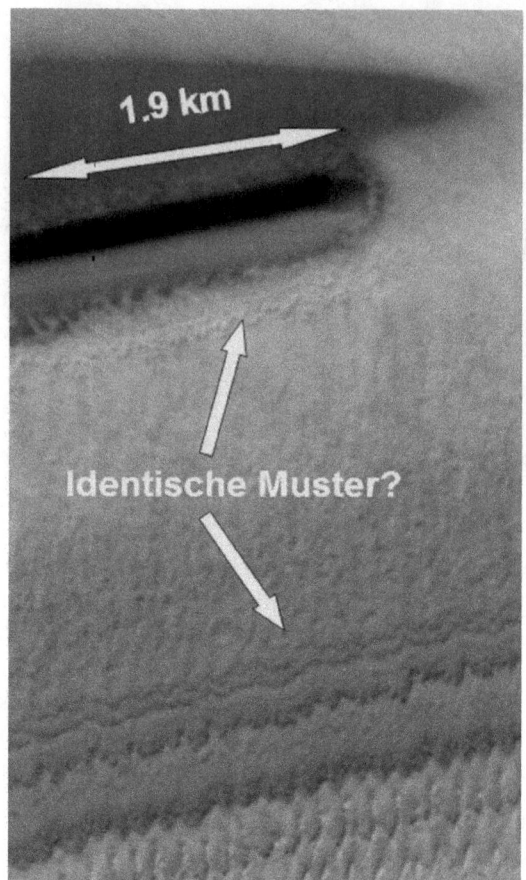

SM67.2 Details des Musters und Größe

Falls Sie jemals die Dune-Trilogie von Frank Herbert gelesen haben fragen Sie sich womöglich ob der Autor eine Vorahnung über den Mars hatte. Solch eine Intuition ist für kreative Menschen nicht ungewöhnlich. Der Roman handelt von einem trockenen Wüstenplaneten mit riesigen unterirdischen Wasservorkommen und einer heimischen Tierspezies – gigantische, unter der Oberfläche lebende Würmer die ab und zu an die Oberfläche kommen um über den Planeten zu stromern.

Nun, ich bin sicher dass in Zukunft auf dem Mars noch seltsamere Dinge entdeckt werden. Die Vorstellung dass eine intelligente Zivilisation auf diesem Planeten existierte ist, für sachliche Gemüter wenigstens, vorstellbar, doch dass heutzutage Lebewesen

Kapitel 4: Zeichen einer Zivilisation auf dem Mars

dort sind ist ein Thema welches kein Wissenschaftler der einen Ruf zu wahren hat anfassen wird, zumindest nicht öffentlich. Und dennoch sind diese echten NASA-Fotos die wir gesehen haben möglicherweise ein Hinweis auf solch eine Realität auf dem roten Planeten.

Verstreute Teile von technischen Apparaturen können eine weit zurückliegende Zeit nahelegen, als der Mars eine lebende Zivilisation hatte die ihren Angelegenheiten nachging, doch kann die Existenz dieser Objekte auch auf eine näher zurückliegende Vergangenheit dieser Zivilisation hindeuten.

Es hängt davon ab wie intensiv die Erosionskräfte auf dem Mars sein können. Es ist möglich dass Artefakte auf der Oberfläche nicht für lange Zeit identifizierbar sein könnten, das würde bedeuten dass jegliche Relikte die gefunden werden relativ jung sind. Möglicherweise decken die Winde des Mars sie regelmäßig auf und begraben sie wieder, in diesem Falle könnten sie sehr wohl sehr alt sein. Es ist schwer zu sagen.

Was geschah mit den Marsianern?

23. Wurde jegliche Möglichkeit der Evolution von Leben auf dem Mars von einem riesigen kosmischen Einschlag ausgelöscht?

Dass der Mars in seiner Vergangenheit eine Katastrophe erlitt wird von Wissenschaftlern nicht in Frage gestellt. Die enormen Asteroid-Einschlagskrater, die riesigen Risse und Narben auf der Oberfläche des Mars, die Lavafelder, das massive Auswaschen durch gigantische Fluten, all dies ist Zeugnis der ungeheuerlichen Zerstörung einer potentiell lebensförderlichen Welt – und vielleicht eine von großer Schönheit – vollkommen ausgelöscht durch massivste und fürchterliche kosmische Ereignisse.

Obwohl einige der Ansicht sind dass der Mars langsam und stetig einen langsamen Tod erlitt, über Jahrmillionen hinweg, es ist eher wahrscheinlich dass die erlittenen Asteroid-Einschläge der Grund für die Zerstörung des Planeten waren; ein tödlicher Treffer von welchem er sich nicht erholen konnte. Sein zerstörtes Magnetfeld, seine verdampfte Atmosphäre und seine Fähigkeit, Leben zu ermöglichen wurden vielleicht so gut wie komplett zerstört.

Falls jemals eine Zivilisation auf dem Mars existierte, dann können wir uns entfernt vorstellen was für ein Albtraum es gewesen sein muss, denn alle Spuren wurden von der Oberfläche des Planeten getilgt; Flammenwände brannten alles nieder; gigantische Flutwellen entstanden als die Ozeane wankten und durch den riesigen Einschlag überschwappten; monströse Erdbeben; Lavaströme die alles was sich bewegte auslöschten; gigantische Gesteins-Raketen die auf alles Lebende niederprasselten.

Nachdem die höllische Zerstörung des Planeten vorbei war, was hätte übrig bleiben können? Die Oberfläche wäre durch die Vulkan-Asche in den Wolken welche die Sonne verdecken würden in totaler Dunkelheit gelegen und hätte den Planeten für Jahre in eine Eiszeit geworfen. Tödliche Strahlung würde über den Planeten einfallen, denn die schützende Atmosphäre und Ozonschicht wäre verloren und im All verbrannt worden.

Wohin verschwanden die Marsianer?

Die Bevölkerung des Mars hätte vorgewarnt sein können und hatte Zeit sich vorzubereiten. Sie wären in den Untergrund gegangen, vielleicht versteckten und verbarrikadierten sie sich in tiefen Höhlen. Vielleicht waren sie dazu imstande den Planeten zu verlassen und zu einer anderen Welt im Sonnensystem zu reisen, vielleicht zur Erde, wo doch so viele alte Legenden von der Ankunft von Lebewesen erzählen die aus dem All kamen und verschiedenen Rassen Weisheit und Wissen brachten.

Kapitel 4: Zeichen einer Zivilisation auf dem Mars

Wenn sie auf dem Planeten geblieben wären ist es möglich dass einige von ihnen immer noch dort sind, tief unter der Oberfläche. Und wenn wir Bilder mit immer noch funktionierenden technischen Geräten sehen, dann könnte dies ein Beweis für deren andauernde Existenz auf dem Planeten sein. Sie könnten auch alle gestorben sein, vor langer, langer Zeit.

Wenn sie jedoch den Planeten verlassen hatten und zur Erde kamen, dann könnten deren Vorfahren heute unter uns sein. Vielleicht sind wir Marsianer.

Und ich glaube es ist diese Möglichkeit weshalb die Wahrheit über den Mars unter Verschluss ist. Die Idee der totalen Neuschreibung der Geschichte der Erde ist ein äußerst unbequemer Gedanke, und die Auswirkungen auf die Religionen – besonders jene die immer noch davon ausgehen dass die Erde das Zentrum des Universums ist und dass die Menschheit das einzige Projekt des Herrgotts ist was Leben und Intelligenz im Universum angeht – wären womöglich enorm.

Wo lebten die Marsianer?

Ob die Marsianer nun alle starben, auf ihrem Planeten blieben und in den Untergrund gingen, oder ob sie ihre todgeweihte Welt verlassen konnten und auf eine andere fliehen konnten, etwas würde doch auf der Oberfläche verbleiben: ein paar verstreute Ruinen ihrer Zivilisation. Die Frage ist, was könnten wir nach solch einer enormen Zerstörung denn überhaupt finden?

Wir haben schon wichtige Hinweise für kleinere Trümmer und vielleicht auch größere Bauten gefunden die darauf hindeuten dass eine technologisch fortgeschrittene Rasse auf dem Mars lebte, doch was hat es mit Hinweisen darauf wo sie wohnten auf sich, wie zum Beispiel Straßen und Städte? Wir müssten doch sicherlich ein paar Zeichen ihrer Wohnkultur sehen können.

Tatsache ist dass womöglich alles durch die Katastrophe die den Mars zerstörte vernichtet wurde, und im Laufe der Zeit hätten natürliche Witterungseinflüsse alles was übrig geblieben war mit mehreren Schichten Staub und Sand bedeckt. Die scharfen Winde des Mars hätten jeglichen Resten von Wänden und Gebäuden stark zugesetzt. Vielleicht hängt heutiges Leben, eines welches überlebte, davon ab vor wie langer Zeit dies geschah.

24. Die Pyramiden in Ägypten: nach einer globalen Katastrophe könnten sie die einzigen Überreste der menschlichen Zivilisation sein?

Ich erinnere mich an einen faszinierenden britischen Dokumentarfilm[62] vor ein paar Jahren, er untersuchte was von unserer Zivilisation übrig bliebe falls wir plötzlich verschwinden oder aussterben sollten; genauer gesagt, wie lange es dauern würde bevor die Natur alle Zeichen von Technologie und Gebäuden vom Angesicht der Erde löscht und damit die Ergebnisse unserer Anstrengungen für Besucher von außerhalb der Erde unsichtbar machen würde.

Die ernüchternde Antwort war: 10.000 Jahre!

In geologischen Zeitaltern gemessen ist dies so gut wie gar nichts. Interessanterweise fand man heraus dass die einzigen Gebäude welche nach 10.000 Jahren noch als konstruiertes Artefakt erkenntlich sein würden die Pyramiden von Gizeh wären, Teile der Chinesischen Mauer und ... die Granit-Skulptur von Mount Rushmore!

Wenn wir die Einflüsse von Zeit und Erosion zu der planetaren Zerstörung des Mars hinzunehmen, könnten wir denn überhaupt etwas an Überresten einer Zivilisation finden? Wenn alle Spuren der Menschheit nach 10.000 Jahren verschwinden würden, was könnte von einer Mars-Zivilisation gefunden werden welche vor 100.000 Jahren ausgelöscht wurde, oder vor einer Million Jahren, oder noch länger? In welchem Zustand wären eventuelle Ruinen nach so langer Zeit in der sie den Bedingungen des Mars ausgesetzt waren?

Kapitel 4: Zeichen einer Zivilisation auf dem Mars

Die Wahrheit ist dass die Chancen intakte Ruinen einer alten Zivilisation auf dem Mars zu finden, ihre Gebäude und Strukturen auf der Oberfläche, sehr gering sind. Wir können nur hoffen dass Reste in abgelegenen Gegenden gefunden werden könnten, dort wo die Zerstörung geringer war und wo die Naturgewalten halb vergrabene Städte und Siedlungen freigelegt haben. Ebenfalls könnten isolierte Fragmente die noch existieren gefunden werden, so wie wir schon Kleinteile in der Form von technischen Geräten und Resten durch die Kameras der Mars Rover gesehen haben.

Wir müssen eben hoffen dass Wind ein Gebäude auch freilegen kann indem der Boden erodiert wird, so wie er alte Überreste auch zudeckt. Wir werden nun ein paar Bilder studieren wo wir möglicherweise Hinweise dafür finden wo die Marsbewohner lebten; die letzten Überreste einer Zivilisation die durch eine fürchterliche kosmische Katastrophe zerstört wurde.

Satelliten-Archäologie auf dem Mars

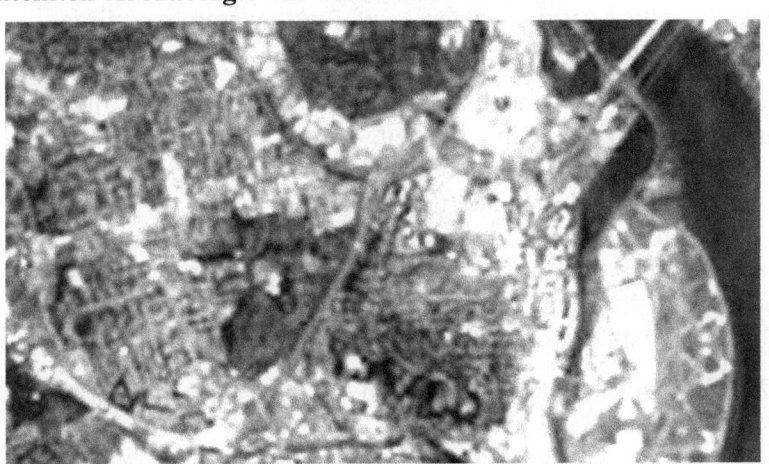

25. Ausgedehnte geometrische Muster offenbaren die Präsenz eines intelligent geplanten künstlichen Komplexes. Satellitenbild von Washington D.C. in den USA
Bildnachweis: NASA/Landsat

Stellen Sie sich vor: Besucher nähern sich der Erde aus dem Weltraum und kommen in ihrem Raumschiff auf unsere weiß-blaue Welt. Wie wüssten sie denn dass hier eine intelligente Zivilisation lebt? Der erste Hinweis für intelligentes Leben auf der Erde wäre die geometrische Regelmässigkeit der Gebäude und Konstruktionen.

Als Zeichen für etwas was wir als alte Überreste einer Mars-Zivilisation erkennen könnten werden wir nach eben diesen offensichtlichen geometrischen Mustern suchen, jene welche uns auch auf der Erde künstliche Gebilde offenbaren. Ebenso werden wir halb vergrabene Habitate die von Archäologen hier auf der Erde identifiziert wurden mit potentiellen Mars-Ruinen vergleichen, um zu sehen ob es Korrelationen gibt. Interessanterweise – aufgepasst NASA – wurden archäologische Fundorte auf der Erde erst durch die Anwendung von Luft- und Satellitenbildern entdeckt.

Auf der Erde setzen Archäologen routinemäßig Flugzeuge ein um versteckte Fundstätten zu überschauen und zu kartografieren – eine Technik die schon seit Jahrzehnten angewendet wird. Doch da Satellitenbilder nun weit verbreitet sind, besonders seit der Einführung von Google Earth im Jahr 2005, haben Wissenschaftler über große Ausdehnungen auf der gesamten Erde nach vorzeitlichen Ruinen suchen können.

Noch haben wir keine Flugzeuge die über den Mars fliegen und nach Ruinen suchen können, aber wir haben sicherlich Satellitenbilder – wie wir bereits in diesem Buch gesehen haben. Die NASA hat über hunderttausend Bilder von der Oberfläche des Mars gemacht, viele davon mit hochauflösendem Detail, und ich wäre äußerst überrascht wenn irgendjemand in einer annähernd offiziellen Position diese Bilder nicht nach Zeichen für eine Zivilisation untersucht hat.

Die Realität ist dass es ungeheuer dumm wäre es nicht getan zu haben. Aus diesem Grund bin ich mir sicher dass jemand irgendwo die Geistesgegenwart und Intention hatte es zu tun. Ich habe keinen Beweis dafür dass die NASA oder eine andere Agentur eine archäologische Auswertung des Mars durchgeführt hat, doch können wir gesunden Menschenverstand auf eine Situation anwenden, und meiner sagt mir dass diese Forschung getan wird und wurde. Das Problem ist natürlich dass niemand darüber spricht oder öffentlich diesen Aspekt diskutiert.

Die Archäologie des Mars wird geheimgehalten.

Kapitel 4: Zeichen einer Zivilisation auf dem Mars

Dies ist eine große Schande, eine die letztendlich lang andauerndes Misstrauen hervorrufen wird wenn diese Information einmal bekannt wird. Es wäre besser die Autoritäten klärten die Angelegenheit auf und ermöglichten der Öffentlichkeit und der wissenschaftlichen Gemeinschaft den Zugang zu dieser Forschung, und falls nicht, dann müssen wir die Wahrheit eben selbst suchen und finden, so wie wir es bereits mit den bisher gezeigten Beweisen im Buch getan haben.

Ich hoffe dass dieses öffentliche Bestreben letztendlich die Behörden und Autoritäten zwingen wird zuzugeben dass die Steuerzahler einige Schritte voraus sind und sich nicht für dumm verkaufen lassen. Die tropfenweise verabreichte Information, von der gesagt wird sie sei der Inbegriff der Wahrheit und des Wissensstandes, wird nicht akzeptiert.

Hinsichtlich dieser Angelegenheit über mögliche archäologische Beweise die auf dem Mars existieren appelliere ich an die Profis auf der ganzen Welt die mit der Auswertung von Luftaufnahmen zur Entdeckung von alten Fundstätten auf der Erde beschäftigt sind, damit sie ihre Aufmerksamkeit dem Mars und der Raum-Archäologie zuwenden. Um zu sehen was es da zu entdecken gibt.

Geometrie der Mars-Archäologie

Nochmals: Um mögliche Stätten als Mars-Ruinen zu identifizieren können wir uns nur auf ein einziges, unschätzbar hilfreiches Kriterium verlassen. Eine Handschrift die fast immer die Anwesenheit von Intelligenz und Design verrät: Geometrie.

Falls wir einfache geometrische Muster auf der Oberfläche des Mars finden sollten besteht eine gute Chance dass die Stätten von vorzeitlichen Mars-Zivilisationen entdeckt werden können. Merkmale die uns gerade Linien, rechte Winkel und Rechtecke, sich wiederholende Muster zeigen die vielleicht Siedlungen und Häuser andeuten, Straßen und Gebäude, begraben im Sand des Mars.

Diese können auf der Erde oft mittels Luftaufnahmen identifiziert werden, da solche Muster unter der Oberfläche oft nur als solche von oben erkannt werden können. So wurden beispielsweise tausende neue archäologische Fundstätten entdeckt nachdem Google Earth es Hobby-Archäologen ermöglichte Satellitenbilder unseres Planeten zu studieren, inklusive der Anwendung von neuen Technologien wie Laser und Infrarot. Sie haben für das Auge unsichtbare Stätten enthüllt. Nichts geht über regelmässige, sich wiederholende, geometrische Muster um die Präsenz von intelligenter Planung und Design aufzuzeigen.

Nun könnte man darüber streiten ob eine außerirdische Zivilisation vielleicht ungeometrisch baute, vielleicht zog sie es vor die Natur zu imitieren anstatt geradewinklige Strukturen zu errichten, wie wir hier auf der Erde. In diesem Fall werden wir niemals in der Lage sein deren Gebäude zu finden, egal was wir tun. In dieser Angelegenheit können wir also nur fortfahren wenn wir davon ausgehen dass intelligente Wesen im Universum sich eben dieser mathematischen Konstanten bewusst sind, jene die auch wir entdeckt und für Konstruktion und Architektur angewendet haben.

Im Zusammenhang mit dieser vorliegenden Studie werden wir nun nach geraden Linien und rechtwinkligen Formationen Ausschau halten; gleichmäßige geometrische Muster die sich von den natürlichen geologischen Landschaften abheben. Möglicherweise werden unsere Funde irgendwo zwischen diese beiden fallen und uns mit der Frage konfrontieren die wir im Zusammenhang mit den meisten Hinweisen dieses Buches ständig vor uns hatten: ist es natürlich oder ist es künstlich?

Wie immer liegt es an Ihnen dies zu entscheiden.

Jedoch ist es recht aufregend dass, wenn wir klare Beweise für rechtwinklige Strukturen auf dem Mars finden sollten, wir dann sicherlich unumstößliche Beweise für eine vorzeitliche Zivilisation auf dem Mars haben sollten ... oder doch nicht?

Geologen werden hervorheben dass es viele Beispiele für verwinkelte und geometrische Formationen auf dem Mars sowie hier auf der Erde gibt, und dass diese durch natürliche geologische Kräfte entstehen, und viele von uns haben sie schon gesehen. Zum Beispiel Giant's Causeway in Irland, wo hexagonale, vertikale, aus Lava geformte Blöcke nebeneinander stehen; ebenso ist die Form von Kristallen anzumerken. Dies sollte uns daran erinnern dass Geometrie ein inniger Bestandteil der Natur ist – es gibt da etwas immanentes im Gefüge der Materie, etwas was diese Formen hervorruft die sich in unserem Universum manifestieren.

Kapitel 4: Zeichen einer Zivilisation auf dem Mars

Jedoch ist die Geometrie wie sie von einer Zivilisation manifestiert wird auf einer total anderen Ebene, vielleicht sogar einer niedrigeren Ebene – und, im Zusammenhang mit der Menschheit wohl oft ganz sicherlich so. Was wir bauen ist nicht immer schön, oder organisch mit der Natur verwoben; nur allzu oft ist es sehr unansehnlich, ein Klotz der ohne Sensibilität in die Landschaft gesetzt wurde.

Ironischerweise kann dieser Unterschied der Schlüssel zur Identifizierung der Geometrie von künstlichen Strukturen sein, im Gegensatz zu den natürlichen – ganz besonders im Zusammenhang mit dem Hauptkriterium: der Lage, des Standortes. So wird beispielsweise eine Zivilisation Festungen auf Hügeln und Hochebenen bauen, um mögliche Feinde die einfallen könnten schon von weitem zu sehen. Oder die größeren Städte, an Küsten gelegen, wo man Fischfang betreiben und Häfen für Schiffe bauen kann um den Handel mit weiter entfernt lebenden Leuten zu erleichtern.

Solche Überlegungen sind nicht Teil der geologischen Beschränkungen der Natur, doch sicherlich sind sie es für denkende, bewusste Wesen die sich mit der Selbsterhaltung und dem Überleben ihrer Spezies befassen.

Wie fortgeschritten war die Mars-Zivilisation?

Falls wir wirklich kleinformatige Überreste von Technologie auf der Marsoberfläche mittels der Bilder die bisher als Hinweise für eine Mars-Zivilisation entdeckt und korrekt identifiziert haben sollten, dann können wir erwarten dass dies eine Zivilisation war welche zumindest die Phase der Industriellen Revolution auf der Erde erreicht hatte. Falls größere technische Geräte korrekt identifiziert wurden so gehörten diese womöglich zu einer höher entwickelten Periode, ähnlich unseres 20. Jahrhunderts.

Wie auch im Falle unseres eigenen Planeten, wo wir Gebäude und Ruinen die viertausend Jahre der menschlichen Zivilisation umfassen entdecken – von den antiken mesopotamischen, ägyptischen, indischen und chinesischen Imperien bis zu den griechischen, römischen und der Maya – so könnte die Mars-Zivilisation ebenfalls Überreste vergangener Kulturen haben, und was wir auf den Bildern der NASA von deren Zivilisation entdecken können wäre möglicherweise einer früheren Periode zuzurechnen, einer welche über Jahrtausende zurückreicht. Nicht notwendigerweise Reste ihrer am meisten fortgeschrittenen Gesellschaft.

26. Machu Picchu – Peru, Südamerika

Interessanterweise können wir auf der Erde viele Ruinen finden die dem Zahn der Zeit widerstanden, einfach weil sie abseits liegen und relativ ungestört blieben. Dies liegt daran dass sie auf hochgelegenen Orten errichtet wurden, auf Hügeln und Hochebenen, sie waren auf Sicherheit ausgerichtet und möglicherweise waren die Witterungsverhältnisse auch nicht ganz so harsch.

Die heutige Erd-Zivilisation baut ihre Städte auf flachen Ebenen in der Nähe von Flüssen und Küstengegenden, nicht in den Bergen. Falls eine planetarische Katastrophe diese tiefer gelegenen Zivilisationszentren komplett ausgelöscht hat, könnten die höher gelegenen Orte – und die älteren Ruinen welche nicht mehr bewohnt waren – möglicherweise die gewöhnlichsten Ruinen sein die auf dem Mars zu finden sind.

Beispielsweise könnte eine planetarische Katastrophe London und New York komplett zerstören und durch gigantische Tsunamis und Erdbeben begraben. Viele Jahre später besucht dann ein außerirdisches Raumschiff die Erde und sucht nach Zeichen

Kapitel 4: Zeichen einer Zivilisation auf dem Mars

menschlicher Zivilisation, und findet möglicherweise nur die Überreste von Orten wie Masada in Israel, oder Machu Picchu in Peru, hoch oben in den Bergen, vor langer Zeit von menschlichen Seelen verlassen, und dennoch der einzige sichtbare Rest menschlicher Zivilisation für Besucher aus dem All.

Wir dürfen hierbei jedoch nicht vergessen dass wir, und dies hat enorme Konsequenzen, lediglich eine Stätte irgendeiner Mars-Zivilisation finden müssen; nur ein einziger unumstößlicher Beweis dafür dass der Mars einmal intelligente Leute beherbergte. Denn wenn dies geschieht dann werden wir gezwungen uns zu fragen: "Wie kamen sie dorthin?", und dann wird die gesamte Struktur von NASA's heutiger wissenschaftlichen Erforschung des Mars als eine erbärmliche Täuschung enthüllt werden, und die angeblich 'einzig richtigen Wissenschaften wie Geologie und Astrobiologie' die auf dem Mars angewandt werden dürfen werden zu einem lächerlichen Gestammel.

Als ich mit der Suche nach möglichen Hinweisen für eine Mars-Zivilisation begann argumentierte ich dass es sinnvoll wäre die maßgeblichen Parameter der Suche einzuschränken und ganz besonders auf mögliche Habitate die auf Hügeln liegen zu achten, Festungen und Orte die einmal Küstenstädte hätten sein können. Letzteres ist möglich weil Wissenschaftler die mutmaßliche Lage von vorzeitlichen Ozeanen und Seen des Mars gezeigt haben, einschließlich der Küsten und Ufer.

Als ich jedoch durch die verfügbaren Hinweise ging die bisher von unabhängigen Forschern entdeckt worden waren, jene welche behaupteten es wären Stätten von alten Mars-Städten und -Gebäuden, wurde mir klar dass es eine umfassende Aufgabe war überhaupt einen glaubwürdigen Hinweis für vorzeitliche Wohnstätten zu finden, ganz egal wo sie gelegen waren. Doch unsere Internet-Tausendsassas haben wohl Hinweise gefunden, wie sie gleich mit eigenen Augen sehen werden. Und einige davon sind wirklich außerordentlich.

Also legen wir los. Auf die folgenden Bilder machte mich ein führender Forscher und Vertreter der Hypothese einer vorzeitlichen Zivilisation auf dem Mars aufmerksam, Richard C. Hoagland. Seine Entdeckungen von möglichen Stätten mit Mars-Ruinen sind die besten Hinweise dafür die ich bisher gesehen habe.[63]

Hier ist ein erhöhtes Merkmal das ein Kandidat für eine versteckte Ruine ist (SM68). Wir sehen hier eindeutig zwei rechtwinklige Formationen die gegenüberliegende Ecken widerspiegeln, möglicherweise Mauern, welche nahelegen dass dies stark erodierte Ruinen eines rechteckigen Gebäudes sind.

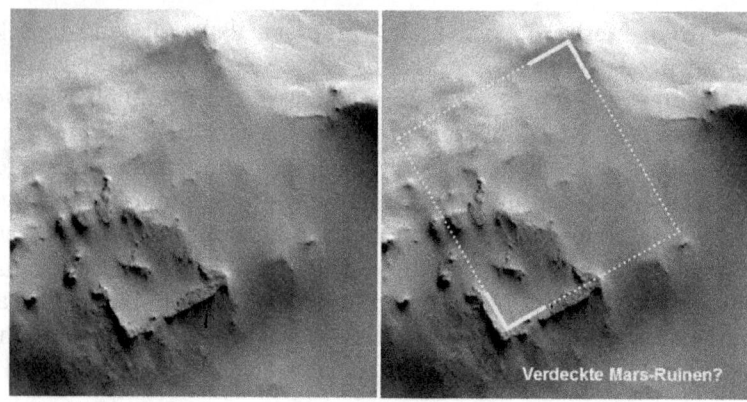

SM68. Mars-Ruinen? (1.7 km) – MOC/MGS
Ort: Arabia Terra, Nov 2001; entdeckt von R. C. Hoagland
Bildnachweis: NASA/JPL/MSSS; Grafik: M. J. Craig

Im Vergleich dazu schauen wir uns einen archäologischen Ort in Sarvistan an, im Iran, um zu sehen wie Ruinen aus der Luft aussehen (27).

Die Struktur im unteren Teil des Fotos ist die Ruine des Sassaniden-Palastes. Was uns hier jedoch am meisten interessiert ist weiter oben im Bild, wo wir quadratische und rechteckige Markierungen im Boden sehen welche die Anwesenheit von alten und heute zugeschütteten Mauern aufzeigen und die immer noch eine Spur auf der Oberfläche hinterlassen, und die auch ganz offensichtlich aus der Luft gesehen werden können.

Kapitel 4: Zeichen einer Zivilisation auf dem Mars

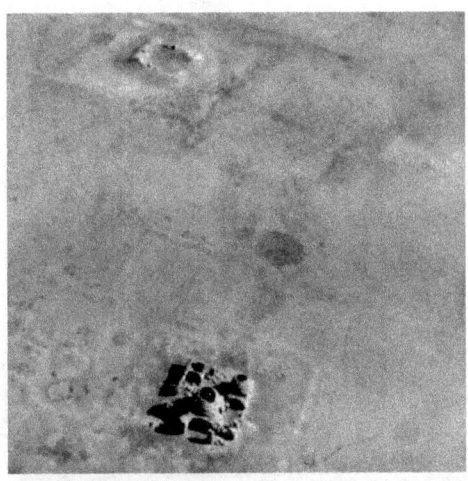

27. Ruinen auf der Erde, bei Sarvistan, Iran – 1936
Bildnachweis: Oriental Institute, University of Chicago
(Reproduziert mit Erlaubnis)

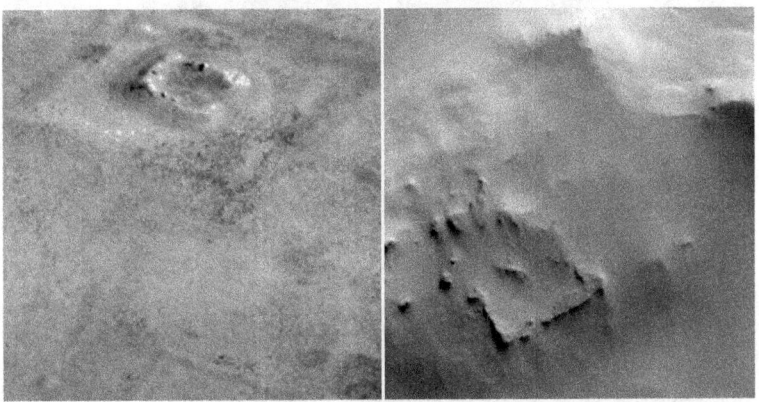

SM68.1 (L) Ruinen im Iran (R) Mars-Ruinen?

Nehmen wir nun die obere Hälfte dieses Fotos welches die früheren Mauern zeigt und vergleichen wir es Seite an Seite mit den möglichen Ruinen auf Arabia Terra auf dem Mars (SM68.1).

Das Foto vom Iran wurde aus einer Höhe von nur 425 Metern aufgenommen und ist in einem kleineren Maßstab als die Struktur auf dem Mars, aber der grundsätzliche Zweck dieses Vergleiches ist trotzdem gültig, denn er zeigt dass, wenn wir lineare Formationen hier auf der Erde finden, eine zugrundeliegende archäologische Erklärung dafür existiert – dass nämlich ein Gebäude dort stand, eines welches ursprünglich von intelligenten, denkenden Wesen errichtet wurde, vor langer Zeit.

Nun, sind wir in der Lage diese Denkweise welche auf Entdeckungen auf der Erde angewendet wird auf den Mars auszuweiten? Seien Sie auf Folgendes vorbereitet. Ich glaube, diese Hinweise sind wahrhaftig außerordentlich.

Hier sind wir nun zurück auf dem Mars, und wir werden uns einen Teil des Bildes welches von der HiRise-Kamera auf der Mars Odyssey Sonde im Jahre 2006 aufgenommen wurde näher ansehen.

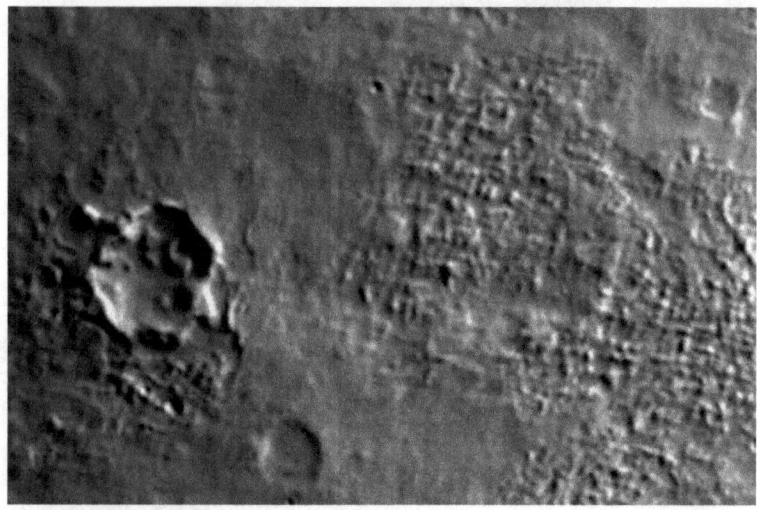

SM69. Halb vergrabene Überreste einer Stadt/Dorf auf dem Mars? (1km) – HiRISE/MRO Orbiter
Ort: mittlere Breitengrade der südlichen Hochländer, März 2006
Entdeckt von R. C. Hoagland; Bildnachweis: NASA/JPL-Caltech/UA

Was wir hier sehen ist ein Beispiel dafür was normalerweise als ein Krater angesehen wird, links im Bild, zusammen mit unscheinbarem Terrain, rechts davon (SM69). Das Bild ist nicht so scharf wie wir es gerne hätten, doch ist genügend Detail zu erkennen sodass wir ein paar aufschlussreiche Beobachtungen und Schlussfolgerungen ziehen können.

Sehen wir uns einmal dieses Bild an, und zoomen wir in die hügelige Landschaft auf der rechten Seite (SM69.1):

Kapitel 4: Zeichen einer Zivilisation auf dem Mars

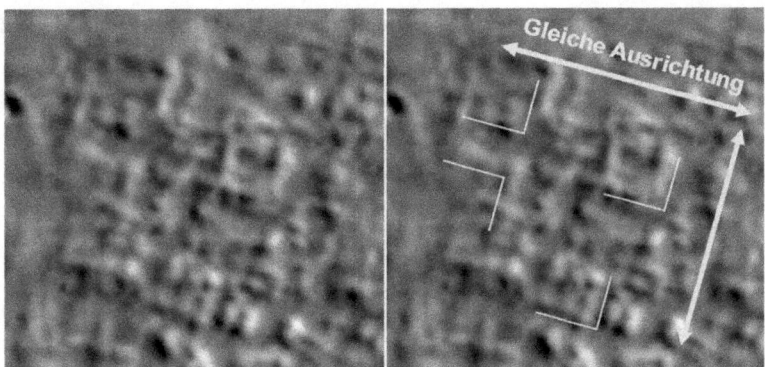

SM69.1 Größenvergleich von Nodulärer Boden (200m Breite)

Wir müssen gar nicht so genau hinschauen um ein Muster aus geraden Strukturen zu erkennen – ein sich wiederholendes Muster das aussieht wie gleichmäßig angeordnete Gebäude; es könnten daher die Reste einer Mars-Stadt sein, halb vergraben im Sand.

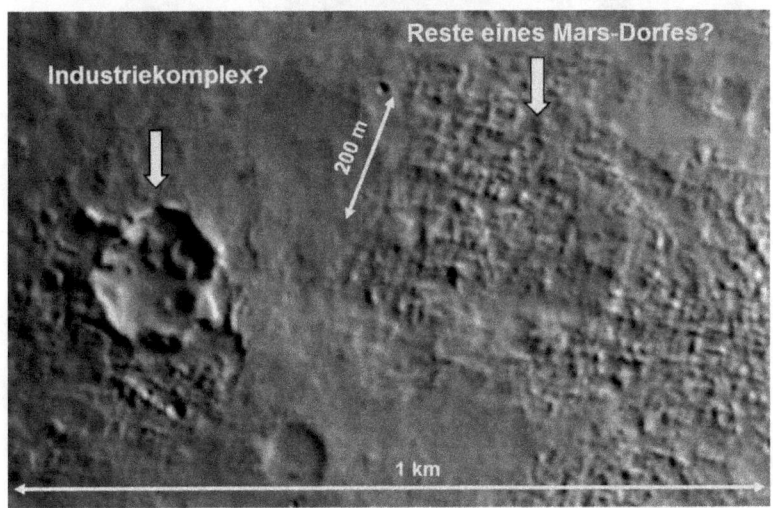

SM69.2 Größenvergleich von "Dorf" und "Komplex"

Ganz eindeutig sehen wir sich wiederholende Muster aus rechtwinkligen Strukturen die sehr nach Gebäuden, Mauern und Wänden aussehen, angelegt wie eine typische Stadt. Vielleicht kann Ihre Vorstellungskraft, so wie meine, die Fundamente von Mauern sehen die einmal Räume waren die zu Häuser gehörten, mitsamt

Raum für Wege und Bürgersteige; ist es die Einbildungskraft, oder vielleicht nicht?

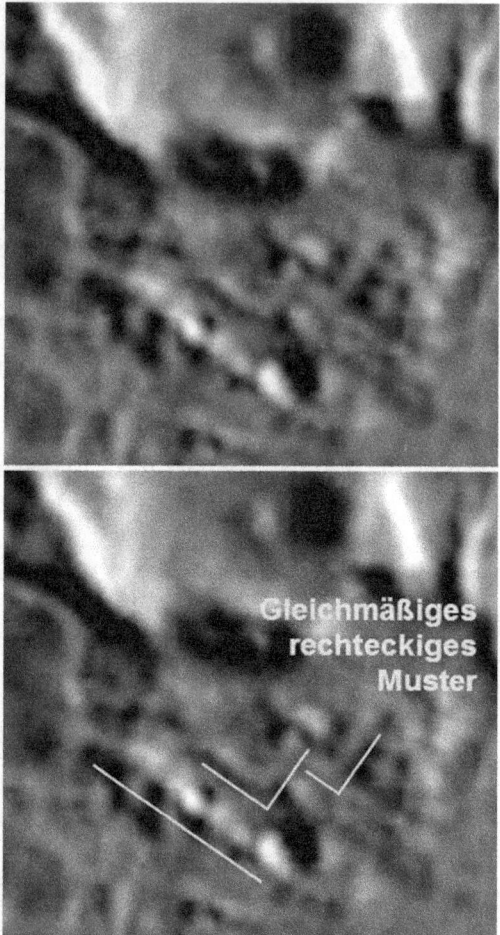

SM69.3 Geradliniges Detail südlich des "Komplexes"

Doch um mit dieser Hypothese fortzufahren müssen wir eine wichtige Frage stellen, und verstehen welches Größenverhältnis wir hier im Sand des Mars vor uns haben. Ist dies groß genug um ganze Gebäude und Straßen aufnehmen zu können? Wenn diese Szene nur 10 Meter messen würde dann wäre dies das Land der Liliputaner! Nun, ich maß so sorgfältig wie möglich und fand dass diese fragliche Region (SM69.2) etwa 200 lang war. Sodann, nach ein paar Untersuchungen, wurde mir klar (mit einem mulmigen Gefühl) dass mehrere Häuser normaler Größe, mit mehreren Räumen, recht bequem hineinpassen wurden.

Während wir diesen Ort weiter erkunden können wir sehen wie sich dieses lineare Muster fortsetzt und ausbreitet, um den seltsam geformten Krater herum, links im Bild (SM69.3). Kann Geologie solch ein geometrisches Muster machen? Sicherlich bis zu einem gewissen Grad, aber so wie es hier zu sehen ist, da habe ich meine Zweifel.

Damit wir eine Vorstellung davon bekommen wie halb vergrabene Gebäude und Mauern einer Stadt auf der Erde aussehen, und angesichts der Wahrscheinlichkeit dass wir hier eine Art zugrundeliegende Strukturen auf dem Mars sehen, schauen wir uns ein Bild der vorzeitlichen archäologischen Stätte Ashur im Irak an (SM69.4).

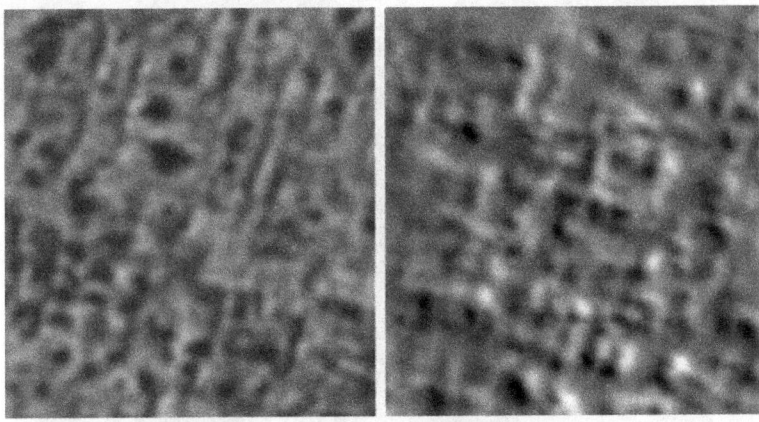

**SM69.4 (L) Stadtruinen bei Ashur, Irak
(R) Stadtruinen auf dem Mars?**
Bildnachweis (L): ©2013 DigitalGlobe, Google Earth

Hier sehen wir im Bild links (SM69.4 L), einen Teil der Ruinen von Ashur, und wiederum sind hier sehr eindeutige rechtwinklige Muster die nicht zu übersehen sind. Wir sehen halb vergrabene Gebäude; Häuser und Straßen die von Archäologen teils ausgegraben.

Wenn wir diese archäologische Stätte auf der Erde mit dem Bild vom Mars vergleichen (SM69.4 R), dann ist die geometrische Ähnlichkeit und Regelmäßigkeit schon verblüffend.

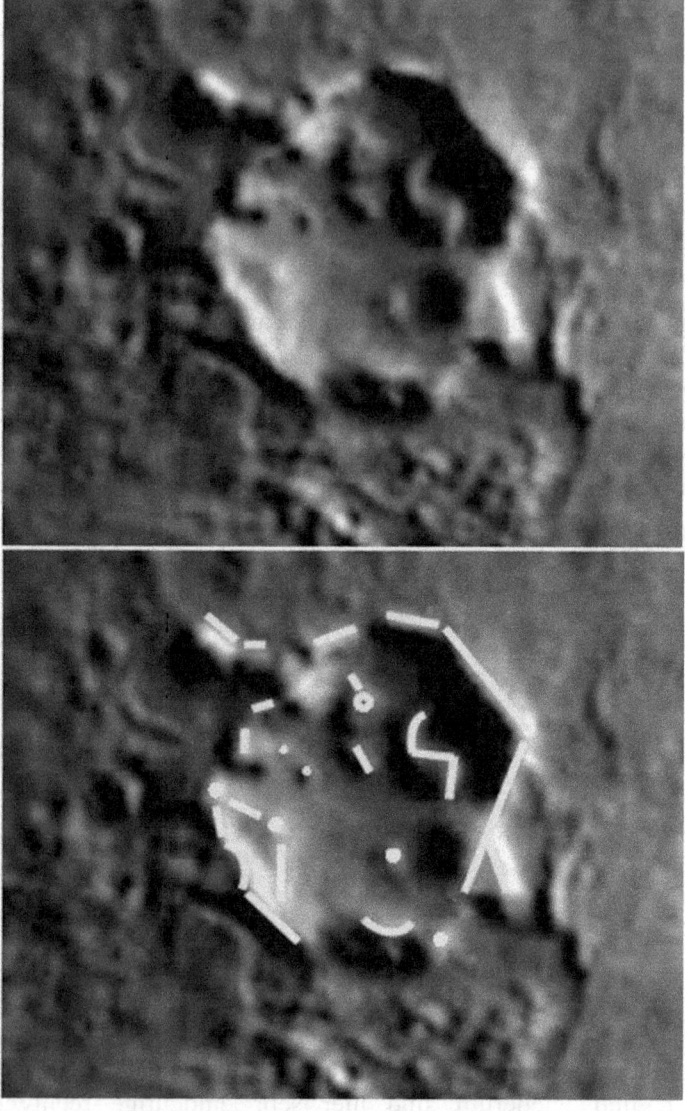

SM69.5 Detail des "Industrie-Komplexes" (200m)

Kommen wir wieder zurück zum 'Krater', wo uns eine noch größere Überraschung erwartet.

Wenn wir uns dieser Struktur nähern können wir erkennen dass sie überhaupt nicht wie ein Krater aussieht, vielmehr sieht dies wie eine künstliche Konstruktion aus (SM69.5). Das ist besonders

Kapitel 4: Zeichen einer Zivilisation auf dem Mars

erkenntlich wenn wir uns die unterschiedliche Anordnung von Objekten innerhalb der Wälle anschauen, wo wir gewundene, gerade und rechtwinklige Formationen sehen, alle an der gleichen Stelle. Der gesamte Komplex misst etwa 195-200 Meter.

Die ganze Szene zeigt eine ausgeprägte Handschrift von Konstruktionen, nicht von Geologie, denn es gibt einfach zu viele Elemente welche auf absichtliche Formgebung deuten, konzentriert auf einer relativ kleinen Fläche. Daher würde ich vorschlagen dass diese Struktur und die Objekte darin scheinbar ein architektonisches Verhältnis zueinander nahelegen; einen erkennbaren Grundriss und eine interne Harmonie. Falls dies bestätigt wird hätte dies natürlich zur Folge dass die Wahrscheinlichkeit dass es sich hier um etwas künstlichen Ursprungs handelt immens ansteigt.

Insgesamt gesehen würde ich bedenken dass dieser Ort, mitsamt dem 'Krater' und der 'Stadt'-Gegend, ein sehr ernsthafter Kandidat ist für Hinweise auf eine Zivilisation welche einmal auf dem Mars lebte und von der diese Ruinen immer noch zeugen. Abgesehen davon bin ich mir sicher dass dieser Ort den Leuten der NASA bekannt ist, oder jenen die zielgerichtet nach solchen Hinweisen suchen. Die nüchterne Wahrheit jedoch ist dass wir immer bedenken sollten dass sie vorsätzlich beschlossen haben uns dies nicht zu sagen, und dass sie diese Information geheim halten.

Wird die NASA ihre nächste Raumsonde hier landen sodass sie mal nachschauen können? Wird sie ihre pedantische Suche nach vorzeitlichem Wasser und Mikroben beiseite stellen und uns stattdessen ein paar wirkliche Beweise zeigen, sodass wir unseren Platz im Universum überdenken können? Nun, dies wird davon abhängen ob die NASA ihre wissenschaftlichen Parameter dahingehend erweitert dass sie die Archäologie bei der Erforschung des Mars mit einbezieht. Öffentlich ist das Thema von möglichen Hinweisen für eine vorzeitliche Zivilisation auf dem Mars ganz einfach nicht auf dem Tisch. Man diskutiert darüber nicht. Nun, wir sollten nachhelfen damit nun endlich ausgepackt wird.

Schreiten wir voran.

An dieser Stelle ist es angebracht darüber nachzudenken welche Art von Strukturen oder Gebäuden unter den Sandhügeln der Oberfläche begraben liegen könnten. In Ägypten waren verlorene

Städte über Jahrtausende unter dem Wüstensand begraben, bevor Archäologen neugierig wurden und sie ausgruben. Wenn wir wirklich Entdeckungen machen wollen, ob hier auf der Erde oder auf anderen Welten, dann sollten wir nicht zulassen uns durch Anmaßung blenden zu lassen – und bei diesem vorliegendem Abenteuer sollten wir uns dazu verleiten lassen uns auszumalen was unter der Marsoberfläche verborgen sein könnte.

Künstliche Objekte in Cydonia

Nun werden wir uns Hinweisen zuwenden die vielen bekannt sind: die Cydonia Mensae Region mit dem 'Marsgesicht'.

Der erste Hinweis für die Möglichkeit einer vorzeitlichen Zivilisation die einmal auf dem Mars lebte kam für mich als ich das Video "The U.N. Briefing: The Terrestrial Connection"[64] von Richard Hoagland sah. Es war eine Vorlesung vor den Vereinten Nationen im Jahr 1992, wo er Beweise für die Existenz von künstlichen Strukturen in Cydonia auf dem Mars präsentierte; er besprach die Vorteile die dieses Wissen der Menschheit bringen könnte; und er war der Meinung dass die NASA und andere Agenturen versuchten dies geheim zu halten.

Ich finde es unglaublich dass diese Information hinsichtlich des 'Marsgesicht' und anderer Objekte in Cydonia seit nun über dreißig Jahren die Runde macht, und trotzdem, immer noch haben sich die NASA und die wissenschaftliche Gemeinschaft noch nicht ernsthaft mit dem Thema auseinandergesetzt.

Wissenschaftler werden wahrscheinlich sagen dass die frühe Erforschung von Cydonia, jene die auf den Fotos mit geringer Auflösung beruhte und die von der Viking Raumsonde im Jahr 1976 aufgenommen worden waren, nun durch die neuen Bilder die seit 1998 von der viel besseren orbitalen Kamera aufgenommen worden waren abgelöst wurde. Die neuen Bilder von Cydonia haben eine viel höhere Auflösung und mehr Detail als die Fotos von Viking.

Kapitel 4: Zeichen einer Zivilisation auf dem Mars

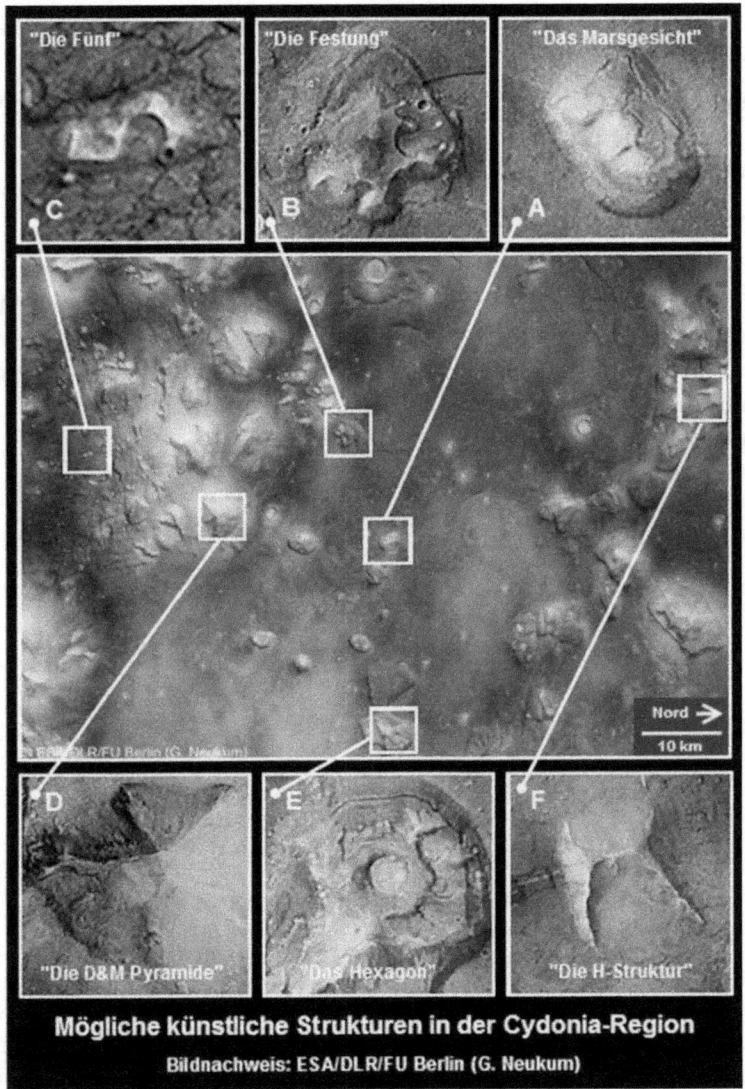

SM71. Mögliche künstliche Strukturen: Cydonia
Bildnachweis: ESA/DLR/FU Berlin (G. Neukum)
(ESA Haftungsausschluss: Siehe Anmerkung [65]); Grafik: M. J. Craig

Also ist das vorrangige Argument des wissenschaftlichen Standpunktes jenes dass die sogenannten künstlichen Objekte wie das Marsgesicht sich nun durch die neuen Bilder als nichts mehr als normale geologische Formationen herausgestellt haben, Hügel, Butten, Mesas und Massive.

Nun, schauen wir uns Cydonia selbst einmal an um zu sehen ob wir irgendwelche Zeichen von Künstlichkeit oder intelligentem Design und von Konstruktionen finden können.

Cydonia Objekt A: "Das Marsgesicht"

Im ersten Kapitel sahen wir ein Foto vom Marsgesicht dass während der Viking-Mission im Jahr 1976 aufgenommen wurde – dieses Bild wurde zur Grundlage von Hypothesen die von mehreren unabhängigen Wissenschaftlern und Forschern entwickelt wurden und die besagen dass das Marsgesicht möglicherweise ein künstliches Objekt ist.

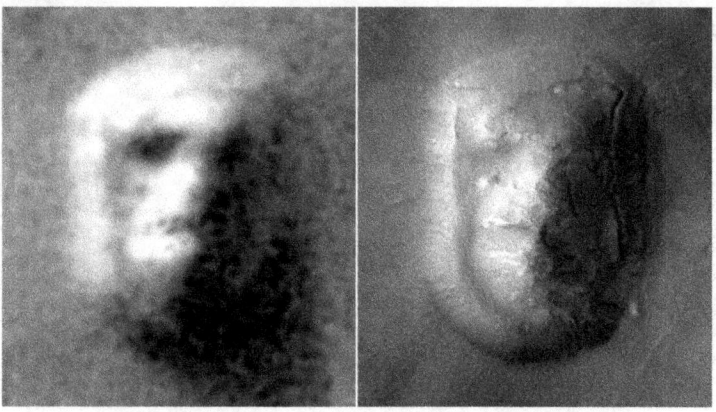

**SM72. Das Marsgesicht: Viking/HiRISE Vergleich
(L) Viking Orbiter 1976 (R) HiRISE/MRO 2007**
Bildnachweis: (L) NASA/JPL (R) NASA/JPL/University of Arizona

Im Jahr 1998, nachdem viel Druck seitens der Öffentlichkeit ausgeübt wurde, war die NASA endlich dazu veranlasst anzuordnen dass genauere Fotos vom Marsgesicht gemacht werden sollten, um Forscher und die Öffentlichkeit zu befriedigen, und um damit womöglich endgültig das Thema der künstlichen Strukturen zu Grabe zu tragen. Neue Bilder wurden zuerst mit der Mars Orbital-Kamera an Bord der Mars Global Surveyor Raumsonde im Jahr 1998 und 2001 gemacht, und dann ein paar Jahre später, 2007, mit der HiRise-Kamera des Mars Reconnaissance Orbiter. Ebenso schoss der europäische Mars Express ein paar Fotos, in Farbe, doch mit geringerer Auflösung.

Kapitel 4: Zeichen einer Zivilisation auf dem Mars

Für unsere Untersuchung werden wir ein Bild des Mars Global Surveyor aus dem Jahre 2001 benutzen, aufgenommen mit einer Auflösung von 2 Metern pro Pixel (SM73).

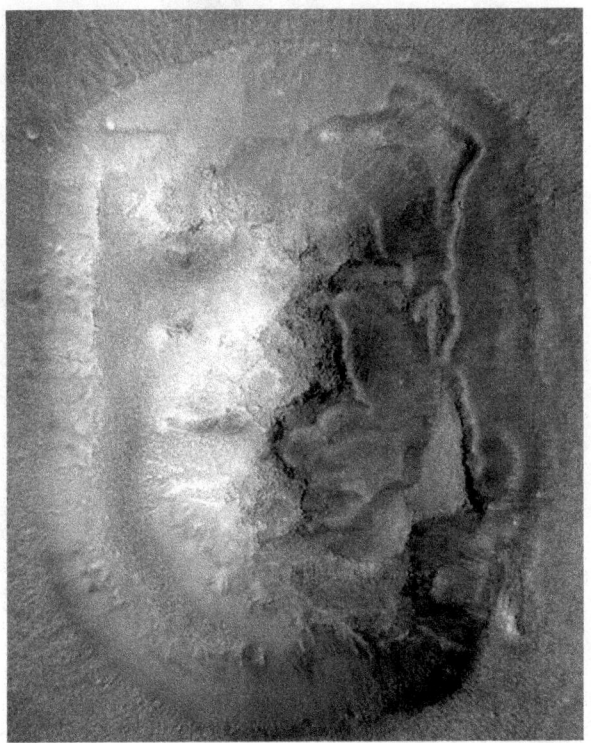

**SM73. Das Marsgesicht: 2001 (2.75 x 2 km)
– MOC/MGS Orbiter**
Ort: Cydonia Mensae, April 2001
Bildnachweis: NASA/JPL/MSSS

Die Mainstream Meinung der Wissenschaft hinsichtlich des Marsgesichts ist dass dies nicht mehr als eine erodierte Hochebene ist; der Überrest eines Massivs welches vielleicht durch Erdrutsche und eine Frühform von Schutthalden geformt wurde. Nach Ansicht der Forscher welche die Hypothese der Künstlichkeit vertreten ist dies jedoch möglicherweise ein Monument dass aus dem Boden gegraben wurde.

Was also sehen wir hier was uns davon überzeugen könnte dass wir ein künstliches Gebilde vor uns haben, statt eines Hügels der nur wie ein Gesicht aussieht?

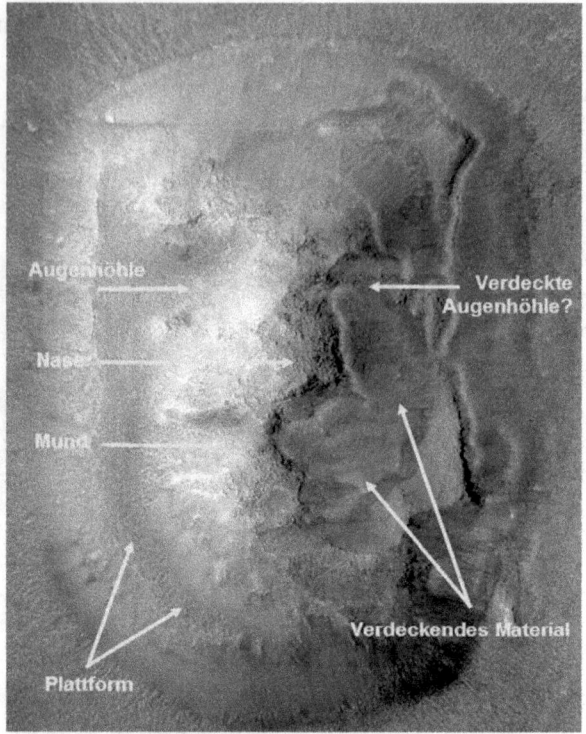

SM73.1 Das Marsgesicht: 2001 (detail)

Was für mich bei diesem Objekt als Erstes auffällt ist seine Grundform; es hat eine harmonische Krümmung und Symmetrie die recht elegant aussieht. Ebenfalls ist dort scheinbar eine flache Ebene worauf die eigentlichen Merkmale des Gesichtes sind, was ein Indiz für ein Design Element wäre.

Die linke Seite ist ein recht guter Versuch einer Darstellung eines Gesichts, mit Augenhöhle, Nase, Mund und Stirn, alle proportional korrekt. Damit dieses Objekt jedoch wie ein komplettes Gesicht aussieht müssen diese Details sich klar auf der rechten Seite widerspiegeln. Dann würden wenig Zweifel daran bleiben dass dieses Monument von einer zivilisierten, intelligenten Spezies geschaffen wurde. Jedoch haben wir hier ein Rätsel vor uns.

Dummerweise ist auf der rechten Seite des Gesichts angesammeltes Material, es verdeckt was darunter liegt – und wir müssen ja eine entsprechende Augenhöhle und Verlängerung des Mundes finden.

Kapitel 4: Zeichen einer Zivilisation auf dem Mars

Wenn wir nicht irgendwie all dieses Material wegwischen oder sonst wie den Untergrund aufzeichnen können um zu sehen was darunter verborgen ist, dann ist die Frage ob das Marsgesicht künstlich ist nicht zu beantworten. So gesehen glaube ich nicht dass ein weiteres Studium des Bildes uns weitere Einsichten bringen wird.

Es gibt aber andere Zusammenhänge mit deren Hilfe wir erörtern können ob das Gesicht möglicherweise künstlich ist oder nicht. Wenn wir uns dem Gesicht nähern sieht es lediglich aus wie jeder anderer Ort mit verwittertem Gestein, aber wenn ein paar Marsianer sich entschlossen dieses Mega-Monument zu bauen – und es ist fast 2.5 Kilometer lang und 300 Meter hoch – dann müssen wir berücksichtigen was der Grund dafür gewesen sein könnte. War vielleicht dessen Funktion die dass es nur aus der Höhe als Gesicht erkannt werden konnte?

Falls es so ist dann wurde dieses Ziel erreicht (SM74-75):

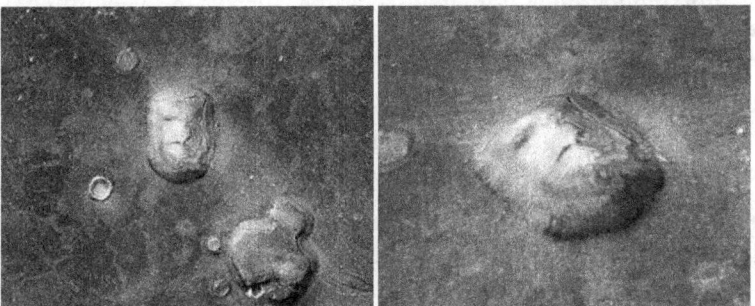

SM74-75. Das Marsgesicht: 2006 – Mars Express
Bildnachweis: ESA/DLR/FU Berlin (G. Neukum)

Ebenso müssen wir berücksichtigen in welchem Ausmaß eine planetarische Zerstörung Auswirkungen auf irgendwelche Gebäude oder Monumente welche von einem Tsunami erreicht wurden gehabt hätte, mit vernichtenden Hitze- und Druckwellen, und mit massiven Meteoriteneinschlägen. Und außerdem dürfen wir die zusätzlichen tausende von Jahren der Erosionseinflüsse und Alterung nicht vergessen. Ganz offensichtlich wäre es unter solchen Bedingungen ganz und gar nicht realistisch zu erwarten, es wäre möglich ein größeres Artefakt ohne Kratzer und in bestem Zustand zu finden.

In diesem Fall hätte die rechte Seite des Gesichts die mit Sand bedeckt ist jene Seite sein können welche direkt den Druckwellen ausgesetzt war. Tatsächlich ist es so dass, wenn wir uns die Gegend von Cydonia als solche ansehen, sieht man ein Muster dass scheinbar eine große Anzahl an Hügeln, Bergen und anderen Merkmalen zeigt die nur auf einer Seite mit Material zugeschüttet sind, alle auf der selben Seite; dieselbe Seite auf der das Marsgesicht Sand aufgehäuft hat.

Interessanterweise liegt Cydonia an der Grenze zwischen dem Hochland und den niedrigeren nördlichen Senkungen, und Theorien besagen dass ein riesiges Stück des Mars durch einen enormen Einschlag weggerissen wurde, teilweise wurde es ins All geschleudert und der Rest flog zur anderen Seite des Planeten und kam in einem höllischen Hagel nieder. Die nördlichen Senkungen liegen signifikanterweise 4 bis 5 Kilometer niedriger als der Rest des Planeten.

Es gibt eine konventionelle Erklärung für diese Anhäufung von Material, genannt "angeklebtes Terrain" (pasted-on terrain) – ein Überzug aus staubbedecktem Schnee und Eis. Da dieses Material auf der Seite des Marsgesichts ist die am wenigsten der Sonne ausgesetzt ist könnte dies erklären warum es nicht erodiert und geschmolzen ist, so wie die andere Seite.

Da gibt es auch andere Theorien hinsichtlich der bedeckten Seite, einschließlich Hoagland's Idee der zufolge dies ein Monument ist welches ursprünglich womöglich mit Metall und Glas bedeckt war. Was wir heute sehen sind die Auswirkungen der Absprengung, der Erosion oder des Schmelzens dieser ursprünglichen Abdeckung durch die verhängnisvollen Ereignisse die hier vor Äonen geschahen.[66]

Nun haben wir also einige detaillierte Fotos des Marsgesichts gesehen, und den Zusammenhang worin dieses Objekt möglicherweise von vorzeitlichen Marsbewohnern errichtet wurde erörtert. Was glauben Sie? Ist es ein künstliches Objekt, oder nur ein gewöhnliches geologisches Merkmal welches zufälligerweise einem menschlichen Gesicht ähnlich sieht?

Nun, als solches betrachtet würde ich das Marsgesicht nicht als eine künstliche Konstruktion ansehen. Es gibt einfach nicht genügend

Kapitel 4: Zeichen einer Zivilisation auf dem Mars

Hinweise für ein möglicherweise künstliches Design welches nicht durch geologische Prozesse hätte geformt werden können.

Was hinsichtlich Cydonia jedoch sehr interessant ist ist die Tatsache dass es mehrere weitere ungewöhnliche Objekte in dieser Region gibt welche Merkmale eines künstlichen Ursprungs aufweisen. Daher würde die Entdeckung von weiteren Objekten in dieser Gegend uns Beweise dafür liefern dass das Marsgesicht tatsächlich künstlich ist.

Schauen wir mal was sonst noch dort ist.

Weitere, möglicherweise künstliche Strukturen in Cydonia

Cydonia liegt in der nördlichen Hemisphäre, und wie bereits erwähnt wurde liegt an der Grenze zwischen den kraterübersäten Hochebenen der westlichen Arabia Terra und den flachen nördlichen Tiefebenen von Acidalia. Aus geologischer Sicht ist Cydonia eine Übergangszone mit Einschlagskratern und erodierten Mesas, mit großen Ausdehnungen von ebenmäßigen Gegenden dazwischen, und mit wenig Anzeichen vulkanischer Aktivität.

Es ist eine höchst interessante Gegend mit einer großen Vielfalt an seltsamen Formen und merkwürdigen Merkmalen welche als Noppen, Butten und Massive bezeichnet werden. Aus geologischer und daher wissenschaftlicher Sicht müssten jegliche pyramidenförmige oder künstlich aussehende Merkmale die in dieser Gegend gefunden werden durch natürliche Prozesse der Erosion auf dem Mars entstanden sein, und daher wäre da nichts ungewöhnliches an ihnen.

Mal sehen ob dies wirklich so ist.

In der Cydonia Gegend gibt es viele anormale Merkmale und Landschaftsformen, und als mögliche Hinweise für eine vorzeitliche Mars-Zivilisation präsentiere ich nur solche welche die meisten Kriterien unserer Suche nach künstlichem Ursprung erfüllen: deutliche Anzeichen von geometrischen und rechtwinkligen Formationen.

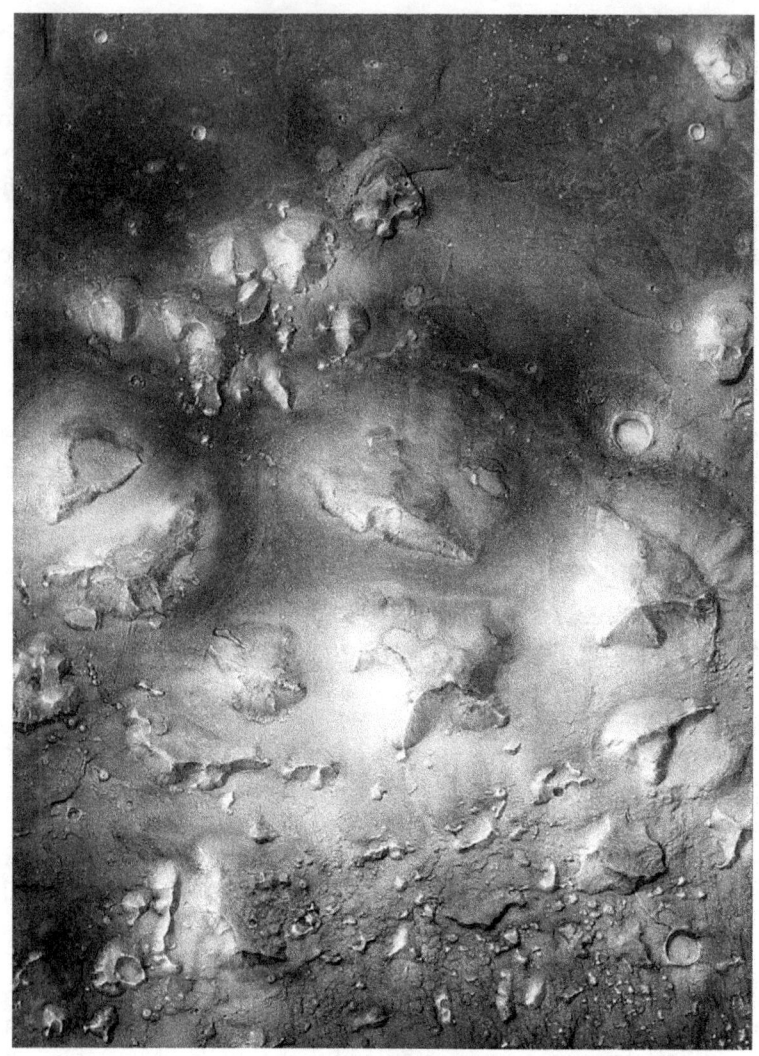

**SM76. Die Cydonia Region: 2006
– Mars Express**
Bildnachweis: ESA/DLR/FU Berlin (G. Neukum)

Kapitel 4: Zeichen einer Zivilisation auf dem Mars

Cydonia Objekt B: "Die Festung"

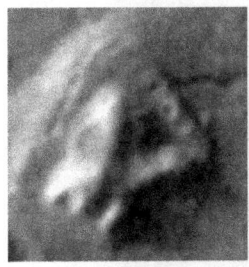 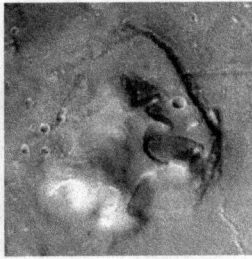 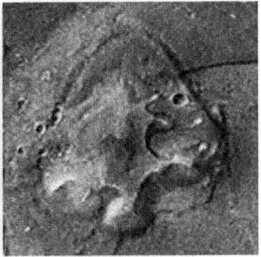

SM77. Die Festung: Vergleich 1976-2006
(L) Viking Orbiter (M) MGS Orbiter (R) Mars Express
Entdeckt von R. C. Hoagland
Bildnachweis: (L) NASA/JPL (M) (i) NASA/JPL/MSSS
(ii) Mark J. Carlotto (R) ESA/DLR/FU Berlin (G. Neukum)

Wir werden uns nun etwas ansehen was von Richard Hoagland 'Die Festung' genannt wurde. Ich glaube dies geschah hauptsächlich weil das originale Bild der Viking-Sonde deutlich eine dreieckige Form zeigt (SM77L). Man kann nach der Betrachtung des Fotos von Viking deutlich sehen warum man damals meinte es sei künstlich. Die dreieckige Form ist schon eindrucksvoll. Jetzt natürlich, nachdem sie mit den Kameras vom Mars Express und Mars Global Surveyor mit viel höherer Auflösung fotografiert wurde, können wir einen ganz anderen Charakter dieser Form sehen, obwohl es immer gerechtfertigt ist sich Fragen über dessen Ursprung zu machen. Sehen wir es uns einmal näher an.

Dieses Bild der Festung (SM77.1) zeigt ein Muster aus geraden und geometrischen Linien, mit einer Regelmäßigkeit die möglicherweise auf eine darunter liegende künstliche Struktur zurückzuführen ist.

Die Breite beträgt ungefähr zwei Kilometer, und das deutlichste Zeichen für ein inhärentes künstliches Element dieser Formation ist die Plattform mit einer rundlichen dreieckigen Form im Norden und einem ausgeprägtem rechten Winkel an der östlichen Flanke. Da ist auch die Andeutung dass eine umfassendere Konstruktion auf dieser Plattform sitzt, eine die rundliche Merkmale im Südwesten und Osten aufweist; da diese nicht ganz so offensichtlich sind haben wir sie hier nicht eingezeichnet.

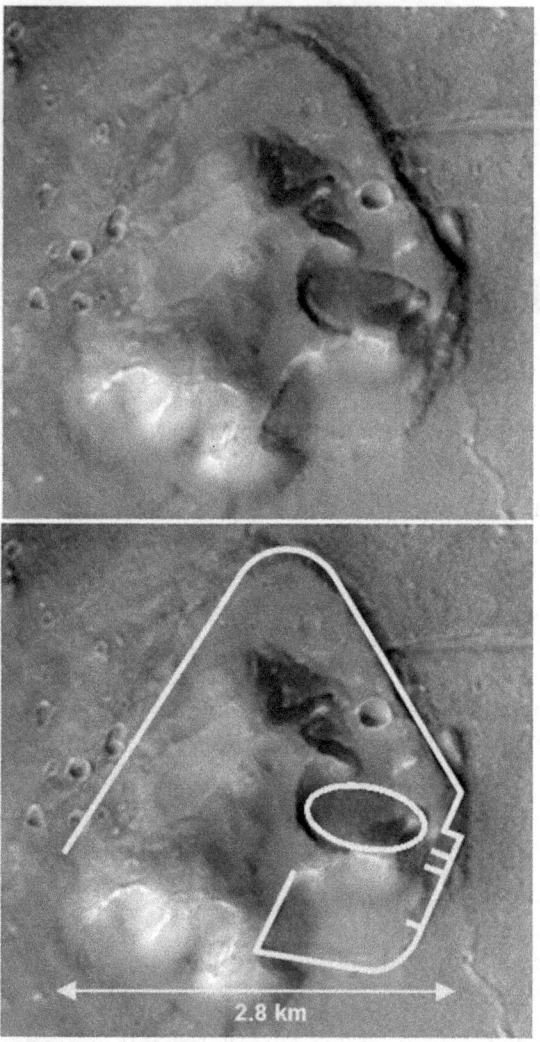

SM77.1 Die Festung: geometrisches Muster (2.8km)

Die Festung scheint mehrere Elemente eines künstlichen Designs zu vereinen, sie hat eine umfassende architektonische Harmonie die einem den Eindruck vermittelt dass wir tatsächlich etwas betrachten was von intelligenter Hand angelegt wurde. Es ist als könne sich das Rätsel hier nicht ganz enthüllen, aber man spürt dass hier etwas vor sich geht. Oder vor sich ging, vor sehr langer Zeit. Die Ecken sind abgerundet, erodiert, vielleicht beschädigt, und möglicherweise

Kapitel 4: Zeichen einer Zivilisation auf dem Mars

von mehreren Schichten Sand und Sedimenten bedeckt, wer weiß wie viele tausende von Jahren schon.

Cydonia Objekt C: "Die Fünf"

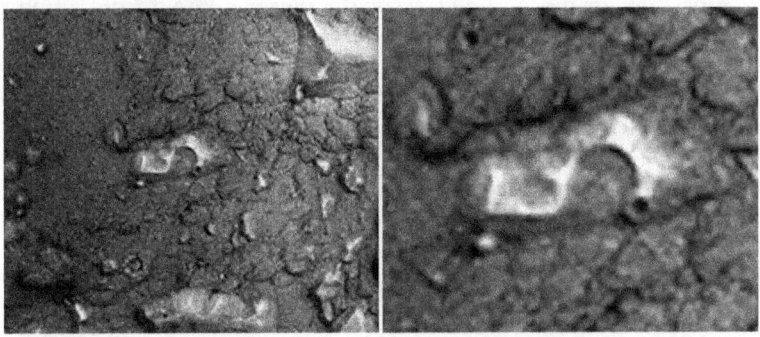

SM78. Die Fünf (1.2 km) – Mars Express 2006
Entdeckt von M. J. Craig; Bildnachweis: ESA/DLR/FU Berlin (G. Neukum)

Das nächste mysteriöse Objekt welches wir uns ansehen ist etwas was bisher noch nicht von anderen Forschern erwähnt wurde, soweit ich weiß, aber ich meine es ist ganz sicher unserer Aufmerksamkeit wert (SM78).

Ich habe es 'Die Fünf' genannt, denn wenn man es 90 Grad nach rechts dreht ... (wie sonst sollte ich es nennen!)

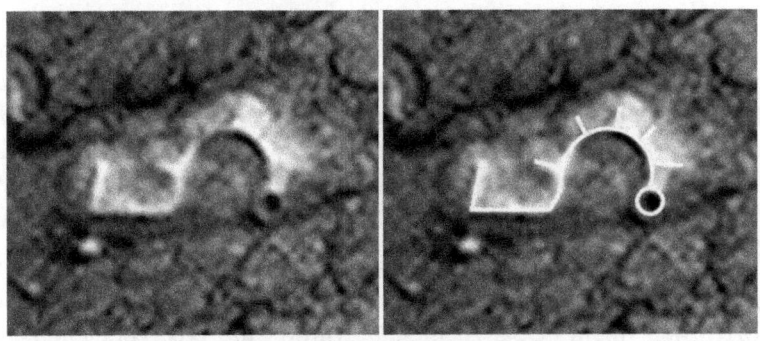

SM78.1 Die Fünf: geometrisches Muster

Wie auch immer, aus Gründen der Illustration möchte ich es nicht in dieser Position abbilden, sonst lenkt es von der schier unglaublichen eckigen Definition dieses Objektes ab. Meiner Meinung nach ist die Form außerordentlich ungewöhnlich, und wenn dies wirklich eine wahrhaftige Abbildung dessen ist was tatsächlich auf dem Boden ist, dann wird es sicherlich nicht durch geologische Prozesse erklärt werden können, obwohl irgendjemand es sicherlich versuchen wird.

Es gibt **vier** grundsätzliche Aspekte dieses Objekts die mich zu einer künstlichen Herkunft tendieren lassen:

1. **Der präzise rechte Winkel** ganz links in dieser Formation.
2. **Der Halbkreis** und die Andeutung von abstandsgleichen 'Speichen' die daraus hervorgehen.
3. **Die perfekt ausgerichtete Verbindung** des Halbkreises und der Speichen, mit einem kleinen runden Objekt auf der rechten Seite.
4. **Die konstante Breite** die sich über die gesamte Länge dieses Dings erstreckt, ich schätze, ungefähr 50 Meter breit. Die Gesamtlänge des Objekts beträgt etwa 1.2 Kilometer.

Den einzigen Vorbehalt den ich hinsichtlich dieses Bildes habe ist dass die Auflösung des Fotos lediglich 15 Meter pro Pixel beträgt, und wenn diese Bilder vergrößert werden spielen Artefakte die bei der Datenkomprimierung entstehen sowie die Begrenzungen der Kameras eine Rolle, das heißt, die Muster der digitalen Pixel überlagern sich mit dem was wirklich zu sehen ist.

Ohne hier ausführlich in Details zu gehen – dies ist nicht meine Spezialität – was hier mehr oder weniger passiert ist dass bei dieser Vergrößerung ein Muster aus verwobenen rechtwinkligen Details auftritt dass dazu tendiert 'gerade Linien und Blöcke' aus etwas zu machen was möglicherweise gar nicht gerade ist. Dies ist ein Punkt den wir in Betracht ziehen müssen wenn wir diese Bilder untersuchen, besonders wenn wir versuchen Details aus Bildern mit geringer Auflösung zu gewinnen, wie dem vorliegendem Bild zum Beispiel.

Aus diesem Grund suchte ich nach einem Bild welches uns hoffentlich mehr Details bieten würde, um zu versuchen die Existenz dieses außergewöhnlichen Objekts bestätigen zu können.

Der Mars Global Surveyor nahm mehrere Fotos dieser Gegend an der wir interessiert sind auf, schoss eine Anzahl langer schmaler Filmstreifen, und ich fand einen davon der einen Teil davon aufgenommen hatte. Doch das beste Bild wurde vom Forscher George J. Haas gefunden, der mir freundlicherweise ein Link zu

Kapitel 4: Zeichen einer Zivilisation auf dem Mars

einer Aufnahme schickte die von der HiRISE-Kamera gemacht wurde, und sie zeigt die gesamte Struktur (SM79).

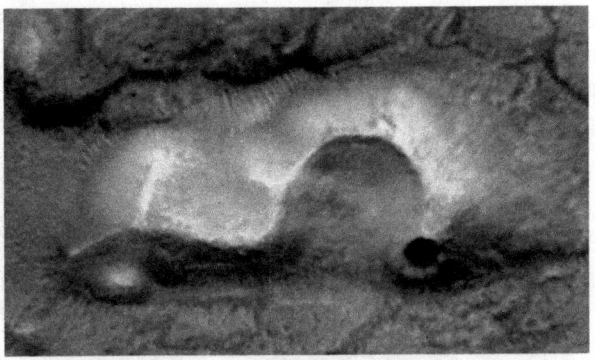

SM79. Die Fünf – HiRISE/MRO 2008
Bildnachweis: NASA/JPL/University of Arizona

Wie wir deutlich sehen können, dieses neue Bild bestätigt all die geraden Linien und Winkel - vielleicht abgesehen von den radialen Speichen - und auch sogar Details eines weiteren rechten Winkels der aus der Ecke des rechten Winkels hervorkommt.

Da wir nun eine Bestätigung dafür haben dass dieses Objekt wirklich existiert und dass es nicht eine Illusion ist die durch Artefakte von Fotos mit geringer Auflösung hervorgerufen wurde sehe ich dies als einen potentiell sehr guten Beweis für einen künstlichen Ursprung.

Was dies jedoch wirklich ist bleibt natürlich weiterhin reiner Spekulation überlassen, und ich habe wirklich keine Ahnung was dies sein könnte. Meine Präferenz hier ist dass es eine vorzeitliche Bibliothek ist. Mein vorzüglicher deutscher Übersetzer meint es war einmal eine exotische Kneipe wo hervorragendes Bier serviert wurde! Doch Spaß beiseite, für mich ist dieses Objekt einfach faszinierend.

Es hat all die geometrischen Signale nach denen wir suchen, und ist damit ein sehr klarer Fall dafür dass wir hier sicherlich eine künstliche Struktur vor uns haben. Wenigstens handelt es sich um die Überreste davon, halb begraben, zerstört, was auch immer.

Cydonia Objekt D: "Die D&M Pyramide"

Nun kommen wir zur 'D&M Pyramide', benannt nach ihren Entdeckern, den Wissenschaftlern Vincent DiPietro und Greg Molenaar. Sie ist über einen Kilometer hoch und etwa drei Kilometer breit, und hätte womöglich eine fünfseitige Pyramide sein können.

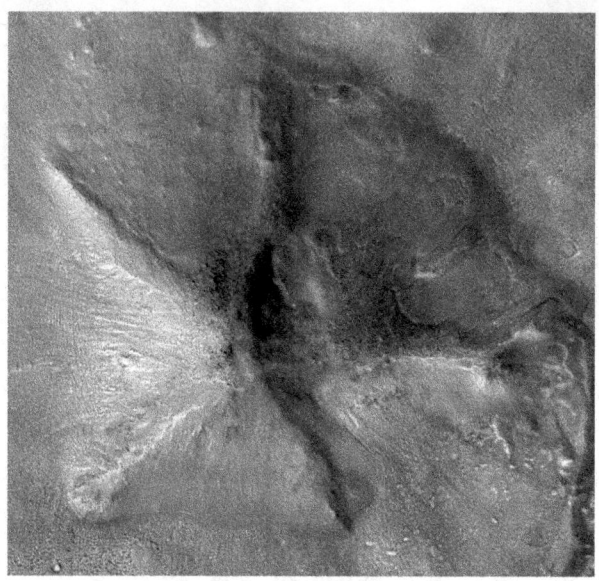

SM80. Die D&M Pyramide (3km) – MGS/THEMIS
Entdeckt von V. DiPietro/G. Molenaar; Bildnachweis: NASA/JPL/MSSS

Dieses Objekt wird normalerweise so gesehen wie hier, von Süden nach Norden, mit Betonung der drei relativ intakten westlichen Seiten, aber für mich sieht man die außerordentliche sternförmige Struktur besser und klarer wenn man das Bild auf den Kopf stellt, es zeigt dann die sehr symmetrischen und proportionalen hervorstehenden Arme (SM80.1).

Kapitel 4: Zeichen einer Zivilisation auf dem Mars

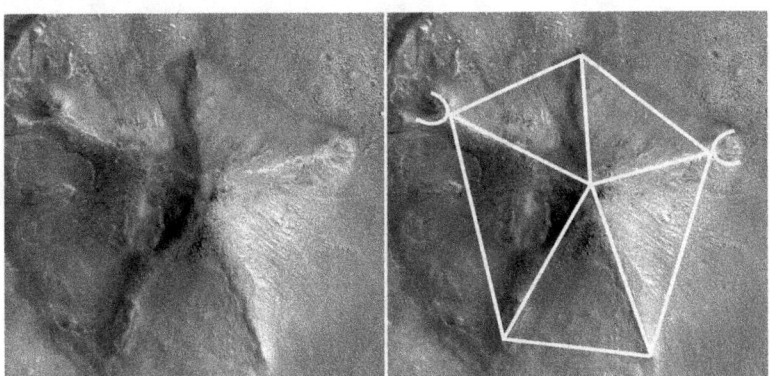

SM80.1 Die D&M Pyramide: geometrisches Muster

Ich meine dass dies ein noch außergewöhnlicheres Objekt ist als das Marsgesicht, besonders was die beeindruckende Symmetrie angeht. Die Wahrscheinlichkeit dass ein geologischer Prozess solch eine faszinierende fünfseitige Formation verursacht hat ist sicherlich sehr gering.

Es ist schon interessant sich hier vorzustellen was unter solch einer enormen Struktur verborgen liegen könnte, und es ist eine Schande dass die NASA noch nicht einmal neugierig ist.

Bekommen wir hier vielleicht irgendwie den Eindruck dass wir irgendwie viel zu zahlreiche solcher geometrisch geformten Objekte in einer Region sehen? Dieses Objekt liegt nur zwanzig Kilometer südwestlich des Marsgesichtes; ebenso liegt es fünfzehn Kilometer entfernt von der Fünf, und fünfzehn Kilometer von der Festung.

Wenn wir uns die Karte und das Diagramm ansehen wo diese Formationen liegen (SM81) dann sehen wir viele weitere Berge, Massive und Hochebenen, und weil diese so zahlreich sind erklären Geologen dass es wahrscheinlich dadurch bedingt ist dass man unter ihnen ein paar findet die seltsam oder gar künstlich aussehen.

Vielleicht wird mich meine Unwissenheit bezüglich Geomorphologie unter den Wissenschaftlern den Kopf kosten, aber dennoch behalte ich mir das Urteil vor welches mir mein Instinkt nahelegt: dass in dieser Region mehr dran ist als man auf den ersten Blick erkennen kann, und irgendwann werden gesunder

Geheimer Mars

Menschenverstand und Objektivität über ein gewisses Vorurteil der Wissenschaft siegen …

… und über die Angst, einen Schritt ins Unbekannte zu wagen.

SM81. Die D&M Pyramide und benachbarte Formationen

Kapitel 4: Zeichen einer Zivilisation auf dem Mars

Cydonia Objekt E: "Das Hexagon"

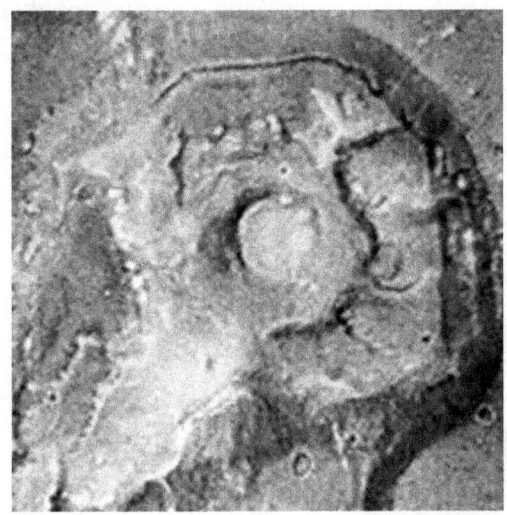

SM82. Das Hexagon (2km) – Mars Express 2006
Bildnachweis: ESA/DLR/FU Berlin (G. Neukum)

Hier ist ein weiteres Bild von Cydonia von dem ich meine es ist einer gewissen Aufmerksamkeit wert (SM82).

Was mir hier auffiel ist eine hexagonale Form die scheinbar in einer weiteren geometrischen Form sitzt. Die westliche Seite hat Zeichen der Zerstörung durch starke Erosion oder Einschläge die es erschweren die ursprüngliche Formation zu erkennen, angenommen es hatte einmal eine ursprüngliche Form.

Immer wenn wir solche präzise Winkel und Kurven sehen, wie bei diesem Objekt, müssen wir sicherlich die Frage stellen wie dies denn möglich ist. Tatsache ist dass sechseckige Strukturen in der Natur recht gewöhnlich sind, wie man bei Eis und Gestein gut sehen kann. Wenn wir jedoch geometrische Präzision auf solch einer Skala wie hier sehen, besonders wenn es sich in der Nähe von weiteren geometrisch proportionalen Formationen befindet, dann sollten wir vielleicht andere Alternativen als Geologie als Erklärung dafür in Betracht ziehen.

Ich fand ein weiteres Bild welches dieses Muster wenigstens bestätigt, jedoch bietet es keine zusätzlichen Details (SM83). Ich habe die zugrundeliegende hexagonale Form eingezeichnet, ebenso die relativ geraden Seiten der äußeren Formation die meiner Meinung nach sehr interessant sind und die möglicherweise auf eine darunter liegende künstliche Struktur weisen.

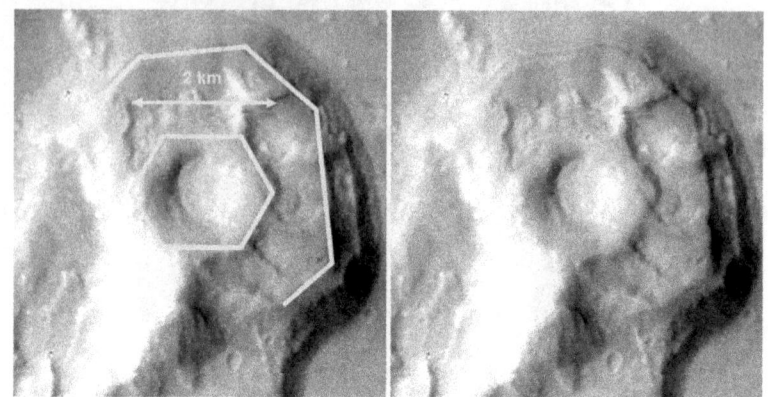

SM83. Das Hexagon (2km) – THEMIS/Mars Odyssey '02
Bildnachweis: NASA/JPL/Arizona State University; Grafik: M. J. Craig

Jedoch gibt es eine weitere Idee die möglicherweise diese Struktur erklärt, und es ist die Theorie von elektrischen Lichtbogen auf der Oberfläche des Planeten.[67]

Es gibt gute Hinweise dafür dass viele Krater nicht durch Meteoriteneinschläge verursacht wurden sondern durch gigantische elektrische Blitzeinschläge. Laborexperimente des Plasmaphysikers C. J. Ranson haben gezeigt dass hexagonale Merkmale durch elektrische Lichbogen erzeugt werden können, und da mehrere hexagonale Krater auf dem Mars und im restlichen Sonnensystem gefunden wurden glaube ich dass diese Möglichkeit im Zusammenhang mit diesem Objekt in Betracht gezogen werden sollte.

Cydonia Objekt F: "Die H-Struktur"

Dieses Objekt ist recht außerordentlich (SM84). Die parallele Symmetrie ist imposant und, wenn ich das hier erwähnen darf, architektonisch elegant. Geologen werden darauf bestehen dass wir hier lediglich eine übrig gebliebene Landschaftsform aus hartem Gestein sehen, eine die übrig blieb nachdem das umliegende weichere Gestein über Jahrmillionen hinweg erodierte und verschwand, und dies ist mehr oder weniger die wissenschaftliche

Kapitel 4: Zeichen einer Zivilisation auf dem Mars

Erklärung die für die meisten Formationen in Cydonia gegeben wird.

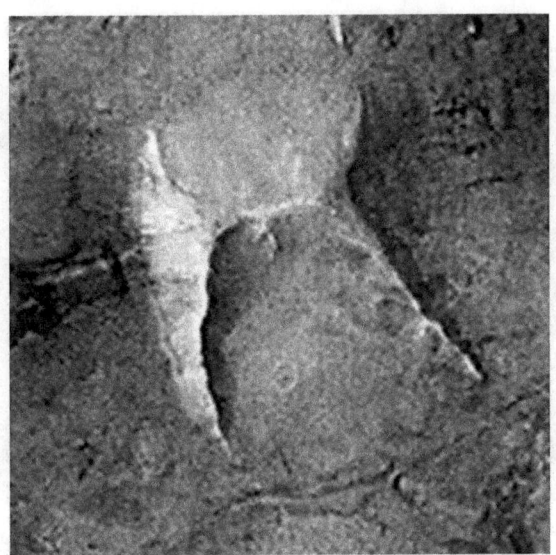

SM84. Die H-Struktur (2.5km) – Mars Express 2006
Bildnachweis: ESA/DLR/FU Berlin (G. Neukum)

Aber wie ist es möglich dass solch eine ungewöhnliche Form nach so langer Zeit der Erosion hervorkommt, und mit solch einer ausgeglichenen Symmetrie? Und wenn angenommen wird dass es nur eine zufällige Erscheinung der Natur ist, warum finden wir so viele zufällige Formationen in dieser Region die geometrisch konsistente Merkmale haben?

Hier ist ein Überblick von weiteren Merkmalen in der Nähe des 'H' (SM84.1). Wenn ich mir dieses Foto ansehe dann bekomme ich das Gefühl dass wir hier wieder einmal einen intelligenten Bauplan vor uns haben. Da ist etwas in den räumlichen Verhältnissen zwischen diesen Objekten was eine willkürliche Positionierung suggeriert. Sie sind nicht einfach wild ineinander geschichtet, wie bei zufälligen geologischen Prozessen zu erwarten wäre, da ist genügend Platz zwischen allen. Dies ist für mich sehr interessant.

NASA-Geologen erklären dass es tausende dieser Kuppen, Butten und Mesas gibt welche sich über Cydonia erstrecken, und dass sie nichts besonderes sind. Dies kann gut der Fall sein für die meisten unter ihnen, aber viel relevanter hier ist die Tatsache dass wir in dieser Region im besonderen so viele geometrisch interessante Merkmale finden.

SM84.1 Das H-Struktur und benachbarte Merkmale

Es gibt Untersuchungen die nahelegen dass diese Merkmale an der Küste des damaligen Mars-Ozeans liegen. Sehen wir hier vielleicht mehrere Gruppen von Gebäudekomplexen, vielleicht Siedlungen welche über diese Region von Cydonia verstreut sind, und die ehemals an der Küste lagen?

Nun, da gibt es viele weitere Merkmale und Objekte in der Cydonia Region die ich hier zeigen könnte, aber diese müssen vorerst ausreichen. Dies heißt dass wir mit den visuellen Beweisen und Hinweisen auf dem Mars, jene die ich Ihnen in diesem Buch zeigen wollte, mehr oder weniger fertig sind.

Zusammenfassung der Beweise: Zeichen einer intelligenten Mars-Zivilisation

Haben wir genügend Beweise für eine vorzeitliche Zivilisation die auf dem Mars lebte gefunden? Nun, meiner Meinung nach, und in Anbetracht aller Bilder als solche, isoliert vom größeren Zusammenhang und den vielen kleineren Objekten die wir gesehen haben, ich würde sagen: Nein, wir haben keinen einzigen Beweis. Praktisch alle Fotos könnten durch Geologie erklärt werden, oder durch prosaische Erklärungen wie Bilddefekte, oder durch die von

Kapitel 4: Zeichen einer Zivilisation auf dem Mars

der Perspektive verursachten Illusionen, Schatten, oder die geringe Bildauflösung.

Wenn jedoch alle Bilder zusammengenommen *als breites Spektrum an Beweisen* betrachtet werden, dann würde ich 'Ja' sagen, wir haben genügend Beweise. Es gibt viel zu viele künstlich aussehende Objekte und geometrisch konsistente Formationen als dass sie einfach als zufällige Phänomene der Natur betrachtet werden können. Was mich zu dieser Schlussfolgerung bringt ist die schiere Einfachheit und klar definierte Struktur einiger der kleinen Objekte die gefunden wurden, und ebenfalls die Orte wo sie gefunden wurden:

1. Der runde Zahnkranz-Mechanismus mit den gleichmäßigen Ausbuchtungen.
2. Der quadratische Kasten.
3. Das Objekt was wie eine Handkurbel aussieht.
4. Die vielen anderen Kleinteile von scheinbar künstlichem Schrott.

Die drei wichtigsten Rover, Spirit, Opportunity und Curiosity, haben lediglich drei Gegenden auf dem Mars durchquert und erforscht, und obwohl Opportunity scheinbar am Meridiani Planum viel weniger dieser Objekte entdeckte als Spirit und Curiosity am Gusev und Gale Krater, die Auflösung ist zu niedrig um bestimmen zu können welches Ausmaß die vorzeitlichen Orte einer Zivilisation auf dem Mars hatten, zumindest mit kleinformatigen Beweisen. Daher können wir nicht argumentieren dass es ein aufschlussreicher Faktor ist dass am Gusev und Gale Krater mehr Objekte gefunden wurden, jedoch könnte es wohl so sein.

Jedoch können wir wohl postulieren dass viele der großen geometrisch proportionierten Formationen tatsächlich in der Cydonia Region konzentriert sind, und dass eine ähnliche Konzentration solcher großen Objekte bisher nicht auf dem Mars identifiziert worden ist, ungeachtet der Tatsache dass der gesamte Planet abgebildet wurde.

Eine Konzentration der Beweise in spezifischen Gegenden auf dem Mars würde uns natürlich eine sachliche und objektive Grundlage für unsere Hypothese geben, jedoch haben wir noch nicht genügend Beweise dafür. Dennoch bin ich persönlich dazu bereit die bisher vorgestellten Beweise zu akzeptieren, als das was sie scheinbar sind: Zeichen einer intelligenten Zivilisation die einmal auf dem Mars lebte. Dies ist mein Fazit. Ob Sie selbst genügend Beweise gesehen haben um dies zu akzeptieren überlasse ich Ihrem Urteil.

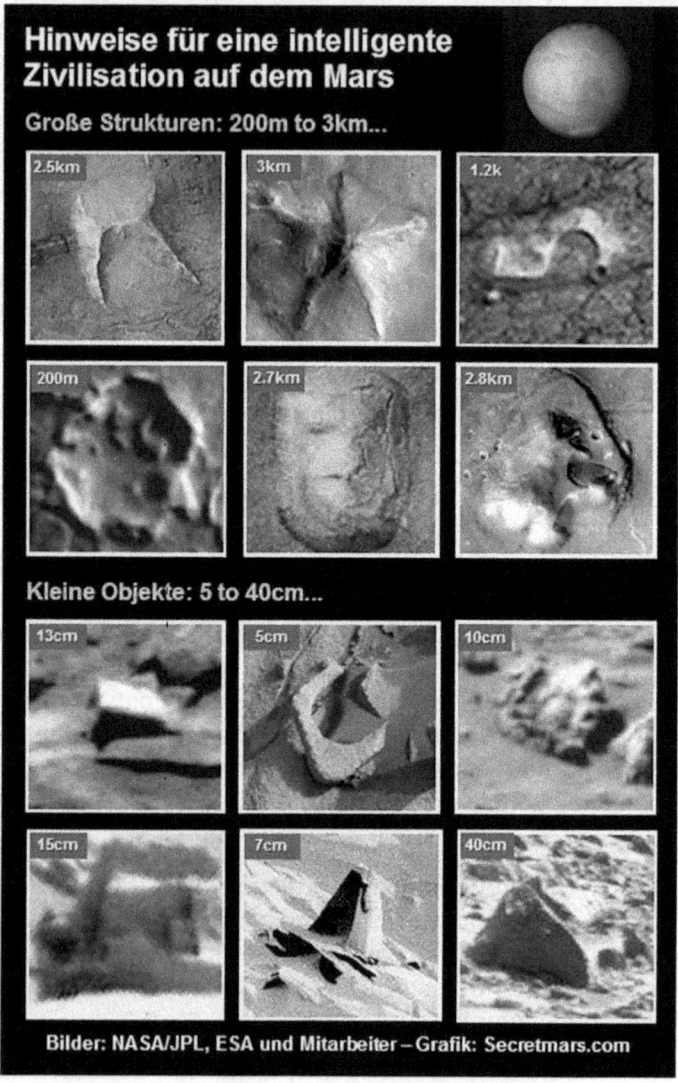

**SM85. Hinweise für eine intelligente Zivilisation
die auf dem Mars gefunden wurden**

Kapitel 4: Zeichen einer Zivilisation auf dem Mars

NASA Website um anormale Objekte zu erklären

Es ist natürlich vorstellbar dass Wissenschaftler der NASA beweisen könnten dass keines der kontroversen Fotos in diesem Buch auf irgendeine Art und Weise ungewöhnlich ist, dass jedes von ihnen ganz einfach erklärt werden kann. Falls dies überzeugte würde ich es selbstverständlich und demütig akzeptieren.

Jedoch hätte die NASA jeglichem Verdacht und jeder Art von Zweifeln vorbeugen können, mittels einer einfachen Website: eine offizielle Quelle der NASA um sehr ungewöhnliche Objekte die von ihren Raumsonden und Rovern aufgenommen wurden zu identifizieren und zu erklären.

Sie hätten auf einen Schlag so etwas wie das Schreiben dieses Buches verhindert.

Wann hatte der Mars eine atembare Atmosphäre?

Unterm Strich, meine Meinung ist dass wir Beweise für eine verschwundene Zivilisation gefunden haben. Jedoch ist da noch die ernsthafte Angelegenheit der Akzeptanz dieser Schlussfolgerung – und dies hat mit dem Planeten an sich zu tun.

Hier liegt das Problem. Die Atmosphäre des Mars besteht zu 95% aus Kohlendioxid, absolut nicht atembar war für Menschen. Wenn wir nach Zeichen einer Mars-Zivilisation suchen, und dabei annehmen dass sie uns ähnlich war dadurch dass sie Luft atmen mussten, wie wir auch, dann müssen wir uns fragen: "Wie konnte diese Zivilisation auf der Oberfläche überleben wenn der Mars seit über einer Milliarde Jahren eine tote Welt war; und, ganz entscheidend hier, dass die möglichen Ruinen die wir auf den Bildern der NASA sehen sicherlich nicht älter als eine Million Jahre sein können?"

Dies ist potentiell ein riesiges Problem um unsere Beweise zu bestätigen, da der zeitliche Unterschied enorm ist. Die wichtigste Frage ist daher, wann hatte der Mars eine Atmosphäre zum atmen, und wann verschwand sie?

Die meisten Wissenschaftler glauben dass der Mars, so wie wir ihn heute sehen, seit langer Zeit schon so ist, das heißt, er hat kein flüssiges Wasser an seiner Oberfläche, oder eine atembare Atmosphäre – falls er jemals eine hatte – und das schon seit

245

Jahrmillionen, wenn nicht länger. Dies würde logischerweise nahelegen dass, falls auf dem Mars eine Zivilisation existierte, könnte sie nur vor Jahrmillionen existiert haben, als auf dem Planeten theoretisch lebensförderliche Bedingungen vorherrschten. Daher ist hier das Problem genau zu bestimmen wann der Mars ein öder Planet wurde und wann jeglicher dort lebenden Mars-Zivilisation der Garaus gemacht wurde.

Dies hinterlässt die Frage: Angenommen dass die Objekte in Cydonia zum Beispiel wirklich die Überreste einer vergangenen Zivilisation sind, wie kann es sein dass wir Ruinen betrachten die viele Millionen Jahre alt sind? Sicherlich ist es vernünftig anzunehmen dass Erosionskräfte sie über solch lange Zeit zu Staub verwandelt hätten.

Es ist wahrscheinlich dass die Erosionskräfte nicht so ausgeprägt waren wie hier auf der Erde, denn nach der Katastrophe die den Mars heimsuchte hätte es keinen Regen gegeben, keine Flüsse oder Feuchtigkeit die den natürlichen Prozess der Erosion unterstützt hätten. Trotzdem finde ich es schwierig diese Zeitdifferenz zwischen dem Zeitraum wo der Mars eine atembare Atmosphäre hatte und daher eine Zivilisation hätte erhalten können und dem Zeitraum wo diese Bedingungen verschwanden zu erklären. Bedingungen die bis zum heutigen Zeitpunkt vorherrschen, wo wir angeblich in der Lage sind die Überreste dieser Zivilisation und ihrer Gebäude auf dem Boden des Mars betrachten zu können.

Grundsätzlich finde ich es schwer zu akzeptieren dass wir nach 100.000 Jahren von Erosion, oder selbst nach Millionen von Jahren oder noch länger immer noch archäologische Reste erkennen können.

Natürlich setzen wir hier voraus dass die Leute die diese Zivilisation erschufen wirklich herumliefen, atmeten, und in einer stabilen und gesunden Welt lebten. Damit dies möglich ist hätte der Mars ein lebender Planet gewesen sein müssen, für sehr viel längere Zeiträume als die Wissenschaft uns weismachen möchte – mindestens eine Million Jahre. Doch ist dies sehr schwer zu verstehen, denn die wissenschaftlichen Studien des Planeten besagen dass der Mars seit sehr viel längerer Zeit eine tote Welt ist.

Da ist natürlich die Möglichkeit dass die Planetenwissenschaftler hinsichtlich ihrer Schätzung wann der Mars starb fehl am Platz

Kapitel 4: Zeichen einer Zivilisation auf dem Mars

sind. Wissenschaftliche Hinweise unterstützen ihre Schlussfolgerungen, aber vielleicht haben wir noch nicht alle Fakten über die Evolution des Mars beisammen, und dass diese ausschlaggebenden Ereignisse die wir hier besprechen in einer sehr viel jüngeren Zeitgeschichte des Mars geschahen.

Der Mars verlor möglicherweise graduell seine lebenserhaltende Atmosphäre, über einen ausgedehnten Zeitraum, statt plötzlich. Dies gab einer Zivilisation vielleicht genug Zeit um sich and die neuen Bedingungen anzupassen, und, wenn die Atmosphäre tatsächlich verloren ging, vielleicht die Städte mit schützenden Kuppeln auszustatten. Oder vielleicht sogar ihre Zivilisation in den Untergrund zu verlagern, statt an der Oberfläche zu bleiben.

Und da ist noch eine weitere Möglichkeit die in Betracht gezogen werden muss, eine die das vorhergehende Argument recht gegenstandslos macht.

Kapitel 4: Zeichen einer Zivilisation auf dem Mars

[59] **Opportunity Making Its Way to Final Position on Cape Desire: Sol-by-Sol Summary** *(Website)*
http://www.jpl.nasa.gov/missions/mer/images-print.cfm?id=2112
[60] **The Hidden Truth: Water & Life on Mars** *(Buch)*, J P Skipper s. 255
[61] **The Hidden Truth: Water & Life on Mars** . . . s.257
[62] **Life After People** *(Video)*
http://topdocumentaryfilms.com/life-after-people/
[63] **Mars Reconnaissance Orbiter and 'The Lost Cities of Barsoom'** *(Artikel)*
http://www.enterprisemission.com/LostCitiesofBarsoom.htm
[64] Siehe Anmerkung 10
[65] **ESA Haftungsausschluss** *(. . . Erhältlich nur in englischer Sprache von der 'Europäischen' Weltraumbehörde!!)*

Image artifacts and artificially-looking features are often the results of atmospheric distortion which are caused by either dust or clouds and haze. If an image appears blurry in certain areas or even noisy but the colour representation is comparable to that in cleaner areas, there is good chance that there is some local dust. If colour representation of certain regions is remarkably different from other areas, i.e. faint blue or white coverage, there is a good chance that haze or clouds have been imaged. This is, however, not always the case and it depends largely on the area context that has been imaged. Areas at generally low elevations such as Valles Marineris, Hellas and Argyre Planitiae, or the Northern Lowlands, for example, behave in a different way than areas at high elevations such as the volcanic edifices.

HRSC colour filters are not identical to what the human eye would identify as RGB, so colour calculations and representations depend on the area size per image that has been disturbed by atmospheric effects. Pan-sharpening techniques using a combination of the colour channels and the panchromatic channel can also pronounce such areas, especially if they appear only locally. Effects might show up in e.g. the blue channel while the nadir and other colour channels are clean. This way, colour scenes might look a bit different from the nadir greyscale scene.

[66] **The Light Finally Dawns at Cydonia** *(Artikel)*
http://www.enterprisemission.com/paper_1/paper_1.html
[67] **The Craters are Electric** *(Artikel),* Michael Goodspeed
https://www.thunderbolts.info/webnews/120707electriccraters.htm

Kapitel 5: Die außerirdische Verbindung

Kapitel 5: Die außerirdische Verbindung

Wir haben bisher angenommen dass die Existenz einer Zivilisation auf dem Mars ganz und gar von den Möglichkeiten des Planeten abhängt ein lebendes Habitat zu bieten; eine Welt mit Wasser und mit einer atembaren Atmosphäre; eine schützende Umwelt, die nach und nach über Äonen entstand, und wo die einheimischen Marsbewohner ihren täglichen Dingen nachgehen konnten und wo sie ihre Häuser und Monumente an sonnigen Tagen bauten während sie die frische Marsluft atmeten.

Ebenso würden wir annehmen dass diese Rasse der Marsbewohner ähnlich unserer eigenen Evolution hervorkam, die, so wurde uns beigebracht, für alle intelligenten Lebensformen auf der Erde unabdingbar sind: Ursuppe; Blitze; primitive Lebensformen; komplexe Lebensformen; Primaten; Menschen; Bäume; Höhlen; Siedlungen, Städte und Zivilisation.

Was wäre aber wenn dieses Szenario auf einer falschen Prämisse errichtet wurde? Was wäre wenn in Wirklichkeit diese ganze Angelegenheit der Evolution die eine intelligente Spezies hervorbringt welche über vier Milliarden Jahren aus der Ursuppe entstand ein eher untypischer Mythos für das Entstehen von Leben auf Welten in der Galaxis ist? Was wäre wenn intelligentes Leben auf eine ganz andere Art und Weise zum Mars und auch zur Erde kam?

Die Kolonisierung von bewohnbaren Welten

Falls wir Beweise für eine intelligente Zivilisation auf dem Mars gefunden haben sollten wirft dies sofort eine immense Frage auf, und die lautet: waren sie lediglich eine primitive Spezies die Monumente aus Stein baute, oder waren sie technisch fortgeschritten und hatten es bis zur Raumfahrt gebracht?

Es ist eine Frage die ein monumentales Dilemma bloßstellt. Denn falls wirklich von den Raumfahrtbehörden eine Entdeckung auf dem Mars gemacht wurde die ohne jeden Zweifel zeigt dass eine technologisch fortgeschrittene Spezies einmal dort lebte, dann wäre solch eine Situation Anlass dafür dass sie sich dann gehörig darum bemüht hätten diese Information geheim zu halten.

Wir können uns gut vorstellen wie die Auswirkungen auf die Religionen wären, jene die glauben dass es der Plan Gottes war nur auf der Erde intelligentes Leben zu schaffen, wenn bekanntgegeben würde dass Gebäude die von intelligenten Lebewesen erbaut wurden auf einem anderen Planeten unseres Sonnensystems gefunden wurden. Und dass diese Wesen die Fähigkeit besaßen im Weltraum zu reisen, und die wahrscheinlich die Erde besuchten – die vielleicht sogar das Leben hier gesät haben.

Was würde dann aus unseren Wissenschaftlern, jenen die seit über einem Jahrhundert lehren dass die Menschheit auf der Erde heimisch ist und sich hier aus Primaten entwickelte? Wie verwirrend wäre für sie nun die Tatsache betrachten zu müssen dass intelligentes Leben in unserer Milchstraße sich vielleicht nicht durch Evolution auf einem Planeten unabhängig entwickelt hat, sondern sich stattdessen zügig durch ein paar wenige Zivilisationen ausbreitete ... jene die bei ihren Raum-Reisen alle lebensfähigen Welten suchten und fanden, wie die Erde, und sie sodann *besuchten und besiedelten.*

Genau so wie wir heutzutage mit unseren gigantischen Teleskopen nach erdähnlichen Welten suchen, mit dem Kepler-Projekt, so könnten Zivilisationen die uns nur tausend Jahre voraus sind und die technologisch viel weiter fortgeschritten sind und zu den Sternen reisen können dies *schon vor vielen Jahrhunderten* getan haben.

Denn wenn wir, die Spezies Mensch, gerade dabei sind im Kindheitsalter der Raumfahrt Pläne für die Kolonisation eines Planeten zu machen ... wie steht es mit den Chancen dass eine viel weiter fortgeschrittene Spezies schon auf dem Mars war, sowie auf vielen anderen Planeten die nun über riesige Areale der Galaxis verteilt sind? Hunderte, vielleicht viele tausende von Welten, alle mit einem gemeinsamen Vorfahren?

Und wenn sie sich für die Besiedlung einer Welt entschieden hätten, dann würden sie die meisten der benötigten Dinge um ein Zuhause und eine Zivilisation zu schaffen mit sich bringen, so wie es auch die Siedler auf der Erde taten als sie vor vier Jahrhunderten über den Atlantik in die neue Welt segelten. Das umfasst die Mittel und die Technologie um ihre Häuser und Anlagen zu bauen ...

Kapitel 5: Die außerirdische Verbindung

möglicherweise durch schützende Strukturen von der schädlichen lokalen Atmosphäre isoliert.

Daher wäre das Erscheinen einer Zivilisation auf dem Mars nicht länger davon abhängig ob der Planet eine atembare Atmosphäre hatte oder nicht, oder ob er überhaupt die Bedingungen für die Evolution von Leben bot. Alles was nötig wäre ist dass eine im Weltall reisende Zivilisation entscheidet den roten Planeten zu besiedeln. Tatsächlich wäre dies genau so wie wir es heute tun, indem die NASA mit dem Gedanken spielt eine Welt zu besiedeln *in der Menschen ohne einen speziellen Raumanzug nicht atmen können, und wo sie in schützenden Habitaten leben müssen ...*

Wissenschaft und außerirdischer Besuch

Die Tatsache dass Menschen immer noch Raketenantriebssysteme benutzen und den Mars besiedeln wollen untermauert sicherlich die Wahrscheinlichkeit dass viel weiter fortgeschrittene und mit viel besserer Technologie ausgestattete intelligente Rassen in unserer Galaxis dies vor Jahrtausenden getan haben könnten. Daher, statt solch eine Annahme als extrem und absonderlich anzusehen, glaube ich wir sollten diese Idee als eine vernünftige und rationale These betrachten.

Aufgrund der offiziellen Dokumente die nun veröffentlicht werden, durch die Regierungen von Argentinien, Australien, Brasilien, China, Dänemark, Finnland, Frankreich, Deutschland, Indien, Irland, Japan, Mexiko, Neuseeland, Peru, Russland, Spanien, Schweden, der Ukraine, Großbritannien, Uruguay, dem Vatikan und, in den USA, durch das FBI und den CIA, ist die Fallakte über außerirdische Körper welche unser Sonnensystem und die Erde besuchen, über Jahrzehnte eine Verschlusssache der höchsten Geheimhaltungsstufe, offensichtlich eine enorm große Fallakte.

Selbst die französische Behörde für Weltraumforschung CNES bestätigte die absolute Seriösität der UFO-Forschung mittels eines im Jahr 1999 veröffentlichten Erklärung und Studie, genannt der COMETA-Report[68]. Mit dem Titel "UFO's und die Verteidigung: Wofür sollten wir uns vorbereiten?" stellt dieses Dokument einen unabhängigen Bericht dar, mit den Ergebnissen einer Studie die vom IHEDN (französisches Institut für fortgeschrittene Studien der Verteidigung) ausgeführt wurde, dessen Aufgabe es ist den französischen Premier und das Staatsoberhaupt zu beraten. Kurz

251

nachdem sie veröffentlicht wurde war das Dokument für die Franzosen frei verfügbar – was anderen Regierungen die eine oder andere Lektion hinsichtlich des Benimms und der Aufklärung der Bevölkerung lehren könnte.

Der COMETA-Report enthält folgende Zusammenfassung:

> Die Häufung von gut dokumentierten Sichtungen durch glaubwürdige Zeugen zwingt uns dazu von nun an all die Hypothesen hinsichtlich des Ursprungs von unidentifizierten fliegenden Objekten, oder UFO's, und die außerirdische Hypothese im Besonderen zu berücksichtigen.
>
> – Denis Letty, General der französischen Luftwaffe

Mit so vielen Studien und Zeugenberichten welche diese uns besuchenden Vehikel dokumentieren legt diese Beobachtung nahe dass unsere Galaxis von mehreren intelligenten Zivilisationen bewohnt wird, welche dazu fähig sind zu anderen Sonnensystemen zu reisen. Sargent Clifford Stone sagte im Jahr 2000 bei der Pressekonferenz des Disclosure Project des Washington Press Club[69] aus dass, seines Wissens nach, der Geheimdienst der US Armee siebenundfünfzig verschiedene außerirdische Rassen welche die Erde besucht habe katalogisiert hat.

Um zu unserem Planeten zu gelangen heisst dies dass sie die Fähigkeit haben schneller als das Licht zu reisen – sehr viel schneller sogar, falls die Reise zwischen Sternen nicht Jahre dauern soll.

Unglücklicherweise ist es hauptsächlich aus diesem Grund weshalb die Mainstream Wissenschaft sich nicht ernsthaft mit der Möglichkeit befasst dass Außerirdische vielleicht die Erde und unser Sonnensystem besuchen. Unsere Wissenschaftler weigern sich hartnäckig zu erwägen dass irgendetwas schneller als das Licht sein könnte, daher kann ihrer Meinung nach keine außerirdische Spezies die Erde besuchen, denn sie würde Jahre brauchen um dorthin zu kommen, daher ist die Raumfahrt zwischen den Sternen nicht machbar. 'Schneller reisen als das Licht ist nicht möglich, also können Aliens nicht hierher kommen'. Ende der Diskussion.

Die Arroganz mit der unsere Wissenschaftler kurzerhand das Konzept abtun dass möglicherweise andere Zivilisationen die

Kapitel 5: Die außerirdische Verbindung

tausende von Jahren älter als wir sind, und die entdeckt haben wie man schneller als die Lichtgeschwindigkeit reisen kann und daher sehr wohl die Erde besucht haben können erscheint mir fast infantil in ihrer Naivität. Einfach zu jenseits ihres Paradigmas, so scheint es.

Ich glaube es handelt sich hier um das Syndrom vom Kopf im Sand. Für mich erscheint es absolut plausibel und rational. Ich meine, was erwarten wir denn von unserer eigenen menschlichen Zivilisation in ein paar tausend Jahre in der Zukunft? Werden wir das Problem mit der Lichtgeschwindigkeit gelöst haben? Ich nehme an dass ja. Oder aber, nehmen wir einfach nur die Position jener ein die einmal sagten dass man nicht in der Luft reisen kann, gefolgt davon dass man nicht schneller als der Schall reisen kann, und dann der Raumfahrt, alle waren unmöglich, bis wir es schließlich einfach taten.

Jetzt ist es die Lichtgeschwindigkeit die scheinbar ziemlich unmöglich ist. Hat die Wissenschaft nichts von ihren Vorfahren gelernt? Ich habe brillanten Physikern zugehört welche die lächerlichsten Statements von sich gaben, etwa:

"Nun, wir haben sozusagen alles herausgefunden was es über das Universum heute herauszufinden gibt …"

Die Tatsache bleibt dass bestens ausgebildete Piloten, Flugpersonal, Militärpersonal, Polizeibeamte sowie jede Art von 'normalen' Personen Flugmanöver beobachtet haben die für Flugapparate der Erde unmöglich sind, sie haben beobachtet wie außerirdisch aussehende Vehikel auf dem Boden landeten und durch die Lüfte flogen, über Jahre und Jahre hinweg.

Vernünftige und rationale Analysen von UFO-Sichtungen verwerfen natürlich routinemäßig 80-90% der Fälle als missverstandene normale Flugkörper, Wetterballons, chinesische Laternen, natürliche Wetterphänomene, oder eine Reihe anderer angebrachter Erklärungen, wobei ein Prozentsatz der scheibenförmigen und dreieckigen Flugkörper sehr wahrscheinlich geheime Militärprojekte sind, ob vom Menschen gemacht oder durch Reverse Engineering von geborgenen außerirdischen Raumschiffen.

Geheimer Mars

Doch bleiben ca. 10% der UFO-Begegnungen unerklärt, abgesehen im Sinne von Besuchen unseres Planeten durch eine außerirdische oder außerdimensionale intelligente Zivilisation. Es ist die wahrscheinlichste und logischste Erklärung, dies wird durch jede vernünftige Person welche sich die Zeit für das Studium von lediglich einem Teil der überwältigenden Beweise die weitläufig erhältlich sind bestätigt werden wird.

Doch trotz der stetig wachsenden Beweise scheint es nur ein weiteres jener Themen zu sein welche die Mainstream-Wissenschaft nicht anfasst. Beweise für den Besuch von Außerirdischen zur Erde in der Form von UFO's werden ganz einfach von der Wissenschaft nicht betrachtet, denn das 'beste heute verfügbare, wissenschaftlich begründete Fachwissen' besagt, dass es höchst unwahrscheinlich ist dass wir besucht werden.

Es ist die gleiche Denkweise die es auch der NASA verbietet mit ihren wissenschaftlichen Teams nach archäologischen Hinweisen auf dem Mars zu suchen: es kann nicht möglich sein, daher suchen wir nicht danach.

Selbst dann wenn ihnen die Beweise für diese Möglichkeit, wie auch im Fall der UFO's, ins Gesicht starren, wie wir es mit vielen in diesem Buch vorgestellten Aufnahmen gesehen haben.

> Ich muss zugeben, dass jegliche vorteilhafte Erwähnung der fliegenden Untertassen durch einen Wissenschaftler auf extreme Ketzerei hinausläuft, und dies würde jenen der solch eine Aussage macht der Gefahr aussetzen dass er seitens der wissenschaftlichen Theokratie exkommuniziert wird.
>
> – Prof. Frank B. Salisbury, Ph.D., Utah State University [70]

Eines ist sicher. Irgendjemand ist sehr wohl dabei danach zu suchen und die Beweise zu finden und zu bewerten, und jene hüllen sich darüber in Schweigen. Vielleicht schauen sie der NASA über die Schulter, oder sie haben ihre eigenen Mittel um diese Angelegenheiten mit anderen Technologien zu studieren. Und ich glaube die Sache ist vielleicht nahe am überkochen, ausgelöst durch eine höchst interessante Entwicklung hinsichtlich eines der Monde die den Mars umkreisen ... Phobos.

Kapitel 5: Die außerirdische Verbindung

Phobos: Ein natürlicher Mars-Mond oder ein künstlicher Satellit?

**28. Phobos, der größte Mond des Mars:
nur 25 Kilometer breit**
Bildnachweis: NASA/JPL/University of Arizona

Der Mars hat zwei Monde, Phobos und Deimos. Sie sind ziemlich einzigartig im Sonnensystem, denn es sind die kleinsten Monde von allen Planeten, besonders Phobos, der lediglich 6.000 Kilometer über der Oberfläche des Mars kreist, viel näher als jeder andere Mond über seinem Planeten. Manche vertreten die Theorie dass sie wegen ihrer geringen Größe gekaperte Asteroiden sein müssen, doch scheinbar funktioniert die Mathematik nicht für solch eine Hypothese. Einer der Wissenschaftler jedoch hat eine andere Theorie.

Der Astrophysiker Dr. Iosif Samuilovich Shklovsky, Co-Autor des berühmten Buches Intelligent Life in the Universe ("Intelligentes Leben im Universum"), zusammen mit Carl Sagan, fragte sich warum die orbitale Geschwindigkeit und Position der Monde des Mars nicht mit der mathematisch errechneten Position übereinstimmt, und nach einem langen Studium der gravitationalen, magnetischen und Flutkräfte die hier wirken kam er zu der Schlussfolgerung dass es keine natürliche Erklärung für weder die

Herkunft der zwei Monde noch für ihr extremes orbitales Verhalten gibt.[71]

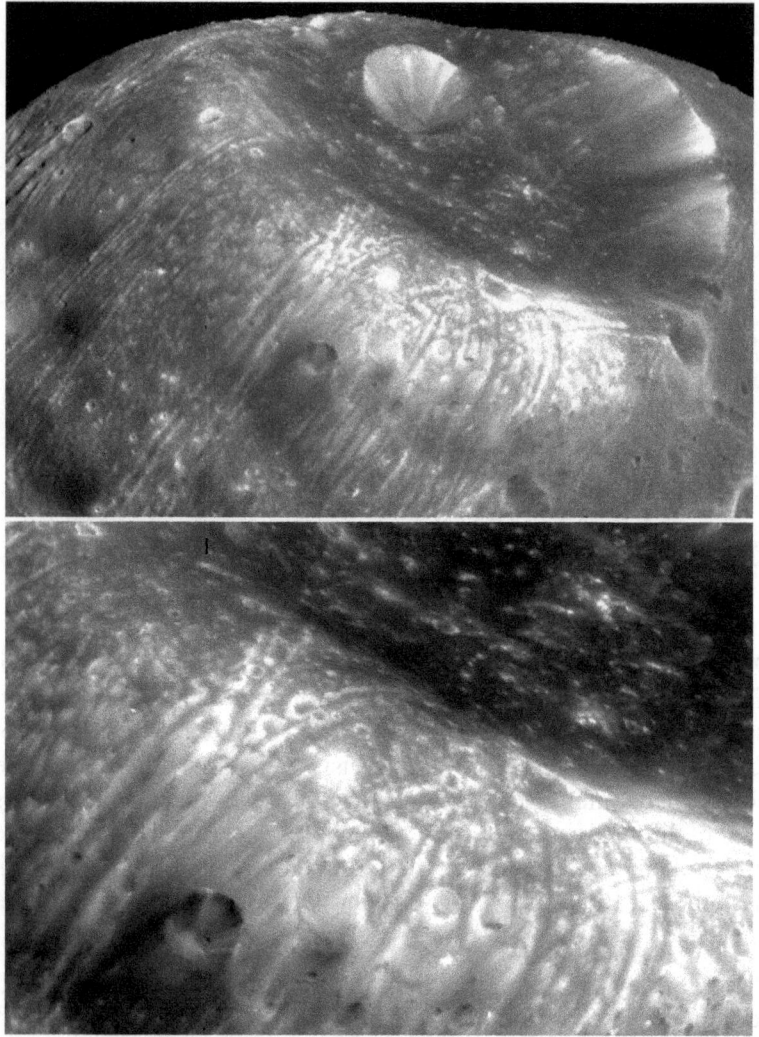

SM86. Phobos: eine enthüllte Struktur unter dem Staub der Oberfläche? – HiRISE/MRO 2008
Bildnachweis: NASA/JPL/University of Arizona

Besonders beunruhigt war er über Phobos, denn nachdem er die orbitale Bewegung des Mondes sowie seine unerklärlichen Beschleunigungen berechnet hatte kam er zu der außerordentlichen

Kapitel 5: Die außerirdische Verbindung

Schlussfolgerung dass Phobos hohl und leer ist wie eine Blechdose. Daher räsonierte er dass es nur ein künstlicher Mond sein konnte der den Mars umrundet.

Selbst das amerikanische Naval Observatory erklärte dass Phobos wahrscheinlich hohl ist, wenn die Beschleunigungen korrekt sein sollten, und die Ergebnisse der Radio-Aufnahmen der Mission der Phobos-Umrundung besagten ebenfalls dass Phobos wohl nicht ein eingefangener Asteroid ist, und dass in seinem Innern wahrscheinlich 'große Hohlräume' sind.[72]

Wir haben hier also ein Objekt welches den Mars auf einer höchst ungewöhnlichen Laufbahn umrundet und das wahrscheinlich kein eingefangener Asteroid ist, und welches zu ungefähr einem Drittel hohl ist. Gibt es denn noch mehr ungewöhnliches über Phobos? Wie steht es mit seiner Oberfläche? Können wir irgendetwas sehen was die Theorien von Dr. Shklovsky dass es künstlich sein muss unterstützt?

Da ist ein Ausschnitt dieses Phobos-Bildes der sehr interessant für uns ist, dies wurde zuerst von Richard Hoagland aufgezeigt[73]. Und tatsächlich ist da wieder unser alter Favorit der Geometrie, wenn wir die gut bekannten, sich wiederholenden netzartigen Muster sehen die sich über weite Teile des Phobos erstrecken. Was haben solche Markierungen auf einem hohlen, 22 Kilometer breitem Stein der den Mars umkreist zu suchen, das müssen wir uns hier fragen. Könnten diese Markierungen einfach den darunter liegenden Strukturen folgen und so die unverwechselbare Handschrift einer intelligent konstruierten Maschine aufzeigen?

Falls Dr. Shklovsky Recht hat und dies ein künstlicher Körper ist – ein Satellit oder ein Raumschiff – dann sieht er extrem alt und gebeutelt aus; mit Pockennarben und Kratern, und jetzt wohl mit vielen Schichten Staub vom Mars und aus dem Weltraum, der sich über Jahrtausende oder Jahrmillionen dort ansammelte. Entweder das, oder er ist ein ausgehöhlter asteroid. Wie auch immer, wir müssten annehmen dass es sich um ein vor langer Zeit verlassenes handelt.

Geheimer Mars

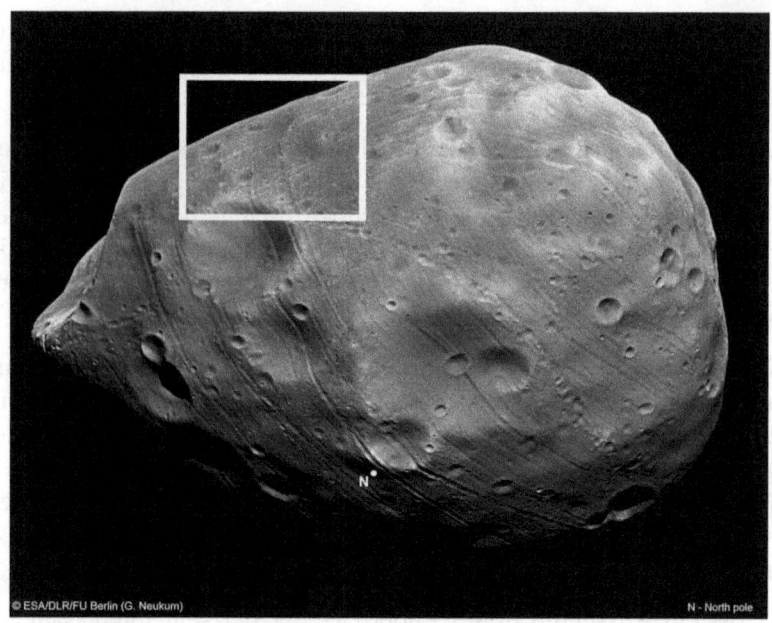

SM87. Phobos: geradlinige netzartige Muster – Mars Express
Bildnachweis: ESA/DLR/FU Berlin (G. Neukum); Grafik: M. J. Craig

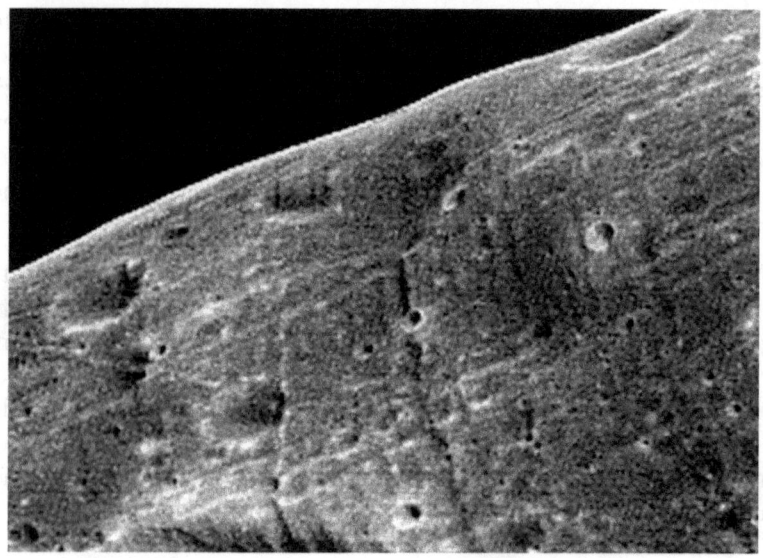

SM87.1 Phobos: geradlinige netzartige Muster (detail)
Entdeckt von Richard C. Hoagland

Kapitel 5: Die außerirdische Verbindung

Sind da noch weitere Merkmale des Phobos welche die Hypothese eines künstlichen Objekts unterstützen?

Nun, da ist der *Monolith*.

Im Jahr 1998 fand der unabhängige Forscher Efrain Palermo ein ungewöhnliches Objekt auf der Oberfläche dieses Mondes, eines welches ein paar Fragen aufwarf[74], und seine Einmaligkeit wurde von Lan Fleming, dem Mitarbeiter einer Bildbearbeitungs-Firma des NASA Johnson Space Center, bestätigt.

Benannt 'Phobos Monolith' nach dem berühmten außerirdischen Objekt in Stanley Kubrick's Film "2001: Eine Odyssee im Weltraum" steht er mit seinen 76 Metern Höhe unheimlich und vollkommen isoliert auf Phobos, ohne ähnlich große Objekte in der näheren Umgebung.

Der lange Schatten und die eindeutig geometrische Form ergeben ein zutiefst rätselhaftes Bild.

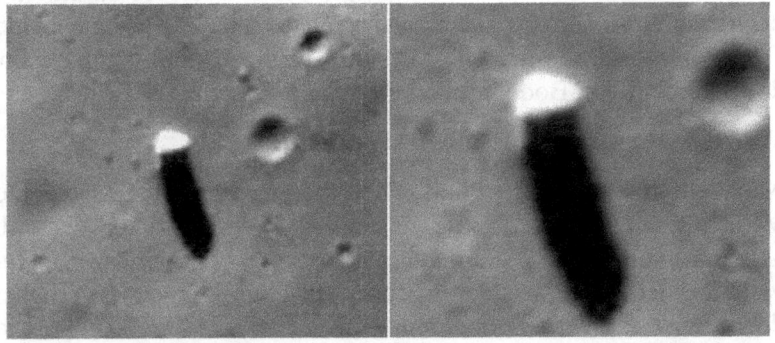

SM88. "Der Phobos-Monolith" – MOC/MGS Orbiter
Ort: Phobos, September 1998; entdeckt von Efrain Palermo
Bildnachweis: NASA/JPL/MSSS

In Kubrick's Film, der von Arthur C. Clarke's Kurzgeschichte The Sentinel ("Der Wächter") inspiriert wurde, besuchte eine außerirdische Rasse unser Sonnensystem, zur Geburtsstunde der Menschheit, und hinterlässt absichtlich einen mysteriösen schwarzen Monolithen auf unserem Mond. Der Zweck war dass, wenn die Menschheit schließlich den Sprung in den Weltraum schaffte, sie den Mond erreichen und den Monolithen entdecken würde, die Außerirdischen würden darüber benachrichtigt werden indem der Monolith als eine Art 'kosmische Alarmglocke' funktionierte.

Es ist interessant sich auszumalen ob kreative Schriftsteller ab und zu in etwas tieferes greifen können was die unsichtbaren Mysterien des Lebens anbetrifft. Können sie im vornherein etwas wissen, auf eine intuitive, hellseherische Art?

Es ist nicht überraschend dass Phobos die Aufmerksamkeit der Raumfahrtbehörden in Anspruch nimmt. Ein hohler Mond könnte die perfekte Basis für die Erforschung des Mars sein. Aber er könnte ebenfalls die wichtigste Entdeckung der Menschheitsgeschichte sein ... was wäre wenn in seinem hohlen Inneren ein Schatz von fortschrittlicher außerirdischer Technologie gefunden würde? Dies wäre ein enormer Preis, einer der einer Nation und ihren Firmen schon etwas wert wäre.

Gibt es Pläne für den Besuch von Raumsonden? Nun, die Russen schickten Phobos Grunt im November 2011, doch sie strandete in der Erdumlaufbahn für über zwei Monate, bevor sie dann in den Ozean stürzte. Ihre offizielle Mission war die Landung auf Phobos, das Sammeln von Bodenproben, und die Rückkehr zur Erde.

Werden Raumfahrtmissionen sabotiert?

Nachdem die russische Phobos-Mission gescheitert war tauchten Verschwörungstheorien auf hinsichtlich der Tatsache dass die Mission von den Amerikanern sabotiert worden war. Nun, vielleicht ist es unfair solch extreme Anschuldigungen zu erheben, doch es ist es Wert zu überdenken wie viel auf dem Spiel stehen könnte wenn Phobos genau das ist was der russische Astrophysiker glaubt.

Würden Nationen anfangen sich gegenseitig zu beschießen um die Ersten zu sein welche die außerirdische Technologie an sich reißen? Kriege begannen schon aus viel geringeren Anlässen.

Die Russen hatten bisher unglaubliches Pech hinsichtlich ihrer Missionen zum Mars, und falls die Amerikaner darauf erpicht sein sollten jene zu sein welche die Erforschung des roten Planten dominieren, dann ist es plausibel anzunehmen dass sie Missionen durch andere Nationen versuchen würden zu verhindern, wenn dies ihre eigenen Ziele und Ambitionen durchkreuzen sollte. Ganz sicher sind sie nicht zimperlich was die Anwendung von

Kapitel 5: Die außerirdische Verbindung

subversiven Mitteln zum Aufbau ihrer weltweiten Dominanz in Angelegenheiten der Erde angeht, daher sehe ich keinen Grund weshalb sie sich in Angelegenheiten der Raumfahrt anders verhalten sollten.

Daher muss ich an dieser Stelle zugeben dass ich nicht überrascht bin über die Tatsache dass die europäische Mission Beagle 2 im Dezember 2003 auf dem Mars in der Region genannt Isidis Planitia bruchlandete. Es war eine astrobiologische Mission, mit dem Ziel Leben zu detektieren.

Die NASA, wie wir wissen, hat es vorgezogen Missionen zur Suche nach Leben zu vermeiden, und ich war neugierig zu sehen wie die Amerikaner reagieren würden falls das von Großbritannien angeführte Team von Wissenschaftlern der Beagle-Mission tatsächlich auf dem Mars landete und in die Geschichtsbücher eingehen würde falls Leben entdeckt würde – besonders nach all den Unsummen welche die NASA in ihr jahrzehntelanges Raumforschungsprogramm investiert hat. Schließlich geschah es dann so dass sie sich darüber keine Sorgen machen musste.

Vorzeitliches intelligentes Leben im Sonnensystem

Das Problem das wir mit dem Mars hatten war uns vorzustellen dass eine intelligente Zivilisation dort hätte leben können, lange bevor irgendwelche Lebenszeichen auf der Erde auftauchten. Das Argument hier ist dass jegliche potentielle Ruinen die durch NASA-Bilder entdeckt werden hätten gebaut sein worden müssen als der Mars eine atembare Atmosphäre hatte – etwas was möglicherweise seit Jahrmillionen nicht auf dem Mars hätte sein können, daher wären diese Ruinen extrem alt.

Doch ist dies nicht das einzige Szenario, denn wie wir schon erwähnt haben ist da die Möglichkeit dass Siedler auf dem Mars hätten ankommen können, als der Mars keine atembare Atmosphäre hatte, und dass sie ihre Gebäude entweder auf der Oberfläche oder möglicherweise unterirdisch bauten nachdem sie dort ankamen. Dies bedeutet dass jegliche Ruinen die auf dem Mars gefunden werden nicht notwendigerweise Jahrmillionen alt sein müssen, sondern stattdessen viel jünger sind. Dennoch ist die Vorstellung dass eine intelligente Zivilisation in unserem Sonnensystem existierte, lange bevor die Vorfahren der Menschheit begannen auf der Erde aufrecht zu gehen, ein anspruchsvolles Konzept.

Hätte sich intelligentes Leben auf anderen Planeten die unsere Sonne umrunden entwickeln können, bevor es hier auftauchte?

Nun, wenn die Erde als der perfekte Planet unseres Sonnensystems angesehen wird was die Evolution von intelligentem Leben anbetrifft, bedingt durch ihre ideale Entfernung von der Sonne – nicht zu heiß oder zu kalt – dann muss die Antwort logischerweise nein heißen, und wir sollten andere Planeten als Kandidaten für die Entwicklung von Leben bevor es auf der Erde entstand beiseite lassen, wenn sie denn in viel ungünstigeren Zonen kreisen.

Und dies bringt uns wieder zurück zu der Annahme dass, sollten Beweise für intelligentes Leben sonst wo innerhalb unseres Sonnensystems gefunden werden, zum Beispiel auf dem Mars, dann wäre es viel wahrscheinlicher dass diese Intelligenz aus einem anderen Sternsystem stammte, und nicht hier auf unseren eigenen Planeten heimisch war.

Und wenn die Idee von vorzeitlichen außerirdischen Besuchern zu unserer Familie von Planeten immer noch tiefe Skepsis in Ihnen hervorruft dann möchten Sie vielleicht das folgende Objekt in Betracht ziehen – es kann sein dass es jegliche Zweifel die Sie diesbezüglich haben könnten über den Haufen wirft.

Der mysteriöse Mond Iapetus

Dies ist der rätselhafte Mond Iapetus, der den beringten Planeten Saturn umkreist. Er hat das außergewöhnlichste Merkmal das bisher im Sonnensystem entdeckt wurde, denn er hat eine Hemisphärenspannende Mauer die etwa 18 Kilometer hoch ist. Scheinbar gibt es in der Geologie nichts was solch eine klar definierte und geometrisch perfekte Kuriosität erklären kann, was nahelegt dass der Mond Iapetus eine künstliche Konstruktion ist, und eine gigantische Konstruktion dazu.

Kapitel 5: Die außerirdische Verbindung

**29. Iapetus: natürlicher Mond oder künstlicher Körper?
– Cassini Orbiter**
Bildnachweis: NASA/JPL/Space Science Institute

Die Frage wer so etwas bauen könnte und für welchen Zweck eröffnet ein Szenario intensiver und wilder Spekulation. Die Ähnlichkeit mit dem 'Todesstern' (Death Star) der Star Wars-Filme ist zugleich provokant und ein wenig beunruhigend. Wir müssten einfach darauf landen, den Eingang finden und schauen was drin ist. Ebenso sollten wir annehmen dass solch eine Mission schon geplant wird.

Und falls diese komplett unnatürliche, gigantische 'Mauer' nicht dazu ausreicht um sich zu fragen was es mit Mond-großen Raumschiffen auf sich hat, beachten Sie was Richard Hoagland hinsichtlich der Form dieses Objekts bemerkte (SM90). Dieses Bild von Iapetus wurde gemacht indem der Schein des Saturn ausgenutzt wurde, es zeigt auf dramatische Art und Weise dass es sich noch nicht einmal um einen runden Globus handelt, wie bei den meisten anderen Planeten und Monden, stattdessen hat er unglaublich gerade Kanten, wie hier am Horizont zu sehen ist – was nur bedeuten kann dass die Oberfläche des Mondes mehrfach facettiert ist!

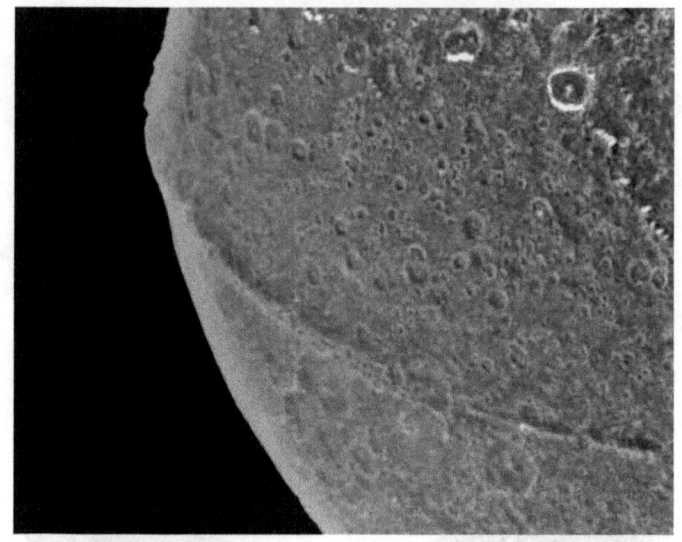

SM89. "Die Iapetus-Mauer" – Cassini Orbiter 2004
Bildnachweis: NASA/JPL/Space Science Institute

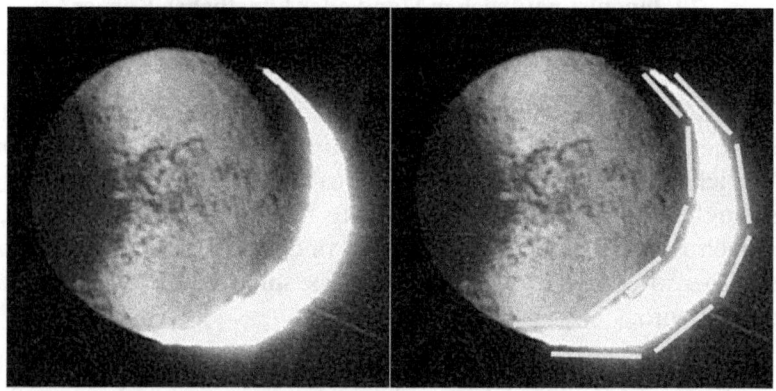

SM90. Der geometrische Horizont von Iapetus
– Cassini Orbiter
Entdeckt von Richard C. Hoagland
Bildnachweis: NASA/JPL/Space Science Institute
Grafik: M. J. Craig (nach Hoagland's ursprünglichem Entwurf)

Sicherlich gibt es keinen eindeutigeren Beweis dafür dass wir auf ein künstliches Objekt schauen; eine orbitale Raumstation, oder etwas in dieser Richtung. Und wie auch im Fall der orbitalen Anomalie des Phobos scheint er sehr sehr alt zu sein, jedenfalls soweit wir aus dem Aussehen der Oberfläche schließen können. Es

Kapitel 5: Die außerirdische Verbindung

sollte jedoch die Möglichkeit bestehen bleiben dass dies nicht funktionsuntüchtige Relikte einer längst vergessenen Epoche sind ... sondern dass sie womöglich funktionieren. Weiß die NASA über diese Daten hinsichtlich Iapetus? Natürlich tut sie das. Und jene die uns regieren sind wohl darüber informiert worden.

So haben wir nun zwei herausragende Beweise welche nahelegen dass es sehr fortschrittliche und möglicherweise sehr alte Technologien gibt welche die Planeten Mars und Saturn umkreisen. Was könnte sonst noch in unserem Sonnensystem lauern?

Wie wäre es, wenn wir uns etwas mehr in Richtung Heimat bewegen?

Unser geheimnisvoller Mond

30. Astronaut Buzz Aldrin: Apollo 11 herunter, hinab auf die Oberfläche des Mondes, im Jahr 1969
Bildnachweis: NASA/JPL

Es ist viel über die Verschwörungen hinsichtlich des Mondes geschrieben worden seit Apollo 11 dort im Juli 1969 landete und Neil Armstrong ihn als erster Mensch betrat. Armstrong selbst machte eine sehr mysteriöse Bemerkung während einer Rede im Jahre 1994, bei einer besonderen Feier im Weißen Haus zu Anlass des 25-jährigen Jubiläums der Apollo 11-Mission, ein nur leicht verhüllter Kommentar der vielleicht nahelegt dass er und andere Astronauten nicht alles über ihre Erfahrungen und was sie dort wirklich entdeckten als sie auf dem Mond liefen sagen durften: [75]

> Da sind großartige unentdeckte Ideen und Durchbrüche die jenen zuteil sind die **eine der schützenden Schichten der Wahrheit entfernen können**. Da sind unvorstellbare Orte wo wir hingehen können, denn dort liegt das menschliche Schicksal. (vom Autor hervorgehoben)

Warum würde er über die Entfernung von "schützenden Schichten der Wahrheit" sprechen als er über den Mond sprach? Könnte es sein dass die Apollo-Astronauten etwas außergewöhnliches sahen und ihnen verboten wurde darüber zu sprechen?

In seiner bahnbrechenden Video-Präsentation "The Moon-Mars Connection" (Die Mond-Mars Verbindung) [76] stellte Richard Hoagland eine alternative Sicht unseres Mondes vor, eine die weit über die eines kraterübersäten und nicht weiter besonderen kosmischen Körpers den uns die NASA präsentiert hinausgeht. Seine digitalen Aufarbeitungen von Fotos die von der orbitalen Raumsonde und den Kameras der Astronauten auf der Oberfläche gemacht wurden zeigten Details im Himmel des Mondes welche möglicherweise die Existenz von riesigen erodierten Strukturen suggerierten, mehrere Kilometer hoch, und die sicherlich sehr sehr alt sein müssen.

Seine Theorie besagt dass auf dem Mond mehrere riesige Dome oder Kuppeln aus Glas sind – welches auf dem Mond scheinbar eine große Stabilität hat – und die über viele tausende von Jahren von kosmischen Meteoriten-Bombardements zu einem dünnen, kristallinen Netzwerk gemeißelt wurden welches, abhängig vom Einfall des Sonnenlichts, manchmal auf Bildern der NASA zu sehen ist, besonders jene die vom Horizont gemacht wurden.

Hoagland fand etwas wovon er annahm dass es sich um ein Reststück eines solchen Domes handelte, in der Form eines außergewöhnlichen Objekts welches fünfzehn Kilometer über der Oberfläche des Mondes schwebt, und das von ihm 'Das Schloss' (The Castle) benannt wurde. Was bei diesem Objekt interessant ist, abgesehen von seiner spektakulären geometrischen Struktur, ist die Tatsache dass er angibt dieses Bild auf einem Foto des originalen NASA-Negativs AS10-32-4822 gefunden zu haben, dass jedoch

Kapitel 5: Die außerirdische Verbindung

das Objekt auf weiteren Kopien des selben Bildes verschwunden war.[77]

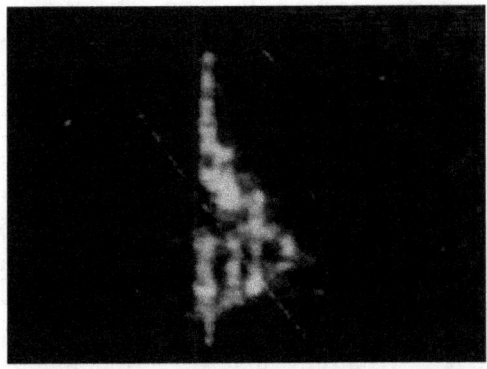

SM91. "Das Schloss", entdeckt von Richard Hoagland in einem NASA-Foto, welches jedoch mysteriöserweise aus dem Archiv der NSDCC verschwand
Bildnachweis: NASA/JPL?

Es stellte sich heraus dass es mehrere Bilder gab die mit der Nummer 'AS10-32-4822' assoziiert waren, möglicherweise bedingt durch die automatische Sequenz von mehreren Bildern die hintereinander geschossen worden waren. Dies könnte das Verschwinden der 'Schloss-Objekte' bei sich veränderndem Winkel von einem Bild zum nächsten erklären, wenn das Objekt kein Sonnenlicht mehr reflektiert. Es könnte auch lediglich ein Kratzer oder eine Marke auf dem Film Negativ sein und gar nicht existieren. Der ausschlaggebende Faktor hier ist dass keine der Möglichkeiten wirklich bestätigt werden konnte, denn das originale Bild wovon Hoagland's Foto stammte war aus der National Space Science Data Center-Datenbank verschwunden.

Dies bietet eine weitere Erklärung für das Verschwinden des Schlosses ... jemand bei der NASA ist sehr sensibel was ungewöhnliche Artefakte auf den Bildern betrifft, und tut viel damit sie aus der Einsicht durch die Öffentlichkeit verschwinden indem Airbrush-Techniken angewandt werden. Selbst originale Film-Negative werden aus den offiziellen Archiven getilgt!

Die NASA verfälscht offizielle Mond-Fotos

Sicherlich eine wilde Anschuldigung, werden Sie denken. Die NASA würde niemals Dinge die wir nicht sehen sollen heraus retuschieren und dann die gefälschten Daten wieder in die Datenbank tun wo die Öffentlichkeit und Wissenschaftler sie dann untersuchen. Jedoch sagt Ken Johnston, der behauptet, Chef der Abteilung für Daten- und Bildkontrolle des MSC Lunar Receiving Laboratory während des Apollo-Programms gewesen zu sein, dass dies tatsächlich so ist.[78]

Ken Johnston ist ein Raumfahrtingenieur im Ruhestand und ein ehemaliger US-Marinesoldat und ziviler Berater für das Apollo-Programm. Während seiner Arbeit als NASA-Mitarbeiter im Lunar Receiving Laboratory, so sagt er aus, sei er für die Katalogisierung und Archivierung all der tausende von Hand geschossenen und orbitalen Fotos von Apollo verantwortlich gewesen, ebenso für die 16-mm Filme der Kontroll- und der Mondmodule welche oft Sequenzen der Mondumkreisungen und der Auf- und Abstiege aufnahmen. Eine seine Aufgaben war diese Filme für Vorführungen vor Teams von Wissenschaftlern und Ingenieuren vorzubereiten, und sagte dass bei einer dieser Gelegenheiten etwas außerordentliches geschah.

Während des Abspielens eines Films von der Apollo 14-Mission sah er mehrere Lichter innerhalb eines Kraters, sowie eine seltsame 'Wolke oder Fahne – oder eine Art Ausgasen oder so', welche sich über den Rand des Kraters erhob. Einer der Wissenschaftler die den Film sahen, der leitende Astronom Dr. Thornton Page, stoppte den Film, spulte zurück und sah sich die Sequenz der 'Fahne' mehrmals an.

Der Film wurde später zum NASA-Fotolabor zur Archivierung geschickt und am nächsten Tag nochmals für eine Vorführung für ein paar nicht so hochstehende Wissenschaftler und Ingenieure angefordert. Während er den Film für seine neuen Zuschauer zeigte entdeckte Johnston zu seinem Entsetzen dass die Lichter und das Ausgasen auf dem Film nun verschwunden waren!

Später dann, am selben Tag, traf er Dr. Page und fragte ihn was mit dieser ungewöhnlichen Sequenz passiert war, und er erhielt als Antwort ein Grinsen und den Satz:

"Da waren keine Lichter. Da ist überhaupt nichts."

Offenbar hatte jemand über Nacht im NASA Fotolabor den Auftrag erhalten diesen Film mit den mysteriösen Geschehen des Kraters zu

Kapitel 5: Die außerirdische Verbindung

'säubern'. Und dies hat gewaltige Konsequenzen. Denn nun haben wir hier plötzlich eine ominöse dunkle Wolke die über der Aufrichtigkeit und Integrität der NASA und des gesamten amerikanischen Raumfahrtprogramms hängt. Ich muss schon fragen, was fand die NASA auf dem Mond was so wichtig ist dass sie zulassen würde offizielle wissenschaftliche Daten und Filme der Apollo 14-Mission zu fälschen und der Wissenschaft und der Öffentlichkeit die Wahrheit über das was entdeckt wurde vorzuenthalten?

Diese Situation würde darauf hinauslaufen dass die NASA sehr viel mehr über das was auf dem Mond ist weiß als sie vor der Weltöffentlichkeit zugegeben hat; dass das was sie dort entdeckt hat Verschlusssache ist, eine die weit über der Geheimhaltungsstufe 'Top Secret' liegt; dass ihre Astronauten den strikten Befehl hatten nicht darüber zu sprechen was sie sahen und fanden.

Ich habe Stories gehört die ich einfach als Mythen betrachte, so zum Beispiel dass, als Apollo 11 auf dem Mond landete, dort riesige Raumschiffe waren, aufgereiht entlang eines Kraters, und welche die Geschehnisse beobachteten. Natürlich verwarf ich diese Geschichte, doch jetzt habe ich da meine Zweifel. Scheinbar hatte die NASA ein Codewort welches die Astronauten bei Radiokommunikationen benutzten wenn sie ein UFO sahen ... 'Santa Claus' (Weihnachtsmann).

Zweifellos wurde das Geheimwort inzwischen geändert.

Eine geheime Basis auf dem Mond

Was könnte die NASA auf dem Mond geheimhalten, etwas worüber sie Ihnen und mir nichts erzählen will?

Im Jahr 1965 wurde der Stabsunteroffizier (sergeant) Karl Wolfe, ein Experte für die Reparatur der Präzisions-Elektronik von Kameras der eine Top Secret Crypto-Sicherheitsstufe innehielt, an das Lunar Orbiter-Projekt ausgeliehen um Geräte die Störungen hatten zu reparieren. Ein Gefreiter der Wolfe zeigte wie das Gerät funktionierte machte eine Pause und sagte etwas unglaubliches, sichtlich erschüttert: [79]

"Übrigens haben wir eine Basis auf der anderen Seite des Mondes entdeckt."

Hier fuhr der Mann fort und breitete ein paar Fotos aus welche eindeutig 'Strukturen, pilzförmige und runde Gebäude und Türme' zeigten. Sergeant Wolfe erwähnte dass er zu dieser Zeit Angst hatte, denn er wusste dass sie unter abgegliederten, abgeschotteten Sicherheitsbedingungen (compartmentalized security) arbeiteten, und dass der Unteroffizier diese Sicherheitsbestimmungen gebrochen hatte indem er ihm diese Fotos gezeigt hatte, daher fragte er ihn nicht weiter aus. Drei Tage lang arbeitete er dort, dann fuhr er nach Hause und dachte sich dabei:

"Ich kann es gar nicht abwarten, darüber in den Abendnachrichten zu hören!"

Karl Wolfe hörte darüber nie in den Nachrichten, wie auch sonst niemand, bis zum Jahr 2001, als er seine Information bei der 'Disclosure Project National Press Club Conference' in Washington präsentierte. Er sagte dort vor den versammelten Medien aus der ganzen Welt dass er darüber vor dem amerikanischen Kongress aussagen würde, dass er die Wahrheit sage.

Eine *Basis* auf der anderen Seite des *Mondes*?

Wie kann die Menschheit im Jahre 1965 die Technologie besessen haben um dort eine Raumstation zu bauen, wenn sie noch nicht einmal Astronauten dorthin geschickt hatten um darauf zu landen? Apollo 11, mit Armstrong und Aldrin an Bord, landete erst vier Jahre später auf dem Mond. Daher legen die Aussagen von Sargent Wolfe nahe dass es **vier** Möglichkeiten hinsichtlich solch einer Basis auf dem Mond gibt:

1. **Es gibt keine Basis.** Sergeant Wolfe wurde eine Falle gestellt und die Fotos der Strukturen und Gebäude waren gefälscht. Es war eine vorsätzliche Verschwörung um den Desinformations-Mythos zu säen, dass der Mond von Außerirdischen bewohnt ist. Zur damaligen Zeit war die USA mitten im Kalten Krieg mit der Sowjetunion, und offizielle Dokumente legen nahe, dass UFO-Sichtungen von der CIA benutzt wurden um geheime militärische Projekte zu tarnen.

2. **Die Basis ist echt und wird von den Amerikanern genutzt.** Fortgeschrittene geheime Technologien haben es möglich gemacht zum Mond zu fliegen und dort unter

Kapitel 5: Die außerirdische Verbindung

Geheimhaltung eine Basis zu errichten. Der Zweck ist die Errichtung einer Militäreinrichtung oder wissenschaftlichen Station um möglicherweise die dort entdeckten vorzeitlichen Ruinen zu untersuchen, abseits der Einsicht durch das öffentliche Raumfahrtprogramm welches weit unterlegene Technologien benutzt.

3. **Die Basis ist echt und seit langer Zeit verfallen und verlassen.** Sie wurde von einer uralten Zivilisation erbaut, eine die nicht mehr dort lebt.

4. **Die Basis ist echt und wird von einer außerirdischen Zivilisation genutzt.** Möglicherweise wird sie von ihr als eine Operationsbasis genutzt um Langzeitstudien über die Erde und die Menschheit durchzuführen.

Aufgrund der bisher präsentierten Hinweise, was glauben Sie ist die wahrscheinlichere Möglichkeit?

Ken Johnston und Karl Wolfe waren nicht die einzigen Zeugen der Zensur von offiziellen Fotos und wissenschaftlichen Daten seitens der NASA.

Donna Hare war 15 Jahre lang bei der NASA als Zulieferer angestellt, und zwar als Foto-Technikerin, während der Jahre der Apollo Mission. Sie hatte eine Geheimhaltungsbescheinigung die es ihr erlaubte in kontrollierte Sperrzonen zu gehen, dort wo Bilder die von Satelliten und den Apollo Missionen gemacht worden waren entwickelt wurden.

Eines Tages sprach sie mit einem der Fotografen und Entwickler die dort arbeiteten, und er lenkte ihre Aufmerksamkeit auf ein Foto-Mosaik an dem er arbeitete. Da war ein weißes, ovales Objekt das einen Schatten auf den Boden darunter warf. Sie fragte ihn ob es ein UFO sei, und er sagte: *"Nun, das darf ich Ihnen nicht sagen."* Also fragte sie was mit dieser Information gemacht würde, worauf er antwortete: [80]

"Nun, wir müssen diese Dinger aus den Fotos herausretuschieren bevor wir sie der Öffentlichkeit andrehen..."

Was also hätten die Apollo-Astronauten möglicherweise auf dem Mond finden können?

Künstliche Objekte auf dem Mond

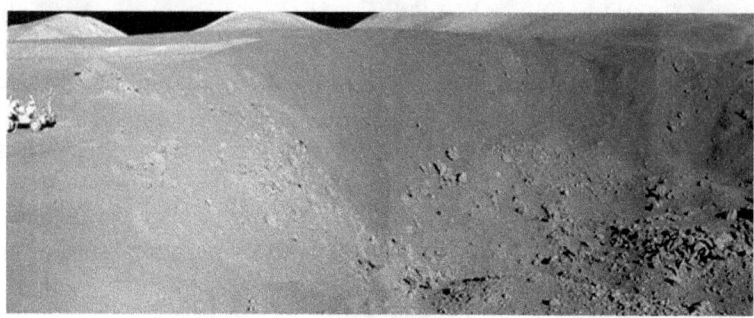

31. Mond-Rover am Shorty Krater – Apollo 17
Ort: der Mond, Dezember 1972; Bildnachweis: NASA/JPL
Zusammengesetztes Bild: M. J. Craig

Apollo 17 war die letzte bemannte Mission, im Jahr 1972, als die Astronauten Eugene Cernan und Harrison Schmitt am südöstlichen Rand von Mare Serenitatis landeten um das Taurus-Littrow Tal zu erforschen. Während des zweiten Ausflugs mit ihrem Mond-Buggy untersuchten sie den Krater den die Astronauten 'Shorty' nannten. Als sie die von ihnen erforschte Region beschrieben hatte Kommandant Cernan zuvor an diesem Tag ausgerufen: *"Wenn das kein mysteriös aussehender Ort ist ..."* während er den Buggy steuerte und Schmitt Aufnahmen machte. [81]

Kapitel 5: Die außerirdische Verbindung

**SM92. Schrottplatz auf dem Mond am Shorty Krater? (110m)
– Apollo 17**
Ort: der Mond, Dezember 1972; Bildnachweis: NASA/JPL; Grafik: M. J. Craig

Als sie am 110 Meter breiten Krater ankamen schauten die Astronauten hinein und waren offensichtlich beindruckt von dem was sie sahen. Cernan funkte nach Houston: [82]

"Dieser [Krater] ist beeindruckend. Warte mal ab bis du den Boden davon zu sehen bekommst..."

Es wurden pflichtbewusst Aufnahmen vom Krater gemacht, und was wir nun in der Vergrößerung des Kraterbodens sehen ist erstaunlich (SM92).

Die Details sind hier nicht besonders klar, und jemand mit besseren Fähigkeiten bei der Fotobearbeitung wird bessere Resultate erzielen, doch meine ich dass hier genügend Objekte mit geometrischen und geraden Merkmalen zu sehen sind um anzudeuten dass wir möglicherweise einen Trümmerhaufen und Schrott vor uns haben, vielleicht sowohl Mauerwerk wie auch technische Einzelteile. Ich sage hier Mauerwerk weil ich das Gefühl habe dass hier möglicherweise Überreste von verzierten Bestandteilen von Architektur zu sehen sind.

Dies ist auch der Ort wo Richard Hoagland fand was er als 'Roboter-Kopf' bezeichnete, und er verglich ihn mit jenem aus den Star Wars-Filmen, C-3PO!

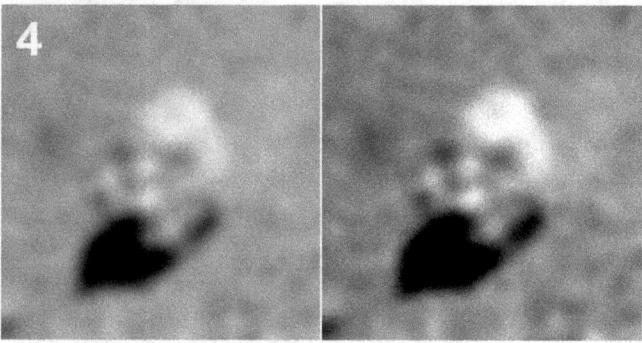

SM92.1 Object 4: "Roboter-Kopf" detail (15-20 cm)
Entdeckt von Richard C. Hoagland

Ausgehend von der einfachen Erhöhung des Kontrastes die ich hier anwandte um mehr Details in diesem Bild zu sehen (SM92.1) würde ich mich nicht besonders beeilen dies als ein Artefakt zu bezeichnen. Jedoch benutzten Mike Bara und Richard Hoagland für ihr Buch Dark Mission ("Dunkle Mission") fortgeschrittenere Techniken der Bildmanipulation die scheinbar mehr Details hervorbrachten welche die mögliche künstliche Natur dieses Objekts bekräftigen.[83] Die Tatsache dass dieses Ding in einer Gegend des Mondes liegt wo mehrere künstlich aussehende Objekte sind würde natürlich die Wahrscheinlichkeit erhöhen dass es sich um ein Objekt handelt das in diese Kategorie gehört.

Gingen nun die Astronauten in den Krater hinein und sahen sich näher um? Nun, gemäß der Tonaufnahme ihrer Aktivitäten, nein.[84] Tatsächlich war die Steilheit des 14 Meter tiefen Kraters und die

Kapitel 5: Die außerirdische Verbindung

zeitliche Begrenzung ihrer Mission wohl der Grund dafür dass sie wahrscheinlich nicht in den Krater hinab stiegen und daher nicht die Objekte sahen die hier in den Vergrößerungen enthüllt werden.

Während sie den Krater fotografierten entdeckte der Geologe Harrison Schmitt orangefarbenen Boden, was beide von ihnen scheinbar ziemlich aufregte, und gemäß der Tonaufzeichnungen veranlasste diese Entdeckung dass sie die restliche Zeit und Aufmerksamkeit darauf lenkten bevor sie den Shorty Krater verließen.

SM93. Künstliches Objekt bei Henry-Krater? (2m) – Apollo 17
Entdeckt von Richard C. Hoagland
Bildnachweis: NASA/JPL; Grafik: M. J. Craig

Am nächsten Tag, während ihres dritten Ausfluges, hielten sie an einem großen Felsbrocken nahe des Henry Kraters an und machten Aufnahmen der Gegend. Auf mehreren Bildern sieht man ein sehr ungewöhnliches Objekt auf einem fernen Abhang (SM93), obwohl die Astronauten keinen Kommentar darüber machten.

Es sieht schon sehr mechanisch und sicherlich wie ein künstliches Objekt aus (einem Teil einer Maschine nicht unähnlich, über einen Meter groß), und es ist absolut faszinierend sich vorzustellen was für ein vorzeitliches Ereignis dieses Artefakt zu seinem letzten Ruheplatz gebracht haben könnte, hier im Staub des Mondes. Ich glaube dass die symmetrisch platzierten Löcher auf der linken Seite des Objektes, zusammen mit seiner Krümmung und geradlinigen Elementen, dieses Objekt womöglich zu einem Anwärter für ein übrig gebliebenes Artefakt einer unbekannten Zivilisation macht, eine welche einmal unseren Mond beehrte.

Doch wenn wir ein potentiell künstliches Objekt an einer Stelle finden, dann gehört es sich dass wir uns in der Gegend nach weiteren Objekten umsehen, ausgehend von der Prämisse die wir für den Mars anwandten, das einmal "etwas" hier vor langer Zeit geschah was im Verstreuen von technologischem Schrott resultierte. Es bestärkt diese Annahme ungemein wenn in der Nähe weitere Hinweise gefunden werden sollten, und nachdem ich Fotos der nahen Hügel untersuchte fielen mir ein paar kleinere Objekte auf die womöglich mit der größeren Entdeckung im Zusammenhang stehen (SM94).

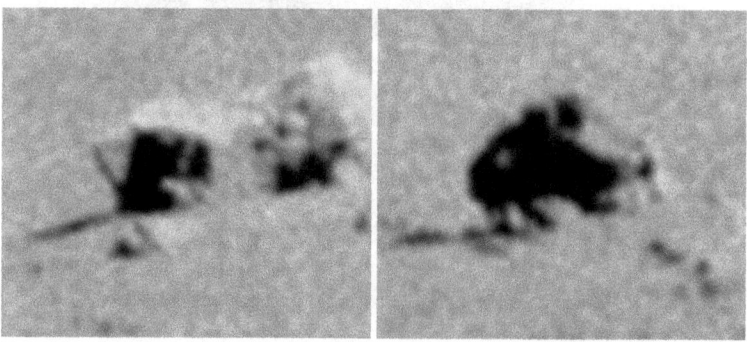

SM94. Weiter Artefakte nahe des Henry Kraters? (15-20cm)
Bildnachweis: NASA/JPL

Gingen NASA-Astronauten zum Mond und fanden dort Hinweise für eine frühere Zivilisation? Und sitzt die NASA seitdem auf diesem Wissen?

Die Hinweise legen dies eindeutig nahe. Und mit Fotolaboratorien der NASA die Bilder zensieren und retuschieren damit sie an die Öffentlichkeit und die Mainstream Wissenschaft verfüttert werden

Kapitel 5: Die außerirdische Verbindung

können liegt klar auf der Hand dass die amerikanische Raumfahrtbehörde tief in eine heimliche Agenda verwickelt ist.

Die außerirdische Realität: Zeit der Offenlegung

Nun scheint der Druck auf die Machtstrukturen zuzunehmen damit ernsthafte Information über dieses Thema veröffentlicht wird. Die ständigen öffentlichen Verleugnungen und abwertenden, witzelnden Bemerkungen von gewählten Politikern hinsichtlich des Themas 'Aliens und kleine grüne Männchen' ziehen nicht mehr. Die Leute sind nicht dumm. Die haben damit begonnen den Unsinn als das zu sehen was er ist. Internet hat es möglich gemacht dass diese Information sich wie ein Lauffeuer ausgebreitet hat, und hat dazu geführt dass die Öffentlichkeit besser informiert ist als jene durch die sie in der Regierung vertreten wird. Dies hat zu einer riesigen aufgestauten Ungeduld geführt, ausgelöst durch die politisch motivierten Antworten mit denen dieses Thema bisher behandelt wurde.

Diese Abwesenheit einer offiziellen Stellungnahme hinsichtlich der Präsenz einer intelligenten außerirdischen Zivilisation in unserem Sonnensystem führte zunächst zur Gründung des 'Disclosure Project' durch Dr. Steven Greer, [85] welcher im Jahr 2001 vor dem Washington Press Club den Medien aus der ganzen Welt hochkarätige Zeugen präsentierte welche ihre Erfahrungen von Kontakten mit Außerirdischen, UFO's, und geheimen, technologisch-geprägten Ereignissen darlegten.

Da jedoch die erwartete Reaktion seitens der US-Regierung ausblieb machte eine weitere Bewegung die von Bürgern organisiert worden war am 29. April 2013 einen erneuten Versuch, als während einer fünftägigen Anhörung um die vierzig Forscher und Zeugen vor früheren Mitgliedern des Kongresses aussagten. Anlässlich der sogenannten "Öffentlichen Anhörung über die Offenlegung einer außerirdischen Präsenz die im Kontakt mit der Menschheit ist" ("Citizen Hearing on Disclosure of an Extraterrestrial Presence Engaging the Human Race")[86] wurde der Versuch gemacht die Fakten hinsichtlich außerirdischer Kontakte und des Wissens darüber seitens der Regierungen zu präsentieren.

Der Sprecher dieser Anhörung, welche wiederum im Washington Press Club stattfand, war der **NASA Apollo 14-Astronaut Dr. Edgar Mitchell**. Seit Jahren war Dr. Mitchell darum bemüht die

Wahrheit über die Anwesenheit von Außerirdischen zu verbreiten. Er sagte über dieses Ereignis: [87]

> Wir sind weit weit hinterher was die Veröffentlichung dieser Information betrifft, um sie anzuerkennen und Diskussionen auf höchster Ebene, dem Kongress und der Regierung, zu beginnen – damit diese Information der Öffentlichkeit preisgegeben wird. Wir liegen hier sehr weit zurück. Wenn wir es hier nicht tun, ich weiß nicht ob wir es sonst jemals tun werden.

Es ist sicherlich an der Zeit. Wenn man anfängt eins und eins zusammenzuzählen, wie Ken Johnston's Aussage über die absichtliche Fälschung der Beweise hinsichtlich intelligenter Aktivität auf dem Mond; das Verschwinden des ursprünglichen NASA-Fotos das Richard Hoagland's 'Festung' zeigte; Sergeant Wolfe's Foto von der geheimen Basis auf dem Mond; Donna Hare's Erlebnis der 'Foto-Zensur' eines UFO's, und natürlich die Vermeidung seitens der NASA all die seltsamen Objekte und Strukturen die auf dem Mars gefunden wurden zu besprechen, dann taucht ein Bild auf welches Vertuschung, Leugnung und eine absichtliche, kontinuierliche Politik der Geheimhaltung offenlegt.

Es passt alles zueinander wenn wir damit anfangen den Astronauten und dem was sie seit Jahren sagen zuzuhören. Vielleicht wurde ihnen nun erlaubt darüber zu sprechen; ein Geflüster in ihre Ohren dass sie jetzt keine Angst mehr vor Gefängnis oder Repressalien haben müssen. Nun, vielleicht wurde jetzt in einem der dunklen Korridore entschieden dass etwas von dieser Information der Menschheit mitgeteilt werden muss, allmählich, schrittweise, damit sie sich langsam an die Idee gewöhnen kann dass 'Außerirdische Zivilisationen' im Universum leben, mit uns ... und dass sie uns sogar ab und zu auf der Erde besucht haben.

Astronauten und UFO's

In der ersten Reihe der Weltraumforschung stehen die NASA-Astronauten und die sowjetischen und russischen Kosmonauten selbst. Sie waren es die über die Grenzen unseres Heimatplaneten hinausgingen und sich in den mysteriösen und abweisenden Weltraum wagten. Falls es tiefgehende Geheimnisse jenseits der Erde gibt, dann sollten wir den Worten jener mutigen Leute lauschen falls wir etwas dazulernen wollen.

Kapitel 5: Die außerirdische Verbindung

Alle Apollo-Astronauten der ersten Stunde waren Militärpersonal, standen unter Eid der Geheimhaltung, doch wenn diese Personen ihre letzte Lebensphase erreichen scheinen sie etwas weicher zu werden, möglicherweise weniger besorgt und offener hinsichtlich ihrer Erfahrungen und was sie im Weltraum erlebten und sahen. Entweder ist dies ein Faktor oder, wie wir bereits erwähnten, ihnen wurde nun erlaubt über diese Dinge zu sprechen.

Hören wir zu was unsere forschen Astronauten über UFO's und die Realität von außerirdischer Intelligenz die unseren Planeten besuchte zu sagen haben:

Eugene Cernan, Kommandant der Apollo 17, machte die folgende Aussage über UFO's: [88]

> Ich bin über UFO's gefragt worden, und habe öffentlich erklärt, dass ich glaube, sie gehören jemand Anderem, einer anderen Zivilisation.

Der Astronaut Dr. Edgar Mitchell, Apollo 14, sagte: [89]

> Wir alle wissen dass UFO's echt sind. Wir müssen nur fragen woher sie kommen ... die Fakten deuten darauf hin dass Roswell ein reales Ereignis war und dass tatsächlich ein außerirdisches Raumschiff bruchlandete, und dass Material von der Absturzstelle geborgen wurde.

Der frühere NASA-Astronaut und Professor für Physik in Princeton, Dr. Brian O'Leary: [90]

> Es gibt genügend Beweise dafür dass wir kontaktiert werden. Dass uns seit sehr langer Zeit Zivilisationen besucht haben ... diese Besucher benutzen die Technologien des Bewusstseins.

Der Gemini-Astronaut Colonel Gordon Cooper schrieb in einem Brief an die Vereinten Nationen: [91]

> Ich glaube dass diese außerirdischen Vehikel und ihre Besatzungen diesen Planeten von anderen Planeten aus besuchen, offensichtlich sind sie technisch etwas weiter entwickelt als wir hier auf der Erde. Ich glaube wir brauchen ein koordiniertes Programm auf höchster Ebene um mit wissenschaftlichen Methoden Daten auf der ganzen Welt zu sammeln und hinsichtlich jeder Art von Begegnung

zu analysieren und festzustellen wie wir mit diesen Besuchern auf freundliche Art und Weise interagieren.

Ebenso stellte er fest: [92]

> Wir wissen, dass die Regierung auf konkreten Beweisen für UFO's sitzt.

Der Astronaut Storey Musgrove, der die Space Shuttle Mission zur Reparatur des Hubble-Teleskops begleitete: [93]

> Statistisch gesehen ist es eine Gewissheit dass sehr hoch entwickelte intelligente Zivilisationen und Lebensformen da draußen sind. Ich glaube sie sind so hochentwickelt dass sie sogar interstellar reisen können. Ich glaube es ist möglich dass sie sogar hierher kamen.

Bekommen wir hier vielleicht den Eindruck dass im All etwas monumentales vor sich geht, nur dass die Nachrichten darüber die Weltbevölkerung nicht erreichen? Wie kann dies sein? Ist da eine Nachrichtensperre? Dies sind die Ansichten von hochtrainierten Astronauten und Wissenschaftlern mit tadellosem Ruf. Sie sprechen von einer Realität die wie Science Fiction klingt, doch welche tatsächlich die nüchterne Wahrheit über das Leben draußen im Weltall ist.

Da die Astronauten selbst die Wahrscheinlichkeit der Existenz von außerirdischen Raumschiffen welche die Erde besuchen zugeben wird die Realität einer Basis auf dem Mond zu einer ernstzunehmenden Möglichkeit. Warum? Weil man nach praktischen Gesichtspunkten annehmen würde dass Besucher eines weit entfernten Sternsystems eine lokale Operationsbasis brauchen würden um ihre Aufklärungsmissionen zu fliegen – und der Mond wäre eine ideale Beobachtungsstation um die Erde zu überwachen.

Über die Jahre hinweg gab es viele Beobachtungen von leuchtenden Objekten die über die Oberfläche des Mondes schießen, scheinbar von einer Intelligenz gesteuert, und die nahelegen dass es eine kontinuierliche Aktivität auf dem Mond gibt; andererseits gibt es viele Aufnahmen der NASA die künstliche Strukturen auf der Oberfläche zeigen welche uns an jene erinnern die wir schon auf dem Mars gesehen haben. Dies legt nahe dass es daher genauso wahrscheinlich ist dass vorzeitliche Ruinen und bewohnte Gebäude auf dem Mond gefunden werden können.

Kapitel 5: Die außerirdische Verbindung

Kontrollieren geheime Behörden die Angelegenheiten von Außerirdischen und UFO's?

Was soll man mit diesem Stand der Dinge nur anfangen? Einerseits habe wir eine umfassende Sammlung an Beweismaterial, sowohl seitens glaubwürdiger Zeugen, offizieller Fotos und digitalen Bildern welche die sehr wahrscheinliche Existenz von außerirdischen Raumfähren, Gebäuden und Artefakten bestätigen – andererseits ist da eine total steinerne und reaktionslose Regierung und Raumfahrtbehörde die leugnet dass da irgend etwas ernsthaftes geschieht was eines wissenschaftlichen Interesses wert ist, oder gefunden wurde. Es ist einfach nicht zu fassen.

Die Realität ist eindeutig die dass irgendwo jemand damit ringt zu wissen was mit dieser Information gemacht werden soll, und vielleicht vermeidet jeder damit zu tun zu haben; denn die Konsequenzen der Veröffentlichung dieser Angelegenheit der Welt gegenüber werden enorm sein und die Paradigmen erschüttern. Es gibt ernstzunehmende Beweise dass durch die streng hierarchische Unterteilung und Abschottung der Information das Wissen und die Kontrolle über außerirdische Angelegenheiten allmählich geheimen Behörden die andere Ziele verfolgen übergeben wurde, und möglicherweise nicht der Kontrolle einer legitimen Regierung unterliegt.

Dr. Steven Greer vom Disclosure Project hat Beweismaterial zusammengetragen das bekannte amerikanische high-tech Firmen und Zulieferer der Rüstungsindustrie wie Bechtel, Boeing/McDonnell Douglas, Lockheed Martin, SAIC, BDM, Northrop Grumman und Wackenhut mit der Entwicklung von Technologien in Verbindung bringt die aus der Nachkonstruktion (back- oder reverse-engineering) von bruchgelandeten außerirdischen Raumfähren gewonnen wurden welche vom Militär geborgen wurden.[94]

Der ehemalige Stabsoffizier der US Armee Clifford Stone bestätigte die Existenz solcher Militäreinheiten mit der spezifischen Aufgabe diese abgeschossenen außerirdischen Raumschiffe zu bergen: [95]

> Unter dem [Projekt] "Moon Dust" und "Blue Fly" haben wir außerirdische Reste die nicht von dieser Erde stammen geborgen … Ich nahm an diesen Operationen teil um

281

bruchgelandete E.T.-Objekte zu bergen ... Wir machten Einsätze wie bei einem nuklearen Unfall. Die Protokolle für nukleare oder biologische oder chemische Unfälle sind bereits ausgearbeitet ... diese Prozeduren werden angewandt wenn wir eine Bergung eines abgestürzten E.T.-Raumschiffes durchführen.

Mit solch eine außergewöhnlichen Situation, wo militärische Projekte existieren welche gezielt außerirdische Flugkörper bergen, wird nahegelegt dass, wenn die U.S.-Regierung nicht über die Existenz solcher Apparate weiß, und was mit ihnen getan wird, dann wurde sicherlich die Tür offen gelassen damit irgendjemand sich dieser außerirdischen Vehikel annimmt welche womöglich unschätzbare Technologien in sich bergen. Dies legt nahe dass ein Abkommen existiert zwischen jenen welche die Bergung der abgestürzten (oder abgeschossenen?) UFO's – dem Militär – und jenen welche die Forschung, Entwicklung und kommerzielle Nutzung davon handhaben – die privaten Unternehmen.

Jawohl, kommerzielle Nutzung. Das Geschäft mit außerirdischen Flugkörpern für Profit wäre extrem lukrativ. Denn die fortschrittlichen Technologien die von außerirdischen Zivilisationen benutzt werden um zwischen Sternsystemen zu reisen, auf unserem Planeten mit für konventionelle Flugkörper unmöglichen Geschwindigkeiten umher zu flitzen und ebenfalls mit der Fähigkeit sich zu tarnen und zu verschwinden, dann hat ihre überragende Technologie sicherlich einen riesigen Wert für jene Firmen auf der Erde die ihre Märkte dominieren wollen.

Es muss nicht eigens erwähnt werden dass der Besitz dieser außerirdischen Flugkörper ganz besonders für das Militär höchst interessant ist. Jedoch braucht es die Fähigkeiten und das Fachwissen der korporativen Verteidigungsunternehmen die normalerweise angeheuert werden um deren Waffen und Flugzeuge zu konstruieren um die neu entdeckten außerirdischen Technologien in nützliche Hardware zu verwandeln.

Ein Einblick in solch ein Arrangement wird vom **Oberst der US-Armee Phillip J. Corso (im Ruhestand)** geliefert, ein Geheimdienstoffizier der Armee der Mitglied von Präsident Eisenhower's National Security Council war, und der ebenfalls in der Forschung und Entwicklung arbeitete. Er enthüllte dass

Kapitel 5: Die außerirdische Verbindung

fortschrittliche technologische Information die von außerirdischen Flugobjekten geborgen wurde absichtlich den kommerziellen Unternehmen zugeführt wurde: [96]

> Wir vergaben Information über die E.T.-Technologien und bestanden darauf dass sie [die Unternehmen] die Patente anmeldeten. Aber wir legten auch gewisse Bedingungen auf: füttert sie zurück zu uns, dem fortschrittlichen Bereich der Armee – nehmt die Patente, macht all das Geld was ihr wollt – doch gebt es der amerikanischen Bevölkerung und gebt es der Welt.

Ausgehend von dieser Aussage erscheint es dass die Firmen welche die Technologie entgegennahmen diese entwickelten, dem Militär ein paar fortschrittliche Fähigkeiten für ihre eigenen Projekte zurückgaben, und sie sodann in ein Produkt umwandelten welches der Welt verkauft wurde. Sieht so aus als hätte jeder dabei gewonnen.

Doch in diesem Zeitraum wurde der Präsident Eisenhower sehr besorgt über diese abwesende Kontrolle über diesen "militärisch-industriellen Komplex" der aus der Ausnutzung von außerirdischer Technologie erwuchs, wie wir bereits in seiner letzten Ansprache vor der Nation gesehen haben. Worüber war er nun so besorgt?

Begannen die Unternehmen damit einige ihrer Entdeckungen durch die E.T.-Technologie zurückzuhalten, sie womöglich nicht mit ihren militärischen Partnern teilten? Wollten sie vielleicht nicht mehr länger auf gelegentliche Almosen warten und agierten sie stattdessen aktiv bei der Untersuchung von E.T.-Technologie, zum Vorteil ihrer eigenen Unternehmen? Unternahmen sie alle aus ihrer Sicht notwendigen Schritte um ihre außerirdischen Trophäen sorgsam zu schützen und zu sichern?

Über fünfzig Jahre sind vergangen, seit Präsident Eisenhower's Warnung an Amerika, und wer weiß schon was seitdem in dieser Angelegenheit vor sich gegangen ist. Heutzutage sieht es so aus als gäbe es einen Morast aus miteinander verflochtenen geheimen Agendas die miteinander konkurrieren, was es erschwert herauszufinden wer genau diesen hochgeheimen Sektor kontrolliert der irgendwo in der Welt der inoffiziellen Programme mit besonderem Zugang (USAP, Unacknowledged Special Access Programs) existiert, womöglich tief verbuddelt und unauffindbar.

Scheinbar gibt es auch Bestrebungen seitens höherer Ebenen des Militärs und der Geheimdienste welche nahelegen dass sie sich den dunkleren geheim Programmen widersetzen und die Geheimhaltung beenden wollen.

Dies legt nahe dass das Militär tatsächlich irgendwie die Kontrolle über diese Technologie verloren hat und die Situation bereinigen will, obwohl die Öffentlichkeit noch darüber informiert werden muss was sie mit der E.T.-Technologie damals anstellten, und wie sie diese bekommen hatte. Da ist viel nachzuholen was die Entwicklung dieser Angelegenheit in den letzten Jahrzehnten betrifft, doch denke ich dass die "Verteidigung des Planeten" in den 40er und 50er Jahren ganz oben auf ihrer Liste war. Und könnte es sein dass diese Sicherheit irgendwie gefährdet wurde, durch Gruppen mit einer dem Militär überlegenen Technologie? Nun, man kann sich einen gefahrvollen Stand der Dinge vorstellen der im Kern dieser Sache steckt.

Ehrlich gesagt habe ich nicht alle Antworten hinsichtlich der dunklen ahnungsvollen Fragen im Zusammenhang mit dieser unheilvollen Angelegenheit, doch hoffe ich in der nahen Zukunft mehr Licht darauf werfen zu können. Um jedoch die Wahrheit herauszufinden sind wir auf Leute angewiesen die sich der Welt stellen und ihr mitteilen was sie wissen. Bis eine Art Offenlegung seitens der Regierung geschieht ist dies der einzige Weg vorwärts. Wenn Sie etwas wichtiges wissen dann brauchen wir Sie.

Bis dahin jedoch können wir uns für einen Moment vorstellen wie diese globalen Unternehmen wirklich reagieren könnten wenn ET's morgen mit einer umwerfenden Technologie auftauchen würden. Wenn sie diese der Menschheit anbieten würde, wundervolle Geräte die womöglich all die obsoleten Produkte ersetzen könnte.

Ich glaube es gäbe **zwei** wichtige Angelegenheiten welche unsere globalen Wirtschaftskapitäne Sorgen bereiten könnten:

1. **Ein Besuch von friedlichen E.T.'s** – Sie könnten der Menschheit, nachdem sie die Probleme unserer Gesundheit und die ökologischen Probleme beobachtet hätten, bedingt durch den Mangel an Nahrungsmitteln, der Abhängigkeit von verschreibungspflichtigen Medikamenten etc., und unsere Nutzung von fossilen Brennstoffen für Energie, *Technologie für freie Energie, Nahrungsmittel-Replikatoren*

Kapitel 5: Die außerirdische Verbindung

und Module zur Wiederherstellung der Gesundheit für jede Person und jeden Haushalt des Planeten anbieten, und so mit einem Schlag den Hunger in unserer Welt sowie unsere Abhängigkeit von teuren Medikamenten, Öl, Gas und Elektrizität beenden – was all die pharmazeutischen und Energie-Unternehmen ausflippen lassen würde.

2. **Ein Besuch von opportunistischen E.T.'s** – Die, nach der Beobachtung wie unsere beschränkten planetarischen Ressourcen von einer handvoll globaler Korporationen kontrolliert werden, ein Handelsabkommen mit ein oder zwei von ihnen eingehen würde *um sie mit fortschrittlicher Technologie zu versorgen* – in diesem Fall würden alle politischen und wirtschaftlichen Kontrahenten im Dreieck springen.

Nun also, wenn da ein paar Kinder sind welche nicht auf ihre Profite von Ölfeldern und Drogen verzichten wollen, und die auch nicht riskieren wollen dass andere Leute Zugang zu E.T.-Technologie bekommen die sie vielleicht für immer aus dem Geschäft drängen würde, was würden sie wohl aller Wahrscheinlichkeit nach tun?

Nun, was das Angebot der gutmeinenden E.T.'s für die gesamte Menschheit betrifft, einige unserer eher erleuchteten Wirtschaftskapitäne könnten sich natürlich dafür entscheiden auf bescheidene Art und Weise klein bei zu geben und den wundervollen Fortschritt den solch ein Geschenk seitens der E.T.'s für die Erde und die Menschheit bedeuten würde willkommen zu heißen, und damit uns dabei zu helfen ein neues Zeitalter blühender Gesundheit und sauberer, erneuerbarer und unbegrenzter Energieversorgung einzuläuten.

Doch würde die Mehrheit der globalen Unternehmen der Menschheit angesichts der von ihnen offengelegten selbstsüchtigen Habgier und Arroganz sicherlich solch eine wohlgemeinte Tat lediglich als einen massiven Angriff auf ihren Profit und Kontrolle ansehen, und würden daher wahrscheinlich den geschäftsorientierten E.T.-Besucher vorziehen, jener der darauf aus ist Handel zu treiben. Sodann könnten weltverändernde außerirdische Technologien verkauft oder in Lizenz gegeben

285

werden, vielleicht für eine Exklusivität für die Anfertigung und den Vertrieb auf der Erde.

Angesichts eines Misserfolges eines Handelsabkommens mit E.T. würden sie womöglich Schritte ergreifen um solch eine Einmischung zu blockieren und jene Technologie welche die E.T.'s uns umsonst geben wollen "aggressiv zu beschlagnahmen", so schnell wie möglich, und koste es was es wolle, bevor es die Konkurrenz tut.

Dies lässt uns darüber wundern was es mit dem 'Star Wars'-Programm mit orbitalen Waffensystemen wirklich auf sich hatte. Wie wäre es mit dem Ziel, Raumschiffe von freundlich gesinnten, uns besuchenden Lebewesen aus anderen Welten abzuschießen um an ihre Technologie zu kommen?

Dies wäre ein großartiges Filmprojekt für Herrn Steven Spielberg …

Ist es wirklich möglich dass geheime Gruppen, zusammen mit dem Militär und den Korporationen, sich in Spitzenpositionen manövriert haben um außerhalb der Überwachung seitens der Regierungen ihre eigenen Absichten zu verfolgen? Falls es so ist, dann steht es unseren Weltherrschern und wirklichen Leitfiguren an dies aufzudecken und zu enthüllen was sie ausgeheckt haben, und was tatsächlich auf dieser Erde vor sich geht.

Der Apollo 14-Astronaut Dr. Edgar Mitchell fasst den Ernst der Lage zusammen: [97]

> Welche Aktivitäten auch immer vor sich gehen was eine geheime Gruppe, eine quasi-Regierungsfraktion anbetrifft, eine quasi-private Gruppe, sie findet ohne jegliche Überwachung seitens der Regierung statt, soweit ich dies beurteilen kann. Und dies ist sehr besorgniserregend.

Und nun können wir vielleicht aus dieser Perspektive heraus sehen wie und warum die Suche und die Entdeckung von möglicherweise außerirdischen Zivilisationen auf dem Mars und sonst wo in unserem Sonnensystem – tatsächlich alles was mit außerirdischer Intelligenz zu tun hat – als eine absolut geheime Angelegenheit eingestuft wurde – eine deren Konsequenzen und Auswirkungen wir als eine totale Nachrichtensperre hinsichtlich der Forschung

Kapitel 5: Die außerirdische Verbindung

und der Diskussion durch offizielle Organisationen wie der NASA sehen würden.

Und dies ist im Wesentlichen was wir heute haben.

Ich nehme an dass, in einer Welt wo Profitgier und Erfolg praktisch alles auf der Erde bestimmen, sollten wir nicht wirklich überrascht sein angesichts des Gedankens an "den Weltraum und Außerirdische" welche Machtspielen, Kontrolle, Konkurrenz und kommerziellen Absichten unterstehen. Falls es so ist, dann müssten diese Machthaber einen enormen Einfluss auf die etablierten und legitimen Regierungsstellen haben, denn solch eine Kontrolle würde sicherlich ein Maß an Kooperation auf allerhöchster Ebene voraussetzen. Hier und da die Augen fest zumachen, in Aussicht gestellte Belohnungen.

Ist dies der Grund weshalb gewählte Regierungen praktisch nichts getan haben was die Enthüllung dieser Information gegenüber der Weltbevölkerung angeht? Zu viele Persönlichkeiten die zu tief drin stecken?

Man könnte weiterhin untersuchen warum viele bekannte Politiker verschiedenen Geheimgesellschaften angehören und daher mysteriöse Ziele verfolgen die sich nicht ihrer Position geziemen, und viele Bücher wurden darüber geschrieben wie tiefgehend diese ganze Angelegenheit ist, und warum die Angelegenheiten auf der Erde so laufen wie sie laufen. Doch während korrupte Politiker heute überwiegen gibt es auch viele beunruhigte Bürger die durch die totale Abwesenheit eines Engagements seitens der Regierung hinsichtlich des Themas von Außerirdischen frustriert sind und die eine Veränderung der Zustände wollen.

In den Worten von **John Podesta, früherer Stabschef von Präsident Clinton und Berater von Präsident Obama**: [98]

> Es ist an der Zeit die Angelegenheiten die bisher im dunkeln blieben, Fragen hinsichtlich der Erforschung von UFO's seitens der Regierung, aufzudecken. Wir sollten dies tun weil die amerikanische Bevölkerung sehr wohl die Wahrheit verkraften kann. Und wir sollten es tun weil es die Gesetze so vorsehen.

Welche Frustrationen haben einen so hochrangigen Politiker dazu veranlasst solch eine öffentliche Erklärung von sich zu geben? Was wollte er möglicherweise aufdecken, etwas was sein Bestreben jedoch gegen eine Wand laufen ließ?

Der frühere Vizeministerpräsident und kanadische Verteidigungsminister Paul Hellyer gibt uns einen Hinweis. Er glaubt, dass eine "Schattenregierung" der USA außerirdische Technologie an geheimen Orten benutzt hat. Er sagte: [99]

> Ich glaube sie haben Energiequellen entwickelt, und öffentlich sage ich dass, wenn sie nicht als kommerziell verfügbare Form existieren, uns Außerirdische sicherlich diese Information geben würden, wenn wir sie nur darum bitten and aufhören würden auf sie zu schießen.

Die Implikation dieses Kommentars ist überwältigend. Hellyer sagt dass eine gut finanzierte abtrünnige Gruppe in den USA die Kontrolle über neue Energiequellen hat welche von geborgenen außerirdischen Vehikeln stammt. Und nicht nur dies – dass sie aktiv damit beschäftigt sind noch mehr E.T.-Vehikel abzuschießen um noch mehr Technologie zu stehlen.

Die andere, sicherlich tiefgreifende Auswirkung, ist die Idee dass freundlich gesinnte, außerirdische Zivilisationen gewillt sind uns neue Energiequellen zu ermöglichen die uns aus unserer Energiekrise helfen. Jetzt können wir erahnen worauf dies alles hinausläuft ...

... Wollen unsere Energiekonzerne wirklich dass Außerirdische uns vielleicht eine saubere, billige Energiequelle schenken wollen die jeder nutzen kann ohne ein Vermögen dafür zu zahlen? Und falls die Öl-, Gas-, Kohle- und Kernenergiekonzerne diese billige Energiequelle stehlen und patentieren können, um uns dann zur Kasse zu bitten wenn die fossilen Energieträger zu Ende gehen ...

Ja, ich glaube die Angelegenheit geht tatsächlich ziemlich tief.

Es ist wohl nicht überraschend dass im Laufe der jüngeren Geschichte viele prominente Bürger ihre Meinung über die Existenz und die Realität eines Besuches von Außerirdischen geäußert haben, und dennoch trafen ihre bahnbrechenden und außergewöhnlichen Statements auf mehr oder weniger taube Ohren.

Der ehemalige CIA-Chef, Vizeadmiral Roscoe Hillenkoetter:

Kapitel 5: Die außerirdische Verbindung

Unbekannte Objekte operieren, gesteuert von intelligenter Hand ... Es ist unumgänglich dass wir herausfinden woher die UFO's kommen and was ihr Zweck und Ziel ist.[100]

Es ist an der Zeit dass die Wahrheit ans Licht kommt ... hinter den Kulissen haben hochrangige Luftwaffenoffiziere ganz nüchtern ihre Besorgnis über UFO's geäußert. Jedoch haben offizielle Geheimnistuerei und Gespött viele dazu veranlasst zu glauben dass unbekannte Flugobjekte Unsinn sind.[101]

Victor Marchetti, ein früherer leitender Assistent des CIA-Vizedirektors: [102]

Meine Theorie ist dass wir in der Tat kontaktiert worden sind – möglicherweise sogar besucht – und zwar von außerirdischen Wesen, und die US-Regierung, zusammen mit anderen Mächten der Erde, hat die Absicht diese Information der allgemeinen Öffentlichkeit vorzuenthalten.

Der Generaloberst Lord Dowding, Kommandant des Royal Air Force Fighter Command während der Luftschlacht um England, sagte: [103]

Ich bin davon überzeugt davon dass diese Objekte existieren, und dass sie nicht auf dieser Erde hergestellt wurden. Daher kann ich nichts anderes tun als die Theorie der zufolge sie außerirdischer Herkunft sind zu akzeptieren.

Michail Gorbatschow, Präsident der früheren UdSSR: [104]

Das UFO-Phänomen existiert wirklich, und es muss auf ernsthafte Art und Weise behandelt werden.

Dr. Margaret Mead, bekannte Anthropologin, erklärte: [105]

Wir können nur versuchen uns vorzustellen was der Zweck der Aktivitäten dieser lautlosen und harmlos umher kreuzenden Objekte ist, jene die wieder und wieder die Erde besuchen. Die wahrscheinlichste Erklärung ist scheinbar die dass sie einfach dabei zuschauen was wir so machen.

C. G. Jung, der herausragende Psychologe: [106]

> Eine rein psychologische Erklärung kann ausgeschlossen werden ... die Scheiben zeigen dass sie von einer Intelligenz gesteuert werden, von quasi-menschlichen Piloten ... Autoritäten im Besitz von wichtiger Information sollten nicht damit zögern die Öffentlichkeit zu erleuchten, so bald und so umfassend wie möglich.

Professor Hermann Oberth, ein deutschstämmiger Raketenexperte der zusammen mit **Dr. Wernher von Braun** bei der Army Ballistic Missile Agency und später der NASA arbeitete: [107]

> Meine These ist dass Flugscheiben real sind, und dass es Raumschiffe von einem anderen Sonnensystem sind. Ich glaube dass sie womöglich eine intelligente Besatzung haben welche einer Rasse angehören die unsere Erde seit Jahrhunderten erforschen. Ich glaube sie wurden möglicherweise gesandt um systematische, langwierige Untersuchungen auszuführen, zuerst von Menschen, Tieren und Vegetation, und in jüngerer Zeit von Atomanlagen, Waffen und der Rüstungsindustrie.

Als Raketenexperte und Raumfahrt-Pionier brachte Professor Oberth dem Aspekt des Antriebs von UFO's besondere Aufmerksamkeit entgegen: [108]

> Sie fliegen mittels künstlicher Gravitationsfelder ... Sie produzieren hohe elektrische Ladungen um die Luft aus ihrer Flugbahn zu drücken, damit sie nicht anfängt zu glühen, und produzieren auch starke Magnetfelder welche die ionisierte Luft in größeren Höhen beeinflussen. Nun, dies würde einerseits ihr Leuchten erklären ... andererseits erklärt sich so die Lautlosigkeit der UFO's.

Wenn man all die vorangegangenen Erklärungen zusammenfasst dann bleibt kein Zweifel daran dass wir eine ganz schön ernsthafte, sehr reale und unmissverständliche Situation vor uns haben: außerirdische Raumschiffe sind hundertprozentig real, besuchen die Erde, und studieren die Menschheit.

Und was bekommen wir von der Wissenschaft vorgesetzt hinsichtlich dieses tiefgehenden und profunden Themas?

Absolut nichts.

Kapitel 5: Die außerirdische Verbindung

Die meisten heutigen Wissenschaftler kommen dem Thema UFO-Forschung nicht in die Quere. Es wird von ihnen als ein toxisches Thema angesehen, eines das ihrer Karriere schaden wird, ihrem Ruf, und ihrer Finanzierung. Warum haben wir eigentlich Wissenschaftler, wenn diese sich nicht die Hinweise für den wichtigsten Kontakt den die Menschheit wohl jemals machen wird ansehen wollen? Kontakt mit einer außerirdischen Zivilisation.

Wenn trainierte und geschulte Astronauten, Zivil- und Militärpiloten und Fluglotsen – allesamt hochgradig ausgebildete Techniker denen wir unser Leben täglich anvertrauen – uns sagen dass da etwas ist was unsere Welt besucht und was nicht von dieser Welt ist, warum ist dies nicht genügend Beweismaterial für unsere Wissenschaftler um sich gründlich damit zu beschäftigen, um ihre Pflicht zu tun und diese Angelegenheit im Auftrag der Menschheit zu studieren?

Etwas ist hier faul. Ist es vielleicht die gleiche kurzsichtige Trägheit die es ihnen nicht erlaubt sich Beweise für eine Zivilisation auf dem Mars anzusehen, weil sie 'nicht glauben dass es möglich ist'? Oder ist es das System an sich welches so korrupt ist dass es sicherstellt dass dieses Thema niemals untersucht wird?

Dr. Jacques Vallee, Astrophysiker, Computerwissenschaftler, Forscher und Autor über das Thema UFO's, hat ein paar herbe Worte für solches Versagen der Wissenschaft übrig: [109]

> Skeptiker welche schlichtweg die Existenz jeglicher unerklärten Phänomene leugnen, im Namen des 'Rationalismus', gehören zu den führenden Auslösern der Ablehnung der Wissenschaft durch die Öffentlichkeit. Die Leute sind nicht blöd und wissen sehr wohl wenn sie etwas außerhalb des normalen gesehen haben. Wenn sogenannte Experten ihnen sagen dass das Objekt der Mond oder sonst eine Erscheinung gewesen sein muss, dann zeigen sie damit der Öffentlichkeit nur dass die Wissenschaft impotent oder nicht willens ist die Erforschung des Unbekannten zu verfolgen.

Dr. J. Allen Hynek, ein Universitäts-Astronom und wissenschaftlicher Berater der US-Luftwaffe in Sachen UFO's von 1948 bis 1969 für das Projekt *Blue Book*, hatte Folgendes zu sagen hinsichtlich der Grenzen der wissenschaftlichen Perspektive: [110]

> Ich habe angefangen zu denken dass im 20. Jahrhundert eine Tendenz innerhalb der Wissenschaft besteht zu vergessen dass es eine Wissenschaft des 21. Jahrhunderts geben wird, selbst eine des 30. Jahrhunderts, und aus deren Sicht wird unser Wissen über das Universum vielleicht ganz anders aussehen als es uns heute erscheint. Vielleicht leiden wir unter temporärem Provinzialismus, einer Form der Arroganz welche die Nachwelt schon immer irritiert hat.

Die einzige einleuchtende Erklärung ist dass die Befehle von oben kommen. Auf höchster politischer Ebene, oder auf jener welche über ihr existieren mag, muss es eine Übereinkunft geben dass es kein öffentliches Eingestehen über die Existenz von UFO's und von außerirdischen Zivilisationen welche die Erde besuchen geben darf.

Der aufschlussreiche Artikel "Wie die CIA das UFO-Phenomän sieht",[111] von **Vincent Marchetti, früheres Mitglied des CIA und Autor des Buches "Die CIA und der Kult der Intelligenz (Geheimdienste)**, "The CIA and the Cult of Intelligence", das einzige Buch welches je seitens der US-Regierung vor der Veröffentlichung zensiert wurde, erklärt weshalb er aus seiner Perspektive der Geheimdienste glaubt dass eine UFO-Verschleierung existiert:

> Der Zweck der internationalen Konspiration ist eine funktionsfähige Stabilität zwischen den Nationen der Welt beizubehalten, um so wiederum **die institutionelle Kontrolle über ihre jeweiligen Bevölkerungen zu behalten.**
>
> Daher ist es für diese Regierungen denkbar dass das Eingestehen von Wesen aus dem Weltall welche mit uns in Kontakt treten wollen, Wesen mit viel weiter fortentwickelten technologischen und mentalen Fähigkeiten als unsere, würde dies einmal von der Allgemeinheit so gesehen werden, dann könnte dies **die traditionellen Machtstrukturen der Erde unterwandern**.

Marchetti fährt fort mit seiner ernüchternden und pragmatischen Einschätzung:

Kapitel 5: Die außerirdische Verbindung

Politische und gesetzliche Systeme, religiöse, wirtschaftliche und soziale Institutionen könnten alle bald aus der Sicht der Öffentlichkeit bedeutungslos werden. Die nationalen oligarchischen Establishments, selbst die Zivilisation als solche könnte in Anarchie versinken. **Solch extreme Schlussfolgerungen sind nicht unbedingt gültig, aber sie reflektieren wohl recht deutlich welche Ängste die "herrschende Klasse"** der größten Nationen haben, deren führende Staatsoberhäupter schon immer exzessive Geheimhaltung befürwortet haben, notwendig für die Bewahrung der nationalen Sicherheit.

Der wirkliche Grund für solche Geheimhaltung ist natürlich die Öffentlichkeit weiterhin uninformiert, desinformiert und daher formbar halten. (vom Autor hervorgehoben)

Die Sicht von Marchetti beruht auf vielen Jahren Erfahrung in einer der größeren Geheimdienstagenturen, und er ist sicherlich der Wahrheit auf der Spur, besonders da er die CIA verließ weil er etwas desillusioniert war in Hinsicht auf den Dienst. Er präsentiert eine vernichtende Anklage jener von denen wir ausgehen sie bewahren unser Wohlergehen indem sie die Gesellschaft und die Zivilisation erhalten, doch die tatsächlich lediglich das tun was ihrer Meinung nach notwendig ist um ihre Machtbasis und Kontrolle zu erhalten.

Damit solch ein weltweiter Maulkorb jedoch wirksam ist muss es eine Möglichkeit geben die Presse zu limitieren, und natürlich die wissenschaftliche Neugier – denn es gibt viele intelligente Reporter und Wissenschaftler denen die Menge an Beweisen sehr wohl bekannt ist.

Ist es möglich dass weltweit die Nachrichten über UFO's beschränkt und zensiert werden und dass die Wissenschaft davon abgehalten wird Untersuchungen zu machen, über immens signifikante Angelegenheiten?

Was die weltweite Berichterstattung anbetrifft, es ist wohl bekannt dass die Medien der Welt von einer kleinen Gruppe internationaler Konzerne kontrolliert werden, daher ist es nicht weiter schwer sich vorzustellen dass es zwischen der Schattenregierung, den Medien-Baronen und den Geheimdiensten ein Abkommen gibt. Die Frage ist, warum würden die Chefs der Konzerne so etwas zustimmen, und was würden sie im Gegenzug dafür wollen?

Natürlich sind da immer wieder ein paar Berichte über UFO's in den Medien, in Dokumentarfilmen im Fernsehen, und natürlich in vielen Kinofilmen. Aber vielleicht haben Sie hier eine Gemeinsamkeit oder einen Trend in der öffentlichen Behandlung des Themas bemerkt ...

- **Die Nachrichten** berichten *immer* über UFO-Angelegenheiten mit einem humorvollen Ton, 'kleine grüne Männchen', nicht ernst zu nehmen, begleitet von grinsenden TV-Sprechern und gespenstiger 'X-Files'-Musik im Hintergrund.

- **Die Dokumentarfilme** lassen *immer* die Frage offen ob den Beweisen und den Zeugen Glauben geschenkt werden kann.

- **Die Kinofilme** ... nun, wann haben Sie den letzten Science Fiction Film gesehen wo *keine* Aliens drin waren welche die Erde und die Menschheit zerstören wollten?

Wenn ich mich richtig erinnere, dann war der letzte Film der über friedliche Aliens gemacht wurde Steven Spielberg's "E.T.", vor über dreißig Jahren ... ein bestürzender Trend als solcher, denn er legt nahe dass irgendjemand irgendwo der Menschheit weismachen will dass Aliens eine Gefahr sind, und er macht sich dabei gehörige Mühe damit nur eine bestimmte Art von Alien-Filmen für Hollywood finanziert werden.

Was die Wissenschaftler betrifft, wir haben schon gesehen dass sie mehr oder weniger eine Selbstzensur walten lassen, durch 'peer-review', und durch Ruf und Dünkel, daher ist die Angst vor Peinlichkeit und Rufschädigung ein starker Motivationsfaktor um der UFO-Forschung aus dem Weg zu gehen. Ihr wissenschaftliches Bestreben wird ebenso dadurch eingeschränkt dass die finanziellen Mittel unter Kontrolle sind, und die NASA finanziert im Moment ganz sicher nicht irgendeine Art von UFO-Forschung, daher bleibt uns die Frage:

Kapitel 5: Die außerirdische Verbindung

"Wer genau leitet das geheime Raumfahrtprogramm? Wer arbeitet mit der NASA zusammen um sicherzustellen dass die Sache mit den 'außerirdischen Entdeckungen' unter Verschluss und die Öffentlichkeit im Dunkeln bleibt?"

Auf der Ebene der Fotomanipulation scheint die amerikanische NSA (National Security Agency) mit verstrickt zu sein, mindestens bis in die 60er Jahre, aber da ich nicht weiß wie diese Agenturen zusammenarbeiten und wie sie die Sicherheit und Geheimhaltung handhaben und abschotten werde ich nicht versuchen herauszufinden wer hier für was verantwortlich ist. Und, ehrlich gesagt, es ist mir egal, und wir werden wohl kaum die Antworten darauf finden.

Alles was mich wirklich interessiert ist: In welchem Umfang hat die amerikanische Regierung die Kontrolle und Aufsicht über den Kontakt mit außerirdischen Zivilisationen verloren – oder, anders ausgedrückt, hat sie noch die Kontrolle über diese Angelegenheit und belügt sie daher die ganze Welt.

Zweifelsohne kam irgendwo die 'glaubhafte Bestreitbarkeit' (plausible deniability) ins Spiel, also kann der Präsident und eine gewählte Regierung offiziell bestreiten dass sie etwas über außerirdischen Kontakt wisse, aber wie wir nun sehen, angesichts der umfassenden Beweisstücke und der Zeugenaussagen dass diese Kontakte immer wieder und wieder geschahen, über Jahrzehnte hinweg, ist die Position der U.S.-Regierung inzwischen ziemlich lächerlich, absurd, und vollkommen unglaubwürdig. Und wenn es so ist wie es aussieht, dass geheime, abtrünnige Gruppen es geschafft haben die Kontrolle über außerirdische Angelegenheiten an sich zu reißen, Dinge die in die Hände der gewählten Regierung und des Volkes gehören, dann wissen sie was zu tun ist.

Aber werden sie irgendetwas tun?

Im Jahr 2011 wurde eine von der amerikanischen Öffentlichkeit und der Paradigm Research Group iniziierte Petition gemacht, worin gefordert wird dass die Obama-Regierung zugibt dass eine außerirdische Präsenz mit der Menschheit zu tun hat, und all die Unterlagen offenzulegen – womöglich eine Gelegenheit für den Präsidenten um mit der Wahrheit herauszurücken, nach Jahrzehnten von Lügen für die Bevölkerung.

Doch als Reaktion auf diese Petition wurde die folgende offizielle Erklärung vom Weißen Haus im November 2011 durch ihr Office of Science and Technology Policy abgegeben, und welche offenlegt wie unerreichbar, impotent und isoliert sie wirklich von der Bevölkerung sind. Sie wissen offensichtlich viel mehr als sie zugeben, oder gewillt sind zuzugeben. [112]

Da steht:

> Die US-Regierung hat keine Beweise dafür dass leben außerhalb unseres Planeten existiert, oder dass eine außerirdische Präsenz mit der Menschheit oder irgendeinem Mitglied der menschlichen Rasse Kontakt aufgenomen hat. Außerdem **gibt es keine glaubwürdige Information hinsichtlich der Tatsache dass irgendwelche Beweise vor der Öffentlichkeit versteckt werden**.

Und weiter unten heißt es:

> Die Wahrscheinlichkeit dafür dass wir mit irgendwelchen von ihnen – besonders intelligenten darunter – in Kontakt treten ist extrem gering, bedingt durch die damit zusammenhängenden Entfernungen. Es ist Tatsache, dass **wir keine glaubwürdigen Beweise für die Präsenz von Außerirdischen auf der Erde haben**. (vom Autor hervorgehoben)

Bei der Betrachtung all der Tatsachen die hier in diesem Buch präsentiert werden, und nach all den einwandfreien und bestätigten Zeugenaussagen seitens höchst glaubwürdiger Individuen, und nach Analysen die über Ereignisse mit Außerirdischen gemacht wurden ist es unglaublich dass solch eine einfältige, hirnverbrannte und schlicht und einfach dumme Erklärung von einer vom Volk gewählten Regierung gegenüber jenem Volk abgegeben werden konnte, und dass man auch noch meinte sie wäre glaubwürdig.

Wie sagte Victor Marchetti, leitender Assistent des Vizedirektors der CIA?

"Der wirkliche Grund für solche Geheimhaltung ist natürlich der, die Öffentlichkeit weiterhin uninformiert, desinformiert und daher formbar halten."

Kapitel 5: Die außerirdische Verbindung

Die Menschen auf der ganzen Welt müssen aufwachen um die wahre Realität des Lebens auf der Erde und in diesem Universum zu erfahren. Jetzt brauchen wir die mutigen Staatsmänner die Willens sind dies anzupacken. Solche, die wirklich dem Volk dienen wollen.

[68] **UFOs and Defence: What Should We Prepare For?** *(Bericht)* http://www.ufoevidence.org/topics/cometa.htm
[69] **Disclosure Project: 2001 National Press Club Event** *(Video)* https://player.vimeo.com/video/88355599
[70] **Disclosure: Military and Government Witnesses Reveal the Greatest Secrets in Modern History** *(Kindle eBook)*, Steven M Greer M.D., Crossing Point, (2001), pos. 853
[71] **Artificial Satellites of Mars/Riddle of the Martian Satellites: I S Shklovskiy** *(Interview-Transkript)* http://earthsbanner.com/shklovskii/Shklovskii.html
[72] **For the World is Hollow, and I Have Touched the Sky** *(Artikel)*, http://www.enterprisemission.com/Phobos.html
[73] **For the World is Hollow and I Have Touched the Sky, Pt2** *(Artikel)*, http://www.enterprisemission.com/Phobos2.html
[74] **Palermo's Phobos Anomalies** *(Website)* http://palermoproject.com/Mars_Anomalies/PhobosAnomalies1.html
[75] **Apollo 11, 25th Anniversary - The White House** *(Video)* https://www.youtube.com/watch?v=Znyx2gTh3HU
[76] **Hoagland's Mars Vol. 3: The Moon-Mars Connection** *(Video)*, http://www.enterprisemission.com/videos.html
[77] **Dark Mission** *(Buch)*, R C Hoagland/M Bara, Feral house, 2007 s.206-210
[78] **Dark Mission** ... s.215-17
[79] **Disclosure Project: 2001 National Press Club Event** *(Video)* https://player.vimeo.com/video/88355599
[80] **The NASA Conspiracy: Donna Hare** *(Video)* https://www.youtube.com/watch?v=tEBLmWhx1K0
[81] **Apollo 17 Lunar Surface Journal: Traverse to Geology Station** 3 *(Audio u. Transkript)*, Zeitref: 143:50:54 https://www.hq.nasa.gov/alsj/a17/a17.trvsta3.html

[82] **Apollo 17 Lunar Surface Journal: Geology Station 3 at Ballet Crater** *Audio u. Transkript)*, Zeitref: 145:23:3
https://www.hq.nasa.gov/alsj/a17/a17.trvsta4.html
[83] **Dark Mission** *(Buch)*, R C Hoagland/M Bara, s. 560-61, Bilder 27-28
[84] **Apollo 17 Lunar Surface Journal: Orange Soil** *(Audio u. Transkript)*, https://www.hq.nasa.gov/alsj/a17/a17.sta4.html
[85] Siehe Anmerkung 80
[86] **The Citizen Hearing on Disclosure of an Extraterrestrial Presence Engaging the Human Race** *(Videos)*
http://www.citizenhearing.org
[87] **PRG Quotes: Dr. Edgar Mitchell** *(Website)*
http://www.paradigmresearchgroup.org/QuotesPage.htm#M
[88] **PRG Quotes: Cmdr. Eugene Cernan** *(Website)*
http://www.paradigmresearchgroup.org/QuotesPage.htm#C
[89] Siehe Anmerkung 87
[90] **Thrive Movement: UFOs - Brian O'Leary** *(Video)*
https://www.youtube.com/watch?v=yO0T05kQkbs
[91] **Gordon Cooper's Letter to Grenada U.N. Ambassador** *(Brief)*
http://www.ufoevidence.org/news/article161.htm
[92] **PRG Quotes: Col. L Gordon Cooper** *(Website)*
http://www.paradigmresearchgroup.org/QuotesPage.htm#C
[93] **Story Musgrave Talks About Extraterrestrials** *(Video)*
https://www.youtube.com/watch?v=rL-EOPvuXqk
[94] **Extraterrestrial Contact : The Evidence and Implications** *(Buch)*, Steven M Greer M.D, Crossing Point, s. 314-15
[95] **Disclosure: Military and Government Witnesses Reveal the Greatest Secrets in Modern History** *(Kindle eBook)*
Steven M Greer M.D., pos. 931
[96] **Disclosure: Military and Government** ... pos. 6551
[97] **Disclosure: Military and Government** ... pos. 1035
[98] **Obama Aide John Podesta on UFOs and alien Encounters** *(Video)*, https://www.youtube.com/watch?v=YKwFP7ZcDwY
[99] **Paul Hellyer, Light at the End of the Tunnel** *(Interview-Transkript)*
http://projectavalon.net/lang/en/paul_hellyer_light_at_the_end_of_the_tunnel_en.html

Kapitel 5: Die außerirdische Verbindung

[100] **UFO Briefing Document: The Best Available Evidence** *(Kindle eBook),* Don Berliner, Dell (2000), pos. 553
[101] **Air Force Order on 'Saucers' Cited** *(Artikel)* http://query.nytimes.com/mem/archive/pdf?res=9A00E3D81F39EF32A2575BC2A9649C946191D6CF
[102] **How the CIA Views the UFO Phenomenon** *(Artikel)* http://www.theufochronicles.com/2015/02/how-cia-views-ufo-phenomenon.html
[103] **PRG Quotes: Air Chief Marshal Lord Dowding** *(Website)* http://www.paradigmresearchgroup.org/QuotesPage.htm#D
[104] **PRG Quotes: President Gorbachev** *(Website)* http://www.paradigmresearchgroup.org/QuotesPage.htm#G
[105] **Disclosure: Military and Government Witnesses Reveal the Greatest Secrets in Modern History** *(Kindle eBook),* Steven M Greer M.D., pos. 845
[106] **Disclosure: Military and Government** ... pos. 889
[107] **Disclosure: Military and Government** ... pos. 885
[108] **UFO Briefing Document: The Best Available Evidence** *(Kindle eBook),* Don Berliner, pos. 2778
[109] **UFO Briefing Document: The Best Available** ... pos. 2694
[110] **UFO Briefing Document: The Best Available** ... pos. 303
[111] Siehe Anmerkung 103
[112] **Searching for ET, But No Evidence Yet : White House Response to Petition** *(Website)* https://petitions.whitehouse.gov/petition/formally-acknowledge-extraterrestrial-presence-engaging-human-race-disclosure

Kapitel 6: Fazit

Wir begannen dieses Buch indem wir uns fragten warum die NASA fünf Raumfähren nacheinander zum Mars schickte, ohne ein einziges astrobiologisches Experiment an Bord welches Leben hätte detektieren können. Und ebenfalls fragten wir uns warum Landeplätze in Gegenden von denen man wusste dass Wasser vorhanden war vermieden wurden, was wiederum ermöglicht hätte nach Leben zu suchen, falls sie es so gewollt hätten.

Dann fragten wir uns warum die NASA Beweise in ihren eigenen Bildarchiven ignoriert hatte, Beweise die möglicherweise künstliche Objekte und Strukturen auf der Oberfläche des Mars zeigten welche auf eine Zivilisation hinwiesen die einmal dort existiert hatte. Ebenso hätten andere Hinweise und Beweise bewertet werden können, zum Beispiel auf unserem Mond, die Zeichen der Präsenz einer außerirdischen Intelligenz aufweisen, ebenfalls von der NASA ignoriert.

Sodann erläuterten wir wie dieses Problem der Verdeckung wichtiger Fragen hinsichtlich der wissenschaftlichen Untersuchung auf dem Mars sich auf die allgemein gehaltene Position ausbreitete, jener welche die Regierung und die wissenschaftliche Gemeinschaft hinsichtlich der großen Frage der uns besuchenden Außerirdischen hat. Eine Haltung die in totalem Konflikt mit den unangreifbaren Aussagen und Erklärungen seitens Experten steht, wonach deren Existenz eine unleugbare Tatsache sind.

Ich glaube dass all diese Fakten zeigen dass die NASA durch eine geheime Richtlinie eingeschränkt wird, eine welche die Bestätigung und Diskussion der Angelegenheit von Lebenszeichen – Zeichen außerirdischen Lebens – verbietet, sei es weil es auf anderen Planeten innerhalb unseres Sonnensystems gefunden wurde, oder sei es durch die Besuche der Erde von Raumschiffen anderer Zivilisationen innerhalb unserer Galaxis, und darüber hinaus.

Sie haben es geschafft diese heimliche Machtposition zu erreichen und beizubehalten indem sie sich hinter der Maske wissenschaftlicher Legitimität versteckten. Ebenso durch die Tatsache dass lediglich Themen außerirdischer Angelegenheiten nur diskutiert und der Öffentlichkeit präsentiert werden wenn sie

Kapitel 6: Fazit

durch die stark eingeschränkten Gebiete der Mainstream-Planetenwissenschaften wie z.B. Geologie, Klimaforschung und primitives Leben/Mikrobiologie kommen. Jeder Kommentar hinsichtlich Außerirdischer und intelligentem Leben in der Galaxis wird sofort aus dem Weg geräumt, und das Thema wird auf den begrenzte Rahmen des S.E.T.I. Projekts mit seiner naiven Suche nach Radiosignalen im All gelenkt, oder das eher respektable Kepler-Mission Projekt welches im Kosmos nach erd-ähnlichen Planeten sucht.

Es besteht kein Zweifel daran dass all die Beweise für außerirdische Intelligenz offiziell ignoriert werden, auf höchster Ebene, und das Wissen um seine Existenz wird der Öffentlichkeit komplett vorenthalten. Dies sieht man ganz eindeutig daran dass NASA's eigene Astronauten, jene die im Weltraum waren und die eindeutig 'nahe Begegnungen' hatten, die wissen was wirklich dort draußen ist und die wohl als der Inbegriff der Erfahrung und des gesunden Menschenverstandes angesehen werden müssen – im totalen Widerspruch zur von der NASA und der U.S.-Regierung adoptierten Position stehen. Jene die behauptet es gäbe 'keine Beweise' für intelligentes außerirdisches Leben in unserem Sonnensystem, sei es in der Vergangenheit oder heutzutage.

Dies ist eine unhaltbare Position. Die Beweise werden weiterhin zunehmen und die Frustration der Öffentlichkeit wird letztendlich zu einem Getöse anschwellen. Gesunder Menschenverstand wird letztendlich überwiegen und die Wahrheit wird ans Licht kommen. Vielleicht sehen wir heute diesen Prozess der ablaufen wird – ein allmähliches und stückchenweises Bekenntnis durch respektable Personen wie zum Beispiel Astronauten; die Freigabe von UFO-Akten durch Behörden, von Regierungen; der Vatikan, der verkündet dass außerirdisches Leben wahrscheinlich existiert ... eine langsame und allmähliche Akklimatisierung der Massen.

Doch wie weit wird dies gehen? Der wirkliche Test wird kommen wenn Information ans Tageslicht gelangt über wirklich extreme Themen, wie zum Beispiel die Bergung und die Nachkonstruktion (reverse-engineering) von außerirdischen Raumfähren, wie wir bereits erwähnt haben; Ereignisse über welche ausführlich durch glaubwürdige Zeugen berichtet wurde. Falls detaillierte Information wie diese öffentlich gemacht werden sollte würde dies noch viel gewichtigere Fragen aufwerfen, zum Beispiel:

- Wo werden diese Raumschiffe im Moment aufbewahrt, und wann kann die Öffentlichkeit sie sehen?

- Was geschah mit der Technologie die mit diesen Raumschiffen entdeckt wurde, und wer hat davon Nutzen gezogen?

- Was wurde über die Besatzung dieser Raumschiffe herausgefunden, und wo befinden sie sich jetzt?

- Woher kamen die Insassen dieser Raumschiffe, warum besuchen sie die Erde, und was wollen sie?

Die Fragen werden sich weiterhin anhäufen, und sie werden damit nicht aufhören bis die ganze Wahrheit herauskommt. Und dies ist möglicherweise der Grund dafür weshalb so wenig bisher bekanntgegeben wurde. Es kann sein dass der Druck auf die Autoritäten zunimmt um "etwas" zu veröffentlichen, etwas was die Öffentlichkeit ablenkt und beschwichtigt, aber dass sie dabei nicht zuviel verraten müssen. Sie wollen nicht das mühevoll arrangierte Gebilde stören und offenlegen müssen, oder was sie mit all den dubiosen Investitionen während der vorangegangenen Jahrzehnte der Geheimhaltung gemacht haben.

Mir scheint dass sich irgendwo irgendjemand in einer hohen Position immer noch an die Kontrolle über die Veröffentlichung dieser Information klammert.

Machen wir dabei mit? Erlauben wir ihnen damit fortzufahren der Menschheit, jedem einzelnen von uns, die Wahrheit über das Leben auf der Erde und über jene intelligente Wesen vorzuenthalten? Wesen die eindeutig den Aufwand betreiben uns von weit entfernten Sternen oder aus Dimensionen des Alls die wir noch nicht verstehen zu besuchen? Was wissen unsere Staatsoberhäupter, und warum haben sie uns nichts über diese Besucher gesagt?

Werden wir uns einfach zurücklehnen und ihnen erlauben uns die unglaubliche Tatsache der Existenz von möglichen vorzeitlichen Zivilisationen die in unserem Sonnensystem auf dem Mars und dem

Kapitel 6: Fazit

Mond existierten weiterhin vorzuenthalten? Sind wir wirklich die Nachkommen einer alten Kolonisierung durch eine außerirdische Rasse, wie einige Beweise dieses Buches zu bestätigen scheinen?

Dies sind Fragen welche die gesamte Menschheit betreffen und die unser Engagement benötigen, damit wir unsere wahrhaftige Geschichte als menschliche Spezies erfahren. Solches Wissen gehört nicht in einen geheimen Schrank. Es ist das Erbe der Menschheit. Wir können es nicht zulassen dass ein paar wenige privilegierte Individuen es heimlich untersuchen und über die wahre Natur und Ausmaß des Lebens im Universum herausfinden, nur damit sie sich am besten positionieren um diese Information auszunutzen, alldieweil wir, der Rest der Menschheit, auf deren Geheiß hin ignorant herumirren.

Abschließende Gedanken

Die Bilder, die ich in diesem Buch präsentiert habe zeigen uns faszinierende und fesselnde Hinweise und Beweise für die Überreste einer vorzeitlichen Zivilisation auf dem Mars, auf dem Mond, und vielleicht in unserem gesamten Sonnensystem. Die Annahme dass außerdem diese Welten immer noch von intelligenten Wesen bewohnt und wohl als Basen benutzt werden wird durch die große Aktivität hinsichtlich Besuche der Erde untermauert, durch zweifellos außerirdische Raumschiffe.

Weil diese überzeugenden und schlüssigen Beweise von der NASA und der U.S.-Regierung total ignoriert werden habe ich, zusammen mit anderen Forschern, die Schlussfolgerung gezogen dass es eine absichtliche Geheimhaltung geben muss die dieses Geheimnis vor der Welt versteckt. Daher ist dieses Buch eine Herausforderung an die Autoritäten um mit der Öffentlichkeit ins Reine zu kommen und alle Archive über dieses Thema zu öffnen – eine umfassende Offenlegung all des Wissens welches über außerirdisches Leben und dessen Kontakt mit uns existiert.

Mir entgeht hier nicht dass dies ein enormes Thema von gigantischer Tragweite ist. Als einfacher Laie mit einem großen Interesse an diesen Dingen habe ich versucht die besten Beweise und Hinweise zu präsentieren, als Überblick und als Einführung in dieses Thema. Es liegt an Anderen und viel höher qualifizierten Individuen diese extrem wichtigen Untersuchungen weiter zu verfolgen und so hoffentlich der Menschheit die Augen öffnen zu können was die wahre Natur der Forschung betrifft und was diese uns über den Mars, den Mond und unser Sonnensystem enthüllen sollt.

Ich werde hier Klartext reden. Ich glaube nicht dass es ein einziges Beweisstück als solches gibt, unter jenen die ich hier in diesem Buch präsentiert habe, welches ein unumstößlicher Beweis ist für Gebäude, Siedlungen, Konstruktionen, oder kleine Artefakte die zu einer Mars- oder Mond-Zivilisation gehören. Jedoch bin ich sehr wohl davon überzeugt dass alle Beweisstücke als Ganzes genommen einen sehr seriösen Umstand beschreiben, dass diese außerirdischen Zeichen einer Intelligenz tatsächlich real sind. Unbeachtet der Tatsache dass sie einmal in der Vorzeit gelebt haben, oder möglicherweise heute immer noch leben.

Ich glaube dass die Beweise in diesem Buch zeigen dass die NASA aktiv und offen nach Resten von möglichen Mars- und Mond-Zivilisationen suchen sollte, und dass sie dabei die Hilfe von Archäologen in Anspruch nehmen sollte, damit Luftaufnahmen nach Anzeichen für begrabene Gebäude und Siedlungen und großformatige technologische Geräte untersucht werden. Jetzt haben wir jedoch wenigstens eine ziemlich gute Vorstellung davon warum dies, zumindest öffentlich, nicht geschieht.

Aber eines ist sicher. Diese Fakten sind bekannt und werden Ihnen und mir absichtlich vorenthalten. Dieses Wissen wird der gesamten Menschheit geleugnet, und wir haben ein Anrecht darauf.

Zusammenfassung

Nun, das war's. Falls die Beweise in diesem Buch Sie dazu bewegt haben das was Sie über die Welt zu wissen glauben in Frage zu stellen, dann hat es seinen Zweck erfüllt. Ob Sie ein Wissenschaftler, ein Enthüllungsjournalist, oder einfach nur ein souveräner Bürger dieser Welt sind und die Wahrheit wissen wollen. Jetzt befinden Sie sich in einer Position wo Sie Dinge in Bewegung setzen können. Persönlich glaube ich dass Sie in Aufruhr sein und von Ihren politischen Leitfiguren die Antworten auf folgende Fragen fordern sollten:

- Wer hat eigentlich einen Vorteil von diesen teuren Raumfahrtmissionen zu anderen Planeten, wenn die

Kapitel 6: Fazit

bedeutenderen Entdeckungen der Öffentlichkeit vorenthalten werden?

- Was wird mit diesem geheimen Wissen gemacht, wo Sie und ich als unwert betrachtet werden und nichts darüber wissen dürfen?

- Werden Raumfahrtmissionen die von Steuergeldern finanziert werden von einer Clique von korporativen Industriellen gekidnapt, damit sie einen wirtschaftlichen Vorteil durch die Entdeckungen von außerirdischer Technologie erlangen?

- Gibt es Vereinbarungen in den Verträgen zwischen der NASA und den Hochtechnologie-Firmen die für Raumfahrtmissionen angeheuert werden, Vereinbarungen welche diesen Firmen die Alleinrechte für die kommerzielle Nutzung jeglicher Entdeckungen die mittels geborgener außerirdischer Technologie gemacht werden zusichern?

- Hat die Realität von E.T. in den Machtkorridoren eine gewaltige Panik ausgelöst? Haben sie Angst dass die Welt sich so schnell verändern wird dass sie nicht wissen wie sie die Auswirkungen auf die Menschheit kontrollieren sollen?

Abschließend möchte ich feststellen dass ich durchaus darauf vorbereitet bin dass jedes einzelne Beweisstück das hier präsentiert wurde angefochten wird, und dass sich meine Schlussfolgerungen darüber als falsch herausstellen.

Ich möchte nur dass dieses Beweismaterial betrachtet, studiert und dementsprechend beurteilt wird. Denn wenn ich Recht habe, und wenn eine geheime Agenda hinsichtlich unserer wissenschaftlichen Untersuchungen auf dem Mars und anderswo in unserem Sonnensystem verfolgt wird indem die Beweise für außerirdische Intelligenz unterdrückt werden, dann haben wir ein äußerst gravierendes moralisches, ethisches und philosophisches, ein tiefverwurzeltes Problem. Und es muss dringend und sehr bald auf höchster Ebene behandelt werden.

Die wirkliche Frage jedoch ist: wann werden wir als bewusste Spezies aufwachsen? Können wir uns wirklich als zivilisiert betrachten wenn wir zulassen dass routinemäßig immens wichtiges Wissen das bei unseren Reisen in den Weltraum entdeckt wurde unterdrückt wird? Wissen und Wahrheit welches eine immense Signifikanz für die gesamte Menschheit haben?

Wenn wir wollen dass sich dies ändert, und aber unsere Politiker und Machthabende nicht die erforderlichen Schritte unternehmen wollen, dann liegt es an uns, dem Volk, sich darum zu kümmern.

Ich hoffe dass die Enthüllungen auf diesen Seiten als Katalysator fungieren, damit ein weiterer Ziegel der Mauer gelockert wird, zu Boden fällt und zerbricht. Damit eine weisere und freiere Menschheit bald auf dieser kostbaren Welt aufwacht.

Ich wünsche Ihnen Frieden,

M. J. Craig

Kapitel 6: Fazit

Epilog

Eines Tages könnte die Erde durch einen Kataklysmus zerstört werden, und die meisten Spuren der menschlichen Zivilisation würden von der Oberfläche des Planeten verschwinden. Für viele tausende von Jahren, vielleicht noch viel länger, würde das Echo der Menschheit ungehört verhallen, während die Ozeane austrocknen und gewaltige Wüsten an ihrer Stelle auftauchen, sie einzigen Überreste unserer einstmals wundervollen Welt.

Auf einem anderen Planeten innerhalb unseres Sonnensystems erwacht eine junge Zivilisation und läutet das Zeitalter der Raumfahrt ein, sie schickt ferngesteuerte Raumsonden um den roten sterbenden Planeten den wir die Erde nannten zu erforschen, und um zu sehen ob dort einmal Leben existierte, denn die Bilder die von ihren orbitalen Beobachtungsstationen zurückgesandt worden waren zeigten ehemalige Flusstäler und Ozeane, und hätten daher Leben ermöglichen können.

Sie landen eine Sonde an einer Stelle wo einmal ein Hafen gelegen haben könnte, da Studien zeigen dass ein Ozean hier einmal Wellen schlug, und hochauflösende Fotos zeigen Zeichen künstlicher Strukturen, obwohl Geologen diese als Überreste von Gebirgszügen und Hochebenen abtun, und von denen es viele tausende zu sehen gibt.

Einer ihrer Roboter-Rover landet und untersucht die Gegend. Seine Kamera untersucht gründlich den Boden. Er findet einen zerbrochenen Teller, einen verrosteten Zahnradmechanismus und eine quadratische Metallkiste. Die Wissenschaftler erklären sofort vor Welt dass dies wichtige, unumstößliche und unanfechtbare Beweise dafür sind dass auf dem roten Planeten einmal intelligentes Leben existierte. Sofort beginnen sie damit ihre Geschichte als Zivilisation neu zu beurteilen und ihren Platz im Universum neu zu betrachten ...

So sollte die Wissenschaft auf dem Mars betrieben werden. Und wir tun es nicht. Wenn wir auf anderen Planeten mittels teurer mobiler Laboratorien umher wandern, Bodenproben entnehmen um nach mikroskopischem Leben zu suchen, und dabei so tun als sähen wir nicht den Kinderschuh der ein paar Meter weiter auf dem Boden liegt ... wer täuscht hier wen?

Wenn wir nur eine einzige Gabel, einen Löffel oder ein Teetablett auf der Oberfläche des Mars oder des Mondes finden, dann müssen wir uns fragen "Wie kam das dorthin?" Und wenn wir es nicht tun und es ignorieren, was machen wir um Himmels willen dann auf diesem Planeten, wenn dafür Milliarden ausgegeben werden?

Jemand versucht, Sie und mich zum Narren zu halten, soviel steht fest.

M J C

Über den Autor

M J Craig ist Autor, Forscher und Komponist und lebt in Wiltshire, England. Er ist in Projekte verwickelt welche versuchen die Umstände für eine mehr erleuchtete Zivilisation auf diesem Planeten zu schaffen. Sein erstes Buch *Secret Mars: the Alien Connection* wurde 2013 veröffentlicht, eine überarbeitete und erweiterte Ausgabe wurde 2017 veröffentlicht, wie auch eine deutsche Übersetzung.

Für Fragen und Korrespondenz wenden Sie sich bitte per Email and den Autor:

contact@secretmars.com

Für Information und Updates besuchen Sie bitte folgende Webseite:

https://www.secretmars.com

Referenzen, Anmerkungen, & Information

Forschung

- **Unusual Martian Surface Features**, V. DiPietro/G. Molenaar Mars Research, (1982)

- **The Monuments of Mars**, R. C. Hoagland, 4th Ed, Frog, (1996)

- **The Martian Enigmas: A Closer Look**, M. J. Carlotto, North Atlantic, (1991)

- **Hoagland's Mars Vol. 2: The UN Briefing**, *(Video)* R. C. Hoagland, (1992), http://www.enterprisemission.com/videos.html

- **Hoagland's Mars Vol. 3: The Moon-Mars Connection** *(Video)* R. C. Hoagland, (1994) http://www.enterprisemission.com/videos.html

- **The McDaniel Report**, S. V. McDaniel, North Atlantic, (1993)

- **The Case for the Face**, Ed. S. V. McDaniel, M. Paxson Adventures Unlimited, (1998)

- **A Passion for Mars**, A. Chaikin, Abrams, (2008)

- **Dark Mission: The Secret History of NASA**, R. C. Hoagland, M. Bara, 2nd Ed, Feral House, (2009)

- **The Hidden Truth: Water and Life on Mars**, J. P. Skipper Planetary Publishing, (2010)

- **Extraterrestrial Contact: The Evidence and Implications** S. M. Greer, M.D., Crossing Point, (1999)

- **Disclosure: Military and Government Witnesses Reveal the Greatest Secrets in Modern History** *(Kindle eBook)*, S. M. Greer M.D., Crossing Point, (2001)

- **Proposed Studies on the Implications of Peaceful Space Activities for Human Affairs** *(Online-Buch)*, D. N. Michael, Brookings Institute (1960) https://www.brookings.edu/blog/brookings-now/2014/05/12/communications-technology-and-extraterrestrial-life-the-advice-brookings-gave-nasa-about-the-space-program-in-1960/

- **Disclosure Project: 2001 National Press Club Event** *(Video)*
https://player.vimeo.com/video/88355599

- **The Citizen Hearing on Disclosure of an Extraterrestrial Presence Engaging the Human Race** *(Video)*
http://www.citizenhearing.org

Website Links

- **Richard C. Hoagland: The Enterprise Mission**
http://www.enterprisemission.com

- **Joseph P. Skipper: Mars Anomaly Research**
http://www.marsanomalyresearch.com

- **Keith Laney**
http://thehiddenmission.com

- **Mark J. Carlotto**
http://carlotto.us/martianenigmas/index.shtml

- **The Society for Planetary SETI Research**
http://spsr.utsi.edu

- **Efrain Palermo: Martian Dark Stains**
http://palermoproject.com/Martian_Stains.html

- **Dr. Steven Greer/The Disclosure Project**
http://www.siriusdisclosure.com

- **The Citizen Hearing on Disclosure**
http://www.citizenhearing.org

Geheimer Mars

Anmerkungen

Indizes

Wie der Bild-Index benutzt wird

Wie man die Bilder findet - der einfachste Weg um die originalen Bilder der Raumfahrtagenturen zu betrachten ist **NICHT** diese Weblinks die hier aufgeführt werden zu kopieren (dies wäre frustrierend), sondern stattdessen gehen Sie zu unserer Webseite:

www.secretmars.com

Im Menu klicken Sie auf "Secret Mars Book" und sodann auf "Image Evidence". Hier finden Sie alle Links zu den Bildern. Diese stimmen mit den **"SM"-Nummern** hier im Buch überein, z.B. **"SM1. Das Marsgesicht: originales Bild"**. Der Grund für den Einbezug der Links in diesem Buch ist der Nachwelt wegen, denn eines Tages werden diese Webseite und ich verschwinden.

Das Finden der anormalen Objekte – die meisten der Anomalien können im Bild auf einfache Weise gefunden werden, manche benötigen wohl eine Minute oder so. Doch es ist lohnenswert sich die Zeit zu nehmen um die originalen Bilder auf dem Bildschirm zu betrachten, wo viel mehr Details zu sehen sind als in einem gedruckten Buch möglich ist. Auf den Webseiten der Raumfahrtagenturen sind viele der Bilder auch in Farbe, was für diese Taschenbuchausgabe leider nicht möglich war. Ebook bzw. Kindle/iTunes/Tolino etc. Ausgaben sind mit Farbbildern.

Funktionieren die Weblinks nicht? – Die NASA und ähnliche Behörden bewegen ihre Datenbanken herum und verursachen Verheerungen (ich bin mir sicher dass es nicht absichtlich ist). Dies resultiert oft darin dass Weblinks nicht mehr aktiv sind und nicht funktionieren. Jedoch ist der gewöhnlichste Grund dafür dass ein Link nicht funktioniert jener dass man beim umsichtigen kopieren eines Links in diesem Buch unweigerlich einen Buchstaben auslässt oder sich vertippt (*glauben Sie mir, ich weiss wovon ich spreche!*).

Bild-Index 1: Geheimer Mars Bildquellen

- **SM1. "Das Marsgesicht": Original Bild**
  M J Carlotto Bearbeitung:
  http://carlotto.us/martianenigmas/Articles/vikFace/vikface.html
  NASA Original:
  http://photojournal.jpl.nasa.gov/catalog/PIA01141
- **SM2 Das Marsgesicht: zweites Bilde**
  http://carlotto.us/martianenigmas/Articles/vikFace/vikface.html
- **SM3. "Die D&M Pyramide": Viking Mission**
  http://carlotto.us/martianenigmas/Articles/vikDM/vikDM.shtml
- **SM4. "Die Stadt" mit der dreieckigen "Festung"**
  M J Carlotto Bearbeitung:
  http://carlotto.us/martianenigmas/Articles/April_2000/April2000.shtml
  NASA Original:
  http://nssdc.gsfc.nasa.gov/image/planetary/mars/f035a72_processed.jpg
- **SM5. Wasserstrom an einer Kraterwand**
  https://ida.wr.usgs.gov/fullres/divided/sp2338/sp233806a.jpg
- **SM6-8. Beispiele von "dunklen Strömen"**
  http://ida.wr.usgs.gov/fullres/divided/m08076/m0807686b.jpg
  http://ida.wr.usgs.gov/fullres/divided/m09020/m0902083d.jpg
  http://ida.wr.usgs.gov/fullres/divided/m02047/m0204738e.jpg
- **SM9. Dunkle Ströme in Arabia Terra Region**
  http://hirise.lpl.arizona.edu/ESP_022405_1910
- **SM10. Ströme im Frühling und Sommer, Newton …**
  http://www.nasa.gov/mission_pages/MRO/multimedia/pia14479.html
- **SM11. Flüssigem Wasser Strom im Gale Krater**
  http://mars.nasa.gov/msl/multimedia/raw/?rawid=0707ML0030050000304601E01_DXXX&s=707
  Sie fuhren mit dem Rover direkt daran vorbei …
  https://www.universetoday.com/wp-content/uploads/2014/08/Curiosity-Sol-711_3a_Ken-Kremer1.jpg
- **SM12. Ein See mit flüssigem Wasser auf dem Mars?**
  https://ida.wr.usgs.gov/fullres/divided/m09013/m0901354a.jpg
- **SM13. Mehrere Seen mit Wasser oder Eis?**
  https://ida.wr.usgs.gov/fullres/divided/m09020/m0902042d.jpg
- **SM14. Mehr Seen?**
  https://ida.wr.usgs.gov/fullres/divided/e09003/e0900304f.jpg
- **SM15. Eine Reihe von Seen oder polare Gruben?**
  https://ida.wr.usgs.gov/fullres/divided/e09000/e0900020a.jpg
- **SM16. "Dunkler See"**
  https://ida.wr.usgs.gov/fullres/divided/e08009/e0800954a.jpg
- **SM17. "Seen und Inseln"**

https://ida.wr.usgs.gov/fullres/divided/e08010/e0801033b.jpg
- **SM19. Mögliches gefrorenes Wasser wird . . .**

Oben:
http://mars.nasa.gov/msl/multimedia/raw/?rawid=1349ML0064810010600346E01_DXXX&s=1349

Unten:
http://mars.jpl.nasa.gov/msl-raw-images/msss/01350/mcam/1350MR0064880000701088E02_DXXX.jpg
- **SM20. Bäume auf dem Mars? NASA Beschreibung . . .**
https://ida.wr.usgs.gov/fullres/divided/m08046/m0804688a.jpg
- **SM21. "Mars-Spinnen"**
http://HiRISE.lpl.arizona.edu/ESP_020914_0930
- **SM22. "Sternenausbruch-Spinnen"**
http://hirise-pds.lpl.arizona.edu/PDS/EXTRAS/RDR/ESP/ORB_011800_011899/ESP_011842_0980/ESP_011842_0980_RGB.NOMAP.browse.jpg
- **SM23. Sternenausbruch-Spinnen im Frühling . . .**
http://hirise-pds.lpl.arizona.edu/PDS/EXTRAS/RDR/ESP/ORB_023100_023199/ESP_023117_0980/ESP_023117_0980_RGB.NOMAP.browse.jpg
- **SM24. "Alpenlandschaft"**
https://ida.wr.usgs.gov/fullres/divided/e07017/e0701717b.jpg
- **SM25. "Mars-Gebüsch"**
https://ida.wr.usgs.gov/fullres/divided/s06006/s0600607a.jpg
- **SM26. NASA: "Auftauender dunkler Fleck"**
https://ida.wr.usgs.gov/fullres/divided/e09003/e0900320b.jpg
- **SM27. Mars-Vegetation oder Geologie?**
https://ida.wr.usgs.gov/fullres/divided/s07026/s0702623b.jpg
- **SM28. Mars-"Petrischale"**
https://ida.wr.usgs.gov/fullres/divided/m08000/m0800063c.jpg
- **SM29. Mars-Schädel?**
http://marsrover.nasa.gov/gallery/all/2/p/513/2P171912249EFFAAL4P2425L7M1.HTML
- **SM30. Skelett eines kleinen tieres?**
http://mars.nasa.gov/mer/gallery/press/spirit/20061025a/McMurdo_L257F-A814R1.jpg
- **SM31. Ein Feld mit Fossilien?**
http://marsrovers.jpl.nasa.gov/gallery/all/2/p/016/2P127793693EFF0327P2371R1M1.HTML
- **SM32. Versteinerter Oberschenkelknochen?**
http://mars.nasa.gov/msl/multimedia/images/?ImageID=6538
- **SM33. Schädel und Zähne?**

http://mars.jpl.nasa.gov/msl-raw-images/msss/00107/mcam/0107MR0682050000E1_DXXX.jpg
- **SM34. Skelett eines Tieres?**
http://mars.jpl.nasa.gov/msl-raw-images/msss/00109/mcam/0109MR0684021000E1_DXXX.jpg
- **SM35. Ammonitenfossil?**
http://mars.jpl.nasa.gov/msl-raw-images/msss/00518/mhli/0518MH0261000000E1_DXXX.jpg
Ammonitenfossil:
http://www.sedgwickmuseum.org/index.php?page=coastal-plains
- **SM36. Mögliches Krinoiden-Fossil, zerstört ...**
Bild vor der Zerstörung:
http://mars.nasa.gov/mer/gallery/all/1/m/034/1M131201699EFF0500P2933M2M1.HTML
Bild nach der Zerstörung:
http://mars.nasa.gov/mer/gallery/all/1/m/034/1M131212854EFF0500P2959M2M1.HTML
Bildkatalog:
http://mars.nasa.gov/mer/gallery/all/opportunity_m034.html
- **SM37. Trümmerfeld?**
http://marsrovers.jpl.nasa.gov/gallery/all/2/p/527/2P173156766EFFACA0P2440R1M1.HTML
Farbpanorama:
http://photojournal.jpl.nasa.gov/catalog/pia04182
- **SM38. Schrott, Artefakt?**
http://marsrovers.jpl.nasa.gov/gallery/all/2/p/015/2P127699373EFF0313P2549L7M1.JPG
- **SM39. Beschädigter Behälter mit hervortretender ...**
Bild 12D091.BB2, CE bezeichnen:
http://pds-imaging.jpl.nasa.gov/viking1/vl_images.html
Forschung von T Beech/J P Skipper:
http://www.marsanomalyresearch.com/evidence-reports/2009/163/moving-evidence.htm
- **SM40. Metallrohr oder Lebensform?**
http://mars.nasa.gov/mer/gallery/all/2/p/229/2P146694689EFF8600P2402L7M1.JPG
- **SM41 Müll einer NASA-Raumsonde oder was?**
http://marsrovers.jpl.nasa.gov/gallery/all/2/n/036/2N129561872EFF0361P1617R0M1.JPG
- **SM42. "Die Seespinne auf dem Mars"**
http://mars.jpl.nasa.gov/msl-raw-images/msss/00710/mcam/0710MR0030150070402501E01_DXXX.jpg
- **SM43. "Das Gespenst der Mars-Lady"**

Indizes

http://mars.jpl.nasa.gov/msl-raw-images/msss/01001/mcam/
1001ML0044610000305331D01_DXXX.jpg
Weitere Bild:
http://mars.jpl.nasa.gov/msl-raw-images/proj/msl/redops/ods/
surface/sol/01001/opgs/edr/ncam/NRB_486375691EDR_F048157
0NCAM00322M_.JPG
Bildkatalog: http://mars.nasa.gov/msl/multimedia/raw/?s=#/?slide=1001
- **SM44. "Frauenstatue auf dem Mars"**
http://photojournal.jpl.nasa.gov/jpeg/PIA10216.jpg
- **SM45. Das "Zahnrad"**
http://marsrovers.nasa.gov/gallery/all/2/p/288/2P151930534EFF8987P241
8R1M1.HTML
- **SM46 Metall-Kiste oder Gehäuse?**
http://marsrovers.jpl.nasa.gov/gallery/all/2/p/1419/2P252334617EFFAX0
0P2260L2M1.JPG
- **SM47. Künstliches Objekt?**
http://marsrovers.jpl.nasa.gov/gallery/all/2/p/1402/2P250825588EFFAW9
DP2432R1M1.HTML
- **SM48. Eine kleine gebrochene Münze?**
http://photojournal.jpl.nasa.gov/catalog/PIA01907
- **SM49. "Die Radnabe"**
http://mars.jpl.nasa.gov/msl-raw-images/msss/00064/mcam/0064
MR0285005000E1_DXXX.jpg
- **SM50. "Die Mini-Turbine"**
http://mars.jpl.nasa.gov/msl-raw-images/msss/01000/mcam/
1000MR0044630400503600E02_DXXX.jpg
- **SM51. Kleine Pyramide**
http://mars.jpl.nasa.gov/msl-raw-images/msss/00978/mcam/0978
MR0043250040502821E01_DXXX.jpg
- **SM52 Das "C"**
http://www.jpl.nasa.gov/spaceimages/images/largesize/PIA19066
_hires.jpg
- **SM53. "Der Türbolzen"**
http://mars.jpl.nasa.gov/msl-raw-images/msss/00440/mcam/0440
MR1795005000E2_DXXX.jpg
Weitere bild:
http://mars.jpl.nasa.gov/msl-raw-images/msss/00440/mcam/0440
ML0017950060201701E01_DXXX.jpg
- **SM54. Räder und Achse?**
http://mars.jpl.nasa.gov/msl-raw-images/msss/00729/mcam/0729
ML0031250020305133E01_DXXX.jpg
- **SM55. "Die Düse"**

http://mars.jpl.nasa.gov/msl-raw-images/msss/00821/mcam/0821
MR0036170080500530E01_DXXX.jpg
- **SM56. Mauerwerk?**
http://mars.jpl.nasa.gov/msl-raw-images/msss/00991/mcam/0991
ML0043820010404528E01_DXXX.jpg
- **SM57. Trägerklemme?**
http://mars.jpl.nasa.gov/msl-raw-images/msss/00528/mcam/0528
ML0020870010203210E01_DXXX.jpg
Panorama von "Dingo Gap":
http://photojournal.jpl.nasa.gov/catalog/PIA17931
- **SM58. Mechanische Beschlag?**
http://mars.jpl.nasa.gov/msl-raw-images/msss/00109/mcam/0109
MR0684024000E1_DXXX.jpg
- **SM59. Dreieckiges Artefakt?**
http://mars.jpl.nasa.gov/msl-raw-images/msss/00595/mcam/0595
MR0025090390400725E01_DXXX.jpg
- **SM60. Handkurbel?**
http://mars.jpl.nasa.gov/msl-raw-images/msss/01051/mcam/1051
MR0046240040104587E01_DXXX.jpg
Weitere bild:
http://mars.jpl.nasa.gov/msl-raw-images/msss/01049/mcam/1049
ML0046190030306063E01_DXXX.jpg
- **SM62. Steinhügel auf dem Mars?**
http://marsrovers.nasa.gov/gallery/all/1/p/2467/1P347194239EFFB0Q0P2366L6M1.HTML
- **SM63. Fundament eines Gebäudes?**
Quellen für die zusammengesetzten Bilder:
Bild 1: http://mars.jpl.nasa.gov/msl-raw-images/msss/00529/mcam/0529MR0020960070303356E01_DXXX.jpg
Bild 2: http://mars.jpl.nasa.gov/msl-raw-images/msss/00529/mcam/0529MR0020960080303357E01_DXXX.jpg
- **SM64. Natürliche oder künstliche Hügel?**
https://ida.wr.usgs.gov/fullres/divided/m00016/m0001661c.jpg
- **SM65. Vom Rover hinterlassene Spur ...**
http://marsrovers.nasa.gov/gallery/all/1/p/1070/1P223169173EFF78VAP2629L6M1.JPG
- **SM66. Großangelegte Rohrkonstruktionen?**
https://ida.wr.usgs.gov/fullres/divided/m11000/m1100099d.jpg
- **SM67. Untertunnelung auf dem Mars?**
https://ida.wr.usgs.gov/display/MGSC_1096/m12004/m1200441.imq.jpg
- **SM68. Mars-Ruinen?**
https://ida.wr.usgs.gov/display/MGSC_1184/e10004/e1000462.imq.jpg
Forschung von R C Hoagland:

Indizes

http://www.enterprisemission.com/LostCitiesofBarsoom.htm
- **SM69. Halb vergrabene Überreste einer Stadt/Dorf . . .**
http://photojournal.jpl.nasa.gov/jpeg/PIA08014.jpg
(Dies ist ein großes Bild und die Stelle ist schwer zu finden, also hier ein wenig Hilfestellung . . .)

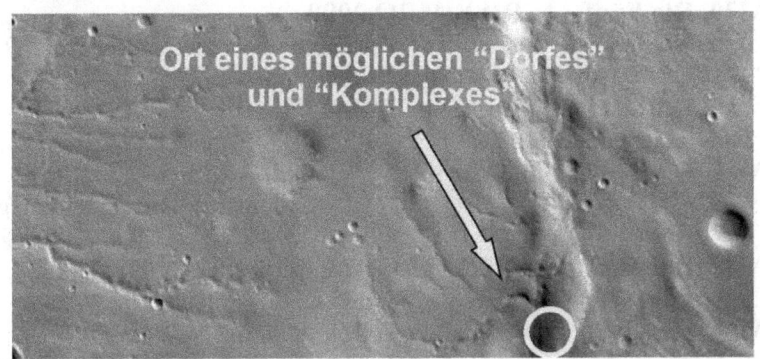

- **SM71. Mögliche künstliche Strukturen: Cydonia**
http://spaceinimages.esa.int/Images/2006/09/Cydonia_region_colour_image
- **SM72. Das Marsgesicht: Viking/HiRISE Vergleich**
Viking: http://photojournal.jpl.nasa.gov/catalog/PIA01141
HiRISE: http://hirise-pds.lpl.arizona.edu/PDS/EXTRAS/RDR/PSP/ ORB_003200_003299/PSP_003234_2210/PSP_003234_2210_RED.abrowse.jpg
- **SM73. Das Marsgesicht: 2001**
http://www.msss.com/mars_images/moc/extended_may2001/face/face_E03-00824_proc.gif
- **SM74-75. Das Marsgesicht: 2006 – Mars Express**
Oben: http://spaceinimages.esa.int/Images/2006/09/Cydonia_region_colour_image
Perspektive: http://spaceinimages.esa.int/Images/2006/09/Face_on_Mars_in_Cydonia_region_perspective2
- **SM76. Die Cydonia Region: 2006 – Mars Express**
http://spaceinimages.esa.int/Images/2006/09/Cydonia_region_colour_image
- **SM77 Die Festung: Vergleich 1976-2006**
(L) Viking Orbiter:
http://nssdc.gsfc.nasa.gov/image/planetary/mars/f035a72_processed.jpg
(Mitte) MGS Orbiter:
https://ida.wr.usgs.gov/display/MGSC_1044/m04019/m0401903.imq.jpg
(R) Mars Express:
http://spaceinimages.esa.int/Images/2006/09/Cydonia_region_colour_image

M J Carlotto Analyse:
http://carlotto.us/martianenigmas/Articles/April_2000/April2000.shtml
- **SM78. Die Fünf – Mars Express 2006**
http://spaceinimages.esa.int/Images/2006/09/Cydonia_region_colour_image
- **SM79. Die Fünf – HiRISE/MRO 2008**
http://viewer.mars.asu.edu/planetview/inst/ctx/P15_006992_2194_XN_39N009W#P=P15_006992_2194_XN_39N009W&T=2
- **SM80. Die D&M Pyramide – MGS/THEMIS**
http://photojournal.jpl.nasa.gov/jpegMod/PIA04745_modest.jpg
- **SM82. Das Hexagon – Mars Express 2006**
http://spaceinimages.esa.int/Images/2006/09/Cydonia_region_colour_image
- **SM83. Das Hexagon – THEMIS/Mars Odyssey 2002**
http://photojournal.jpl.nasa.gov/jpegMod/PIA04057_modest.jpg
- **SM84. Die H-Struktur – Mars Express 2006**
http://spaceinimages.esa.int/Images/2006/09/Cydonia_region_colour_image
- **SM86. Phobos: eine enthüllte Struktur . . .**
http://solarsystem.nasa.gov/multimedia/display.cfm?Category=Planets&IM_ID=6103
- **SM87. Phobos: geradlinige netzartige Muster . . .**
http://www.esa.int/var/esa/storage/images/esa_multimedia/images/2010/03/mars_moon_phobos/9916979-2-eng-GB/Mars_moon_Phobos.tif
- **SM88. "Der Phobos-Monolith" – MOC/MGS Orbiter**
https://ida.wr.usgs.gov/fullres/divided/sp2551/sp255103h.jpg
- **SM89. "Die Iapetus-Mauer" – Cassini Orbiter 2004**
http://photojournal.jpl.nasa.gov/catalog/PIA06166
- **SM90. Der geometrische Horizont von Iapetus**
http://photojournal.jpl.nasa.gov/jpegMod/PIA06146_modest.jpg
Forschung und Analyse von R C Hoagland:
http://www.enterprisemission.com/moon2.htm
- **SM91. "Das Schloss", entdeckt von Richard Hoagland**
Bilder u. Analysen des Schlosses:
http://www.tarrdaniel.com/documents/Ufology/lunar_anomaly.html
Offizielles Apollo-Bild zeigt "Keine Burg":
http://www.lpi.usra.edu/resources/apollo/frame/?AS10-32-4822
- **SM92. Schrottplatz auf dem Mond am Shorty-Krater?**
http://history.nasa.gov/alsj/a17/AS17-137-21000HR.jpg
- **SM93. Künstliches Objekt bei Henry-Krater?**
https://www.hq.nasa.gov/alsj/a17/AS17-140-21409HR.jpg
Ein anderes Bild, unterschiedliche Perspektive:
https://www.hq.nasa.gov/alsj/a17/AS17-140-21485HR.jpg

Indizes

Forschung und Analyse von R C Hoagland:
http://www.enterprisemission.com/datashead.htm
- **SM94. Weiter Artefakte nahe des Henry-Kraters?**
https://www.hq.nasa.gov/alsj/a17/AS17-141-21582HR.jpg

Bild-Index 2: Weitere Bilder

- **1. Vermutlicher Mars-Meteorit: ALH84001**
- **2. Mögliche versteinerte Mars-Nanobakterie ...**
- **3. "Staubteufel" hinterlassen komplizierte Spuren ...**
http://hirise-pds.lpl.arizona.edu/PDS/EXTRAS/RDR/ESP/ORB_014400_014499/ESP_014426_2070/ESP_014426_2070_RGB.NOMAP.browse.jpg
- **4. Staubschlieren verursachen die Illusion von ...**
http://hirise.lpl.arizona.edu/images/2009/details/cut/PSP_007962_2635_cut.jpg
- **5. Curiosity: Das Mars Science Laboratory ...**
- **6. Viking Lander 2 auf dem Mars: Utopia Planitia ...**
- **7. Mars Observer: verloren beim Anflug zum Mars...**
- **8. Ein weiteres Bild der nichtssagenden ...**
http://photojournal.jpl.nasa.gov/jpeg/PIA10216.jpg
- **9. Vom Wasser ausgewaschene Kanäle: Nirgal Vallis ...**
- **10. Tropfenförmige Inseln ... Ares Vallis**
- **11. Archaeen, Halobakterien ...**
- **12. Mars Phoenix Lander: Wassertropfen ...**
- **13. Urmia See: Iran, Erde**
- **14. See mit flüssigem Wasser, Südamerika, Erde (2)**
- **15. Don Juan-Teich ...**
- **16. Ein Viking-Lander, 1976: kurz vor dem Backen ...**
- **17. Der Frühling beginnt in der Südpolaren Region ...**
- **18. Poröses vulkanisches Gestein**
http://mars.nasa.gov/mer/gallery/press/spirit/20061025a/McMurdo_L257F-A814R1.jpg
- **19. Versteinerter Oberschenkelknochen eines Bisons**
Bild: public domain
- **(SM35). Ammonitenfossil? (unten rechts)**
Bild: ©2016 Sedgwick Museum of Earth Sciences, U. of Cambridge (reproduziert mit Erlaubnis)
http://www.sedgwickmuseum.org/index.php?page=coastal-plains
- **20. Felsen am Gillespie-See: vorzeitliches Heim ...**
http://mars.nasa.gov/msl/multimedia/raw/?rawid=0126MR0007820030200790E01_DXXX&s=126

- 21. Der Spirit-Rover ...
- 22. Mars Science Laboratory" Curiosity" am Gale Crater
- 23. Wurde jegliche Möglichkeit der Evolution ...
Bild: iStock.com
- 24. Die Pyramiden in Ägypten ...
Bild: iStock.com
- 25. Ausgedehnte geometrische Muster offenbaren ...
- 26. Machu Picchu – Peru, Südamerika
Bild: iStock.com
- 27. Ruinen auf der Erde, bei Sarvistan, Iran
Bild: Oriental Institute, University of Chicago
(reproduziert mit Erlaubnis) *Lichtbild No.30:*
http://oi.uchicago.edu/gallery/pa_iran_paai_asf/index.php/10C7_72dpi.png?action=big&size=original
- (SM69.4). Stadtruinen bei Ashur, Irak
- 28. Phobos, der größte Mond des Mars ...
http://solarsystem.nasa.gov/multimedia/display.cfm?Category=Planets&IM_ID=6103
- 29. Iapetus: natürlicher Mond oder künstlicher ...
http://photojournal.jpl.nasa.gov/catalog/PIA11690
- 30. Astronaut Buzz Aldrin: klettert die Leiter ...
- 31. Mond-Rover am Shorty-Krater ...

Bildquellen für das zusammengesetzte Bild:
https://www.hq.nasa.gov/alsj/a17/AS17-137-21009HR.jpg
https://www.hq.nasa.gov/alsj/a17/AS17-137-20994HR.jpg
https://www.hq.nasa.gov/alsj/a17/AS17-137-20993HR.jpg

Indizes

Buch-Index

Abbot, Dorian, 37
Aldrin, Buzz, 266
ALH84001, meteorit, 33
Ammonitenfossil, 139
Antarktis, 10, 34, 91, 92, 141
Apollo 11, 26, 261, 265, 266, 312
Apollo 14, 264, 265, 274, 275, 283
Apollo 17, 268, 269, 271, 275
Arabia Terra, 73, 211
Arachnoiden Terrain, 114
Armstrong, Neil, 26, 261, 266
Army Ballistic Missile Agency, 287
Ashur, Irak, 216
Assistenzprofessor des Fachbereichs Planetenwissenschaften der Universität von Arizona, der, 75
Atacama Wüste, 37
Bara, Mike, 171, 270
BDM, 278
Beagle 2 Mission, 257
Bechtel, 278
Beech, Tim, 16, 152, 153, 154
besonderer Regionen auf dem Mars, 101
Billings, Lee, 97
Bishop, Janice, 36
Boeing/McDonnell Douglas, 278
Bolden, Charles, 107
Brandenburg, John, 11, 49, 51

Brookings Report, 56
Bruno, Giordano, 29
Byrne, Shane, 75
Carlotto, Mark, 11, 16, 50
Carter, Präsident, 60
Cassini Orbiter, 259, 260
Cernan, Eugene, 268, 269, 275
ChemCam, 105, 146
CIA, 247, 267, 289, 290, 293
CIA and the Cult of Intelligence, The (Buch), 289
CIA, Leitender Assistent des Vizedirektors, früherer, 286
CIA-Chef, ehemalige, 285
Citizen Hearing on Disclosure of an Extraterrestrial Presence Engaging the Human Race, 274
Clarke, Arthur C., 113, 122, 255
Clinton, Präsident, 34, 60, 284
CNES (Die französische Behörde für Weltraumforschung), 247
Cockell, Charles, 65
COMETA-Report, 247, 248
Conley, Catherine, 103, 105
Cooper, Gordon, 276
Corso, Oberst Philip J., 279
COSPAR (International Council for Science's

Committee on Space Research), 98, 99, 100
Crater, Horace, 50, 51
Curiosity Rover/Mission, 11, 14, 37, 38, 41, 42, 43, 68, 75, 99, 101, 103, 105, 128, 136, 138, 144, 145, 146, 156, 158, 162, 170, 175, 178, 182, 184, 240
Cydonia, 46, 47, 49, 50, 219, 220, 222, 227, 238
D&M Pyramide (Cydonia), 49, 233, 234, 235
Dark Mission (Buch), 270
Defense Mapping Agency, 48
Deliqueszenz, 92
Dingo Gap (Gale Krater), 189
DiPietro, Vincent, 11, 47, 48, 49, 233, 306
Disclosure Project (Projekt Offenlegung), 59, 248, 266, 273, 278
Don Juan Teich (Antarktis), 92
Dowding, der Generaloberst Lord, 286
Dune (Buch), 199
dunklen Strömen, 73, 316
E.T. (Film), 291
Edgett, Ken, 72
Eisenhower, Präsident, 60, 279, 280
elektrischen Lichtbogen, 237
England, Jill, 72
enterprisemission.com, 17
Erjavec, James, 11

ESA (Europäische Weltraumbehörde), 17, 24, 36, 44
Exomars 2016 Mission, 44
Exomars 2018 Mission, 44
Exomars 2020 Mission, 102
Farrar, Will, 157, 171
FBI, 247
Festung, Die (Cydonia), 228, 229
Filotto, Guiseppe, 11
Fünf, Die (Cydonia), 230
Gale Krater, 14, 40, 42, 68, 76, 96, 103, 136, 139, 144, 145, 170, 171, 179, 240
Galileo, Galilei, 29
General der französischen Luftwaffe, 248
Gillespie-See (Gale Crater), 145
Google Earth, 89
Gorbatschow, Michail, 286
Green, Jim, 96
Greer , Steven, 59, 273
Greer, Steven, 278
Grotzinger, John, 39, 41, 69
Grunsfeld, John, 107
Gusev Krater, 129, 130, 131, 132, 148, 150, 152, 155, 156, 162, 164, 165, 166, 167, 168, 169
Haas, George, 232
Hain, Walter, 11
Hare, Donna, 267, 274
Hellas Planitia, 83
Hellyer, Paul, 59, 284, 285
Henry Krater (der Mond), 272

Herbert, Frank, 199
Hexagon, das (Cydonia), 236, 237
Hidden Truth
Water and Life on Mars (Buch), 78
Hillenkoetter, Vice Admiral Roscoe, 285
HiRISE, 73, 75, 114, 115, 117, 213, 221, 232, 252
Hoagland, Richard, 50, 71, 211, 213, 228, 253, 254, 260, 263, 270, 271
Hoover, Richard, 141
H-Struktur (Cydonia), 237, 238, 239
Hynek, J. Allen, 288
Hypothese des künstlichen Ursprungs (Artificial Origin at Cydonia), 50
Iapetus, 259, 260
IHEDN (Französisches Institut für fortgeschrittene Studien der Verteidigung), 247
Isenberg, Holger, 11
Jensen, Thomas, 137, 171, 177
Johnston, Ken, 264, 265, 267, 274
Jung, C. G., 286
Kennedy, Präsident, 60
Kepler-Projekt, 151, 246
Krinoiden-Fossil, 140, 141, 142
Kubrick, Stanley, 255
Laney, Keith, 158, 171

Letty, Denis, General der französischen Luftwaffe, 248
Levin, Gilbert, 41
Lockheed Martin, 107, 278
Lunar Receiving Laboratory, 264
Malin Space Science Systems (MSSS), 2, 16, 52, 68
Malin, Michael, 52, 53, 72
Marchetti, Victor, 286, 289
Mariner 9, 63
Mars 2020 Mission, 44
Mars Astrobiology Field Lab Rover (MAFL), 44
Mars Express, 220, 224, 227, 228, 230, 236, 238, 254
Mars Global Surveyor (MGS), 71, 73, 77, 78, 79, 84, 85, 86, 111, 120, 121, 123, 126, 191, 194, 197, 211, 222, 228, 233, 255
Mars Observer, 46, 51, 52
Mars Odyssey, 64, 115, 213, 237
marsanomalyresearch.com, 17
Mars-Forschungsprogramms , überblick des, 94
Marsgesicht, Das (Cydonia), 45, 46, 47, 219, 221, 222, 223, 224
Marsianer, der (Film), 107
Martian Enigmas (Buch), 51
McDaniel Report, The (Buch), 54
McDaniel, Stanley, 11, 53, 54
McEwen, Alfred, 81

McKay, Chris, 36, 103, 146
McKay, David, 143
Mead, Margaret, 286
Meridiani Planum, 140, 188, 192
Militär-industrie-Komplex, 280
Militär-Industrie-Komplex, 60
Mitchell, Edgar, 274, 275, 283
MOC (Mars Orbiting Camera), 71, 73, 77, 78, 79, 84, 85, 86, 111, 120, 121, 123, 126, 191, 194, 197, 211, 222, 255
Mojave Wüste, 36
Molenaar, Greg, 47, 49, 233
Monuments of Mars, The (Buch), 49
Moon-Mars Connection (Video), 262
Mount Sharp, 14, 75, 104
Musgrove, Storey, 276
Musk, Elon, 107
NASA Ames Research Center, 143
NASA Marshall Space Flight Center, 141
National Space Science Data Center (NSSDC), 263
Newton Krater, 75
Noffke, Nora, 144, 145, 146
Northrop Grumman, 278
O'Leary, Brian, 51, 276
Obama, Präsident, 107, 284, 292
Oberth, Hermann, 287

Office of Science and Technology Policy, 293
Opportunity Rover/Mission, 140, 188, 192
Owen, Toby, 46
Page, Thornton, 264
Palermo, Efrain, 11, 255
Paradigm Research Group, 292
Phobos, 251, 252, 254, 255
Phobos Grunt Mission, 256
Phobos Monolith, der, 255
Phoenix Lander/Mission, 82
Pine, Mark, 52
Planetaren Schutzprotokolls, 95
Podesta, John, 284
Pozos, Randolfo, 11, 51
Projekt Blue Book, 288
Projekt Blue Fly, 278
Projekt Moon Dust, 278
Rami Bar Ilan, 171, 173, 174, 175, 179, 182, 183
Ranson, C. J., 237
Renno, Nilton, 37, 103
Sagan, Carl, 53, 151, 251
SAIC, 278
Salisbury, Frank B., 250
SAM-Instrument, 146
Sarvistan, Iran, 212
Saturn, 258, 259
Schiaparelli Lander, 44
Schloss, das, 263
Schmitt, Harrison, 268, 269, 271
Scott, Ridley, 107
SETI Institut, 25

Shklovsky, Iosif Samuilovich, 251, 253
Shorty Krater (der Mond), 268, 269, 271
Skipper, J. P., 11, 17, 77, 78, 79, 84, 85, 86, 120, 121, 123, 126, 127, 129, 132, 152, 194, 195, 197
Soffen, Gerry, 47
SpaceX, 107
Spielberg, Steven, 283
Spirit Rover/Mission, 129, 130, 131, 132, 148, 152, 155, 156, 162, 164, 165, 166, 168, 169
Stofan, Ellen, 107
Stone, Clifford, 248, 278
Switzer, Eric, 37
The U.N. Briefing
   The Terrestrial Connection (Video), 219
Torun, Erol, 11, 48, 306
Turner, Gerald, 183
Unusual Mars Surface Features (Buch), 49
Urmia-See, 88
Utopia Planitia, 45
Vallee, Jacques, 288

Van Flandern, Tom, 11, 51
Vasavada, Ashwin, 146
Vereinten Nationen, die, 276
Victoria Krater (Meridiani Planum), 193
Viking Landers/Mission, 45, 46, 47, 49, 50, 153, 221, 228
Vizeministerpräsident und kanadische Verteidigungsminister, frühere, 284
Von Braun, Wernher, 287
Vorgeschlagene Studien über die Auswirkungen friedlicher Raumfahrtaktivitäten auf menschliche Angelegenheiten. *Siehe Brookings Report*
Wackenhut, 278
Washington Press Club, 248
Webb, David, 51
Weltraumvertrag der Vereinten Nationen, 98
Wissenschaft von Curiosity (Video), 39
Wolfe, Karl, 267